PapyRossa
Hochschulschriften 39

Gottfried Stiehler

Mensch und Geschichte

Studien zur Gesellschaftsdialektik

PapyRossa Verlag

© 2002 by PapyRossa Verlags GmbH & Co. KG, Köln
Alle Rechte vorbehalten
Umschlag: Alex Feuerherdt
Satz: Nadine Roggow
Druck: GR Print+Mail, Brühl

Bibliografische Information Der Deutschen Bibliothek

Die Deutsche Bibliothek verzeichnet diese Publikation in der
Deutschen Nationalbibliografie; detaillierte bibliografische
Daten sind im Internet über http://dnb.ddb.de abrufbar.

ISBN 3-89438-252-X

Inhalt

Kapitel I — 7
1. Mensch und Geschichte. Eine Problemskizze — 7
   Singulares und Universelles — 7
   Einzelnes als Geschichtspotenz — 10
   Die Massen: Aktivität und Passivität — 16
   Wirkungspotenz von Einzelpersönlichkeiten — 19

2. Der Mensch – Schöpfer und Geschöpf seiner Verhältnisse — 29
   Konstituierung der Subjektivität — 29
   Subjektivität und Objektivität — 34
   Macht und Ohnmacht des Individuums — 36
   Chancen der Überwindung von Entfremdung — 39
   Materialistische Subjektwissenschaft — 45

Kapitel II — 49
1. Geschichte: Gesetze, Trends, Kontingenz — 49
   Das Besondere im Allgemeinen — 49
   Strukturelle Wandlungen — 53
   Wandel und Handlungen — 57
   Ein offener Prozeß — 62
   Kontingenz — 66

2. Möglichkeitsräume — 70
   Individuelle Alternativität — 71
   Alternative Situation — 76
   Reformwege — 81
   Das Mögliche und das Wirkliche — 87

Kapitel III · · · 93
1. Sinn und Sinnleere in der Geschichte · · · 93
    Inadäquanz von ›Sinn‹ · · · 93
    Daseinssinn · · · 96
    Sinn der Geschichte · · · 99

2. Gesellschaft – ein sinngebundenes bewegliches Gefüge · · · 103
    Menschliches Wesen – objektive Verhältnisse · · · 103
    Soziale Ordnung und Komplexität · · · 109
    Ordnung in Bewegung · · · 112

Kapitel IV · · · 116
1. Wege zur Freiheit · · · 116
    Freiheit und Gesellschaft · · · 117
    Freiheit des Wollens · · · 123
    Prozeß subjektiver und objektiver Freiheit · · · 128

2. Macht – ein Subjekt-Verhältnis · · · 135
    Genese der Macht · · · 136
    Machtformen · · · 139
    Macht – ein Politikum · · · 145

3. Fortschritt zum Humanum · · · 151
    Natürliche Evolution · · · 152
    Ordnung, Unordnung · · · 155
    Fortschritte zum Besseren · · · 157

Kapitel I

1. Mensch und Geschichte. Eine Problemskizze

Die Geschichte der menschlichen Gesellschaft gibt, gerade in ihren jüngsten Verläufen, der denkenden Betrachtung nach wie vor Rätsel auf. Sie gründen unter anderem in dem Faktum individuellen Handelns und Verhaltens und deren Wirkung auf den Gang der Geschichte und, damit eng verbunden, in dem Einfluß großer und kleiner Gruppen auf die Bewegung der Geschichte im Allgemeinen, Besonderen und Einzelnen. Da in der Geschichte keine Wiederkehr des Gleichen, keine identische Wiederholung von Entwicklungen, Prozessen und Ereignissen stattfindet, ergibt sich die Frage nach der wesenhaften Bedeutung des Singularen und, mit ihr verschränkt, nach der Existenz des Allgemeinen in der Geschichte. Die Unterscheidung von idiographischer und nomothetischer Analyse, hinter der sich jeweils verschiedene Weltsichten verbergen wird belangvoll. Personalisieren läßt sich der Gegensatz mit den Namen Dilthey und Marx, von denen jener für das Individuell-Besondere, dieser für das Allgemein-Gesetzmäßige in der Geschichte steht. Dilthey zufolge herrscht in der Natur »Ordnung nach Gesetzen«, strenge Kausalität, während in der Welt des Geistes das Einmalige, Singulare die zentrale Stelle einnimmt. »Daß das Individuelle – und nicht das Allgemeine – Gegenstand und Erkenntnisziel der Geschichtswissenschaft ist und auch das Erkenntnisverfahren bestimmt, diese Anschauung hat vor allem in der deutschen Historie eine große Tradition.«[1] Demgegenüber spricht Marx von der »Notwendigkeit eines Naturprozesses« in der Geschichte, von dem »Naturgesetz« der Bewegung der Gesellschaft (MEW 23, 15), unabhängig von Bewußtsein, Willen und Absichten der Menschen, Gesichtspunkte, die durch die Hervorhebung des Tendenzcharakters gesellschaftlicher Gesetze modifiziert wurden.[2]

Singulares und Universelles

Die Welt überhaupt ist eine Konfiguration von Einzeldingen, -prozessen und -zusammenhängen, deren verknüpfendes Band in der Existenz allgemeiner, universeller Formen besteht. Beide Essentiale sind von gleicher Bedeutung für das Sein, für die Existenz der Welt. Das Einzelne ist das unmittelbar erscheinende Dasein, das Allgemeine, das vermittelt Bestehende, in dem sich die Ordnung, der Zusammenhang der Einzelnen verkörpert. Beide sind relativ eigenständig und selbstbezüglich. Das Einzelne ist das für sich gesondert Bestehende, das seinen ihm eigenen, in ihm selbst beruhenden Bewegungsimpulsen folgt, das Allgemeine fundiert und organisiert das Einzelne und seine jeweilige Bewegung. Wenn auch beide aufeinander verweisen und sich bedingen, sind sie doch zugleich voneinander relativ unabhängig. Das Einzelne kann eine Wirkungspotenz entfalten, die das Allgemeine als bloße Folie, als Hintergrund seiner Bewegung erscheinen läßt. Das hängt damit zusammen, daß das jeweilige Einzelne in Beziehungen zu anderen Einzelnen steht und durch diese beeinflußt wird, wie es auch sie beeinflußt. Es resultiert die Triplizität: Einzelnes – Einzelnes – Allgemeines. Das Allgemeine bedingt die Bildung von Gruppen und Typen, von wesentlichen Verknüpfungen der Einzelnen eines Systemganzen. Das Einzelne ist die erscheinende Welt, das unmittelbare Dasein gegenüber dem vermittelten Sein, welches das Wesen ist. Das Einzelne ist, trotz seiner relativen Selbständigkeit und Selbstbezüglichkeit, mit vielen Einzelnen durch Gemeinschaftlichkeit der Existenz verbunden, worin die Allgemeinheit des Wesens gründet.

In der lebenden Natur erlangt die Eigenpotenz des Einzelnen eine entwickeltere Stufe als in der nicht-lebenden Natur; eine weitere Entwicklung findet in der Gesellschaft statt. Das Verhalten lebender Organismen ist durch genetische Faktoren beeinflußt, wozu bei höheren Tieren Lernen und die keimhafte Fähigkeit bewußter Verarbeitung von Umweltreizen kommt. Dominant ist instinkthaftes Verhalten, doch findet auch eine potentiell bewußte Einstellung auf äußere Situationen statt.[3] »Die Primaten insgesamt haben ... neue Formen von Intelligenz entwickelt. Ihre Neugierde, Experimentierfreude und intellektuelle Wendigkeit sind für ihren Erfolg wenigstens teilweise verantwortlich«.[4] Tiere vermögen ›persönliche Erfahrungen‹ zu machen und zu speichern und sowohl als Individuen wie auch als Gruppen zu lernen, sie können ihr Verhalten äußeren Bedingungen nach eigenen Bedürfnissen anpassen. Es resultiert Gruppenverhalten aus selbstreferentieller Beziehung der einzelnen Mitglieder der Gruppe, wobei oft bestimmte Individuen vorangehen. Bei höheren Wirbeltieren ist die erbliche Disposition offener, plastischer als bei weniger hoch entwickelten Tieren.[5] Individuelles und gemeinschaftliches Lernen, Strategi-

1. Mensch und Geschichte – eine Problemskizze 9

en der Überlebenssicherung, Umweltkontrolle sind keimhaft ausgebildet, sie sind Übergangsstufen zu menschlichem Verhalten. Verarbeitung von Erfahrungen und Fähigkeit zur Beurteilung der Situation sind Momente der Individualität und machen deren Selbstbezüglichkeit aus. Die Entwicklung des Gehirns als Voraussetzung des Sammelns und Verarbeitens von Erfahrungen und der Einstellung auf wechselnde Situationen ist physiologische Bedingung dafür. Man kann vermuten, »daß ein Funken von Bewußtsein auch in der bescheidensten Kreatur flackert, und daß mit zunehmender Nervenarchitektur und vielschichtigerem Gehirn auch so etwas wie Bewußtsein erwächst.«[6] Beim Menschen ist die Individualität, gebunden an Bewußtsein und ein hochentwickeltes Gehirn, von qualitativ wesentlich höherem Charakter; Singularität ist, wie in der Welt überhaupt, ihre allgemeine Existenzgrundlage. Doch macht das Selbstverhältnis, das Auftreten persönlicher Interessen und Handlungsstrategien, eine Bestimmtheit individuellen Menschseins aus. Das Bewußtsein vermittelt zwischen äußeren Umständen und inneren Dispositionen; es ist kein passiver Spiegel der ›Umwelt‹, sondern Ausdruck und Resultat persönlicher Lebenserfahrungen bei der geistigen Verarbeitung innerer und äußerer Verhältnisse. Der Umstand, daß Menschen nicht bloße Funktionselemente eines größeren Ganzen, sondern gleichsam ›Monaden‹, relativ selbständig empfindende, denkende und handelnde Subjekte sind, macht eine wesentliche Seite gesellschaftlich-geschichtlicher Existenz des Menschen aus. Doch ist das Individuelle, vergleichbar der lebenden Natur, durch Allgemeines eines universellen und historischen Typs sowie der übergreifenden Gemeinschaft, der konkreten Gesellschaft, Gruppe usw. bestimmt. Die Spannung zwischen dem Allgemeinen und dem Singularen individueller Existenz wirkt in den unübersehbar vielen Wechselfällen der Geschichte der Menschengattung zusammen.

Bewußtsein und persönliche wie gemeinsame Interessen sind Kräfte geschichtlicher Entwicklung, historischen Fortschritts. Dieser gründet in der Notwendigkeit werkzeugvermittelter Aneignung der äußeren Natur durch den Menschen zum Zwecke der Befriedigung persönlicher und gemeinschaftlicher Bedürfnisse. Doch ebenso wie diese Faktoren progressive geschichtliche Entwicklung bedingen, können sie auch zu gesellschaftlichem Rückschritt und Stagnation, zu verhängnisvollen geschichtlichen Aktionen und Ereignissen beitragen. Wenn sich individuelles Bewußtsein und (Gruppen-)Interessen verfestigen, sich primär auf sich beziehen und die Mitglieder des Gemeinwesens einander als bloße Mittel für das Verfolgen eigensüchtiger Zwecke behandeln, kann die Geschichte zum Verhängnis werden, wovon sie, namentlich im 20. Jahrhundert, vielfältig zeugt. Damit verkörpert sich im individuellen Bewußtsein, so große Bedeutung es als Triebkraft der Entwicklung des menschlichen Gattungswesens besitzt, eine Potenz von Stagnation, Niedergang und Zerstörung. Doch ist sie das nicht naturgegeben, sondern als Resultat gesellschaftlicher Umstände, die eine Hypertrophierung individueller Zwecke begünstigen oder sogar zu ihrem Lebenselement haben. Hierbei sind die Individuen einander nicht gleich, sondern unterschiedlich und gegensätzlich – der sozialen Stellung nach sowie in ihren persönlichen Charaktermerkmalen, die auch gesellschaftliches Gewicht erlangen können. Dabei wird die Differenz zwischen den Gesellschaftsgliedern als ›gewöhnliche‹ Individuen, als Massenpartikel, und als besondere, auf verschiedensten Gebieten herausragende Individuen (›Persönlichkeiten‹) belangvoll. Beide Individualitätstypen sind Konstituenten gesellschaftlicher Existenz und Bewegung, doch wirken jene als subordinierte Elemente größerer oder kleinerer sozialer Gruppen, diese als deren Impulsgeber und Organisatoren, wobei persönliche, u.a. psychologisch begründete Wesensmerkmale von prägendem Einfluß sind. Während die gewöhnlichen Individuen zur Einfügung in ein größeres Ganzes (Gruppe, politisches und ökonomisches System), zur Anpassung an das Bestehende tendieren, sind die exzeptionellen Individuen oft durch Geltungsdrang und Machtstreben sowie das Verfolgen selbstsüchtiger Zwecke charakterisiert. Im Wirkungsfeld der Individuen als Massenpartikel, deren Bedürfnisse und gesellschaftliche Lebenserfahrungen artikulierend, tun sich geschichtlich Individuen hervor, die die Massenstimmungen und -ansprüche ausdrücken und sich gegen die Herrschaftspraxis der staatlich-gesellschaftlich führenden Kräfte wenden, wobei sie Bestrebungen der nach Veränderung drängenden sozialen Gruppen artikulieren. Damit differenziert sich die Individualität in die drei Formen der gewöhnlichen, der sie kulturell und politisch repräsentierenden und der in Staatsapparaten politische Macht ausübenden Personen.

Einzelnes als Geschichtspotenz

Die Einzelindividuen sind gleichsam Partikel des Gesellschaftsganzen, soziale Atome, doch existieren sie nicht beziehungslos, sondern in aktiven Verhältnis-

1. Mensch und Geschichte – eine Problemskizze 11

sen zueinander, deren Grundlage die Aneignung der äußeren Natur durch materielle Produktion ist. Eine abstrakte Trennung und Entgegensetzung von Einzelindividuen und sozialen Verhältnissen ist abwegig; N. Luhmanns eindimensionale Rückführung der Gesellschaft auf interpersonale Beziehungen, mit Ausschluß der sie doch begründenden Menschen, ist irreführend. Die Individuen konstituieren die Verhältnisse und diese begründen deren Existenz und Wesen. Diese These enthält allerdings eine noch nicht hinreichend aufgelöste Problemantinomie, nämlich die Frage danach, welche der Seiten den Ausschlag gibt und ob die Antwort auf diese Frage allgemein oder nur geschichtlich-konkret gegeben werden kann. Zu ihrer Beantwortung ist die Analyse der relativen Eigenständigkeit, -aktivität und Selbstbestimmung der Individuen gefordert, und zwar sowohl der gewöhnlichen als auch der exzeptionellen Individuen. Dabei entsteht ein weiteres Problem in der Klärung der Rolle der individuellen mikro- und makrosozialen Umstände im Selbstverhältnis der Individuen. Denn wenn die Individuen Produkte individueller und gesellschaftlicher Daseinsbedingungen sind, ist auch die soziale Existenz der jeweiligen Gruppe und der Einzelgesellschaft – wie der Gesellschaft überhaupt – ein reines Objektverhältnis und die Menschen sind deren Zuschauer, sind bloße Statisten.

Die Frage nach der Beziehung von Mensch und Geschichte verweist somit auf die Frage nach Wesen und Existenz des Einzelmenschen in seinem Verhältnis zur Gesellschaft. Nach Ansicht J. Piagets gehören zu den Faktoren individueller Entwicklung Vererbung, Erfahrung mit der äußeren Welt und soziale Vermittlung, die Erziehung im weitesten Sinn.[7] Allerdings gibt die Benennung dieser Faktoren noch keine Antwort auf die Frage nach ihrem Stellenwert im Ganzen der Bedingungen, die variabel in den jeweiligen Kontexten sind. Der Aneignungs- und Verarbeitungspotenz des Individuums kommt Schlüsselbedeutung zu, worin die Geschichtsmächtigkeit des Einzelmenschen sich andeutet – abhängig von persönlichkeitseigenen und sozialen Determinanten.[8]

Der hermeneutische Zirkel ist freilich mit dieser Feststellung nicht aufgelöst, und es scheint, als sei nur eine fallbezogene Antwort möglich, die unzureichend ist, wenn sie das allgemein Menschliche des Zusammenhangs im Dunkeln läßt. Die zu problematisierende Voraussetzung ist, daß das Individuum in seinem Handeln stets durch äußere und innere Faktoren determiniert und insofern zu wirklicher Selbstbestimmung unfähig ist. Familie, Bildung, Charakter, geistige Fähigkeiten, mikro- und makrosoziale Umstände präformieren das individuelle Verhalten und konturieren eine Selbstbeziehung des Objektiven allgemeiner und individueller Art. ›Autonomie‹ des Individuums scheint eine Leerformel zu sein, Verdienst und Schuld im Grunde nicht stattzuhaben. Das alte Thema der Willensfreiheit wird hier virulent – der Wille ist unfrei, wenn und insofern das Handeln linear-kausal aus ihm vorausliegenden subjektiven und/oder objektiven Umständen resultiert. Zweifelsfrei erfolgt die Selbstgenerierung des Individuums durch und mit seinen Lebenserfahrungen. Deren Verarbeitung hängt von persönlichen Faktoren ab, die sich durch ebendiese Erfahrungen verändern – soweit das Individuum sie bewußt reflektiert.

Individuelle Autonomie ist relativ, da sie in Bedingungen eingebettet ist, über die der einzelne nicht frei verfügt – seien sie objektiver oder subjektiver Art. Gegen übermächtigen Druck äußerer Umstände vermag das Individuum als einzelnes wenig auszurichten und seine Selbstbestimmung schrumpft auf ein geringes Maß. In demokratisch offenen, plastischen sozialen Verhältnissen erweitern sich die Chancen des Selbst-Handelns, wobei Charaktermerkmale, die Fähigkeit zu Selbstkontrolle und Selbstkorrektur Bedeutung erlangen. Auch in diesem Fall aber sind mikrosoziale Bedingungen wirksam und von einer völligen Autarkie des Denkens und Handelns des Individuums kann keinesfalls die Rede sein.

J. Piaget betont: »In Wirklichkeit ist das Individuum weder ausschließlich von den äußeren Gegenständen (Feldgestalt) noch einzig und allein von seinen Anlagen abhängig, sondern es entwickelt ein Tun, das mit seiner eigenen Geschichte in engem Zusammenhang steht.«[9] Das Verhältnis zwischen beiden Faktoren ist variabel und wird sowohl von gesellschaftlichen Umständen als auch von individuellen Handlungsstrategien beeinflußt. Es findet ›reziproker Determinismus‹ statt:[10] die Umwelt wirkt auf das Verhalten ein, das Verhalten verändert die Umwelt und die Person kontrolliert – im Idealfall – sowohl das Verhalten als auch die Umwelt, von denen beiden sie wiederum beeinflußt wird.

Jedes Verhalten wird von den Anlagen und von der Umwelt ko-determiniert; damit ist allerdings noch nicht die Frage nach der Selbstmacht des Individuums beantwortet, nach jener Sphäre, in der sich die Autonomie der Person vollzieht. Sie wird unzweifelhaft auch von personalen Eigenschaften beeinflußt, mittels deren das Individuum sich seine persönlichen Erfahrungen aneignet und sie für seinen Lebensentwurf, seine Verhaltensstrategien verar-

1. Mensch und Geschichte – eine Problemskizze

beitet. Ein autarker Bereich bleibt, wenn er sich auch nicht selbst generiert, sondern von Bedingungen abhängig ist, die dem Individuum vorgegeben sind. Die Klammer der inneren und äußeren Bedingungen ist die Tätigkeit des Individuums, in der sich seine Entwicklung mittels Verarbeitung der Widersprüche seines Daseins vollzieht. Die Bedingungen werden Faktoren individueller Selbstgestaltung durch Auseinandersetzung des Individuums mit seinen objektiven und subjektiven Verhältnissen. »So gesehen ist die Umwelt eines Menschen zwar einerseits ›objektiv‹, aber andererseits in unverwechselbarer Weise seine persönliche Welt, genauso einmalig wie die Person selbst.«[11]

Zu den Bedingungen, die die Gestaltungskraft des einzelnen beeinflussen, gehört sein Dasein in den verschiedenen Sozialgruppen. Sie üben Verhaltensdruck auf die Mitglieder aus und tendieren dazu, den einzelnen zu Konformität gegenüber der Gruppe zu nötigen, die er teils gezwungen, teils aus eigenem Antrieb leistet. Es findet eine ideologisch-moralische, geistig-praktische Prägung und Formierung von Denken und Handeln der Gruppenangehörigen statt; das Individuum paßt sich, um Akzeptanz in der Gruppe zu erlangen, den Gruppennormen an, die Echos, Übersetzungen der durch die Gesellschaft favorisierten Verhaltenskodizes sind, in denen sich die Klassenverhältnisse der Gesellschaft spiegeln.

Durch den von der Gruppe ausgehenden Konformitätszwang wird die Eigenmacht und Selbstgestaltung des Individuums beschnitten. Das vorrangige ›Umfeld‹ des einzelnen ist somit die jeweilige Gruppe, in die, in wechselnden Formen, der Mensch eingebunden ist. Zur Beantwortung der Frage nach der Beziehung von Mensch und Geschichte muß daher die Gruppe mitthematisiert werden, da sie ein wesentliches Scharnier zwischen dem einzelnen und der Gesellschaft ist. Eine Seite dieser Beziehung ist das Streben nach sozialer Anerkennung, das ein Existential sowohl der Gruppe als auch des einzelnen ist.[12] Das schließt nicht aus, daß bestimmte Personen sich gegen Gruppendruck auflehnen und ihre eigenen Verhaltensnormen verfechten. Hierin liegt eine Quelle geschichtlicher Veränderung – oder auch Stabilisierung. Während Anpassung an Gruppennormen Momente von Angstvermeidung enthält, kann Auflehnung gegen sie von Stärke des Charakters zeugen – eine Voraussetzung für Fortschritte auf den verschiedensten Gebieten des gesellschaftlichen Lebens.

Auf die inneren Beziehungen der Gruppe färben die Konstellationen der Gesellschaft ab; deren allgemein-soziologische Verfaßtheit schlägt sich in einem

Gruppenmilieu nieder, das die psychischen, moralischen, politischen Einstellungen der Individuen beeinflußt. Im Gruppendasein von Familie, Arbeitskollektiv, Freizeit- und Bildungseinrichtungen erlebt der einzelne – durch gruppeninterne Verhältnisse gebrochen – die Wesensbeschaffenheit der Gesellschaft, der er angehört, und macht Lebenserfahrungen, die sein Denken, Empfinden und Handeln durchdringen. Der Druck dieser Formierung erschwert es dem Individuum, zu einem intellektuell-moralischen Eigenleben zu gelangen und die Steuerung, die von der Gruppe ausgeht, kritisch zu hinterfragen und ihr eigene Verhaltenskonzepte entgegenzusetzen. Das bei vielen mit Existenzangst besetzte Dasein in der modernen kapitalistischen Gesellschaft lähmt eine selbstbewußte Persönlichkeitsentwicklung und verschüttet Potenzen der Auflehnung gegen die herrschenden Verhältnisse. Der Rückzug in die Privatsphäre, die Furcht, öffentlich eine eigene Meinung zu vertreten, sind dessen verbreiteter Ausdruck.

Damit in Einklang steht das Streben nach Kultivierung des Selbst, nach Selbstverwirklichung in individuell gesetztem Rahmen. Dieses Streben ist zumeist nicht gesellschaftskritisch ausgerichtet, sondern zielt auf Pflege des privaten Genusses, des individuellen Wohlergehens, auch auf Kosten anderer, sei es der Gruppe oder der Gesellschaft. Eine solche Haltung ist nicht geeignet, Potenzen gesellschaftlicher Erneuerung und Veränderung freizusetzen und in gemeinschaftlicher Aktion zum Tragen zu bringen. Der in jüngster Zeit in Mode gekommene Kommunitarismus kaschiert dies kaum, da er einen romantisierenden Anti-Individualismus zur Geltung bringt und den Einzelnen verklärt. Isolationsangst und Furcht vor Verlust persönlicher Vorteile sind gleicherweise Kennzeichen nicht weniger Individuen in der ›modernen‹, der kapitalistischen Gesellschaft. Allerdings können sich im alltäglichen Lebensprozeß Elemente der Gemeinschaftlichkeit mit solchen des Widerstands gegen herrschende Strukturen und Verhaltensweisen verbinden.

Das ist ein Ansatzpunkt individueller Subjektivität, der bewußten und engagierten Wahrnehmung des eigenen Selbst mit intendierter Einflußnahme auf das soziale Umfeld, verkörpert durch die Gruppe (Klasse) und die Gesellschaft. Subjektivität ist nicht das bloße Streben nach persönlicher Selbstverwirklichung, sondern auch, damit verbunden, Einsatz der Person für allgemeinere, das Wohl anderer (vieler) berührende Zwecke. Die Subjektivität mag anlage- oder milieubeeinflußt sein; sie ist ein Faktor positiver Gesellschaftsentwicklung, ein wesentlicher Konzentrationspunkt des Verhältnisses Mensch –

1. Mensch und Geschichte – eine Problemskizze

Geschichte. Ihre Basis ist die bewußte Verarbeitung von Daseinswidersprüchen als Chance progressiver Gestaltung gesellschaftlicher Lebensverhältnisse.[13] Selbstkontrolle, Selbstgestaltung, bewußte Sinngebung eigenen Handelns sind ihre Konstituenten.

Das Individuum, obwohl seinem Charakter nach durch die Umwelt, die Biographie und eigene psychisch/geistige Dispositionen geprägt, geht nicht in der Beziehung auf dem Handeln Vorausliegendes auf, sondern inkorporiert eine Sphäre selbstreflexiver Determination, von der Impulse zur Gestaltung der objektiven Wirklichkeit ausgehen können, was von praktischen Erfahrungen mit dieser und der selbstbewußten Verarbeitung ihrer Probleme und Widersprüche abhängt. »Selbstregulation des Verhaltens bedeutet, persönliche Kontrolle über die drei Grundelemente des Verhaltens auszuüben: Selbstbeobachtung, Gestaltung der Umwelt und Entwicklung von Verhaltensprogrammen ...«[14] Diese Leistungen der Persönlichkeit sind an individuelle Voraussetzungen wie Intelligenz, Willensstärke, Bereitschaft zur Selbstkritik gebunden und nicht allen Individuen in gleicher Weise zu eigen.

Der Selbstfindung, Selbstkontrolle, Selbstgestaltung stehen negative Momente der Individualisierung, der Vereinzelung des Menschen in der modernen Massengesellschaft entgegen, die die bewußte gesellschaftliche Fundierung des Individualverhaltens beeinträchtigen. Durch moderne Technologien in der Produktion, Massenmedien, Bildungseinrichtungen, die Existenz in relativen Isolaten verliert der Mensch positive Beziehungen zu den Mitmenschen, wird er auf sich selbst zurückgeworfen, womit die mögliche förderliche Potenz der Gemeinschaft und der ihr angehörenden Persönlichkeiten sich reduziert. Dadurch verliert die Geschichtsmächtigkeit des Individuums, und herrschende ökonomische und politische Kräfte können manipulative Ziele eher verfolgen.

Mag der Zerfall interaktionsstiftender Bindungskräfte auch dem einzelnen Freiräume selbstgewählter Lebensgestaltung eröffnen, geht doch damit zugleich ein Verlust an Impulsen sinnerfüllter Selbstverwirklichung einher: der Mensch gerät in die Rolle des Objekts von Politik, Ökonomie, Massenmedien usf. sein Selbstverhältnis nimmt deviente Züge an. Im modernen Individuum gehen, quer durch die Klassen und anderen sozialen Gruppen, »Individualisierung, Privatisierung und Autonomisierung«[15] ineinander über, in ihm streiten Tendenzen und Kräfte miteinander, die seine gesellschaftliche Rolle verstärken wie auch beschädigen können. Autonomisierung und Disziplinierung sind die Pole dieses Spannungsverhältnisses.

Die Massen: Aktivität und Passivität

Die Individuen existieren in sozialen Verhältnissen, die durch größere soziale Gruppen formiert werden. Auf Grund dessen, daß der Mensch nur in Gemeinschaft mit anderen sein Leben fristen, das zu seiner Existenz Nötige gewinnen kann, ist er stets Glied eines übergreifenden gesellschaftlichen Ganzen. Dieses tritt als eigentliches Geschichtssubjekt auf, wenngleich die Quelle seiner Existenz und Bewegung im Dasein und in den Aktionen der Individuen liegt. Wenn größere Ganze, wie Klassen, soziale und politische Gruppen, Ethnien, Völkerschaften, Staaten, als geschichtsbildende Kräfte handeln, ist es stets das Insgesamt von Einzelindividuen, das als Aktor der Handlungssequenzen wirkt. Dabei kommt das dialektisch-widersprüchliche Verhältnis von Element und System zur Wirkung. Elemente des gesellschaftlichen Systems sind die Individuen mit den zwischen ihnen bestehenden, durch sie realisierten Verhältnissen. Das konkretbesondere Ganze der Menge von Individuen, die es bilden, ist die maßgebliche geschichtlich bewegende und verändernde Kraft, da alles gesellschaftliche Sein Produkt einer hinreichend großen Zahl von Einzelmenschen ist.

Das Scharnier zwischen Individuen und System bilden ›exzeptionelle‹ Individuen, die die Impulse des größeren Ganzen aufnehmen und den Massen der ›gewöhnlichen‹ Individuen nahebringen – sei es positiv-zustimmend, sei es kritisch-ablehnend. Diese Impulse sind umgeformte Bedürfnisse der Individuen, die hierbei in gesellschaftlich komplexer, systemhafter Gestalt auftreten. Massen sind keine autarken Geschichtssubjekte, da sie einerseits Produkte der bestehenden gesellschaftlichen Ordnung, der sozialen, ökonomischen, politischen, kulturellen Beziehungen zwischen den Individuen sind, andererseits der Regulierung ihres Verhaltens auf den konkreten Ebenen ihres massenhaften Daseins durch dazu disponierte und sich disponierende Personen be- dürfen. Massen sind sowohl träge, Objekte der Geschichte, als auch aktiv tätig, Subjekte. Ihr Handeln, die Vielfalt des Wirkens der Einzelnen, begründet die Existenz der Gesellschaft, ermöglicht und kontinuiert deren Entwicklung.

Das Ganze ist nicht kausalgenetisch die Summe der individuellen Tätigkeiten; weder sind die Individuen linear-kausal Produkte des Ganzen, noch ist dieses das einfache Resultat des Handelns der Individuen als Angehörige sozialer Gruppen. Das hängt auch damit zusammen, daß die Individuen Sy-

1. Mensch und Geschichte – eine Problemskizze

stemganze auf elementarer Ebene sind, ihre eigene Bewegung und Entwicklung nach intrinsischen Bedürfnissen, Zielen, Sinngebungen im Rahmen sozialer Bedingungen vollziehen.

Da dies für die einzelnen in ihrer jeweils besonderen Existenz gilt, besteht zwischen Individuum und Gesellschaftsganzem, der konkret bestimmten Masse der Individuen ein in sich vernetztes Verhältnis, fern einer linear-kausalen Beziehung. Massen haben ihre eigene Daseins- und Aktionsbasis, die zwar im Verhalten der Individuen wurzelt, zugleich jedoch eine eigene Sinngebung des Handelns bedingt, die auf die Individuen zurückwirkt und von ihnen je spezifisch verarbeitet wird. Die Vermittlung geschieht durch Teilsysteme – soziale Gruppen und Bereiche –, die ihrer eigenen System-Element-Dialektik unterliegen, so daß sich ein Geflecht vielfältiger Interdependenzen ergibt und nur Wahrscheinlichkeitsaussagen, Trendanalysen möglich sind.

Nach dem Bekunden von F. Engels gilt es, die Beweggründe zu erforschen, die Massen und Klassen zu geschichtlich verändernder Aktion in Bewegung setzen. Es reicht nicht, nur das Handeln einzelner, wie auch immer historisch bedeutender Personen zu untersuchen. Stets gilt, daß die gegebenen geschichtlichen Umstände sich in den einzelnen Köpfen, dem Bewußtsein der Individuen verschieden spiegeln, ehe sie zum Handeln führen. Diese Spiegelung ist von den besonderen geistigen Verarbeitungsformen innerhalb der sozialen Bedingungen abhängig, womit die Beziehung zwischen Massen und einzelnen Individuen bedeutsam wird. Für A. Mitscherlich ist das Individuum in der modernen Massengesellschaft durch erhöhte Willigkeit zu gehorchen, bei Lockerung dauerhaft bindender Beziehungen zu Dingen und Mitmenschen und reduzierter Anerkennung von Werten, charakterisiert.[16]

Dies ist sozialpsychologisch noch nicht hinreichend erforscht. Es ist zu berücksichtigen, daß es nicht ›das‹ Individuum in der Massengesellschaft gibt, sondern die Individuen bei allgemeinen Charaktermerkmalen Besonderheiten ihrer sozialen, ihrer Klassenexistenz aufweisen. Gemeinsinn ist auf den verschiedenen sozialen Ebenen unterschiedlich – wenn überhaupt – ausgeprägt; die Bindungskräfte zwischen Kapitaleignern einerseits, abhängig Beschäftigten andererseits sind vor allem auf Grund sozialökonomischer Bedingungen von unterschiedlicher Intensität und Qualität. Die soziale Existenz wirkt auf das Individualverhalten ein und bedingt Differenzierungen, die für das Verhältnis Mensch – Geschichte wichtig sind. Die herrschenden Gruppen suchen mittels Massenmedien und Konsumgüterangeboten Ich-Stärke und soziale Bindungskräfte zwischen den Individuen der abhängigen Massen zu untergraben, wozu sie jahrhundertelang Erfahrungen sammeln konnten.[17]

Die werktätigen Massen sind der existentielle subjektive Boden der Geschichte, und dies primär durch die Arbeit zur Erhaltung der Gesellschaft. Sie sind in sich differenziert nicht nur hinsichtlich der verschiedenen Produktionsarten und -zweige, sondern auch bezüglich der Unterschiede von leitender und ausführender, intellektuell anspruchsvoller und bloß repetitiver Arbeit. Als treibender Faktor geschichtlicher Entwicklung kommen die Massen zur Wirkung in sozialen Bewegungen, die aus den Widersprüchen zwischen ihren Bedürfnissen und defizitären Formen ihrer Befriedigung erwachsen. In einer solchen Situation kann politische Passivität in Aktivität umschlagen und können grundlegende Veränderungen der gesellschaftlichen Zustände erfolgen. Führende Gruppen und Persönlichkeiten sind Integrale erfolgreicher Aktionen, doch können sie im Verlauf geschichtlicher Prozesse auch zu Fermenten neuer Erstarrung und der Blockierung der Befriedigung von Bedürfnissen der Massen werden. Marx registrierte »die Dummheit der Massen ..., solange sie konservativ bleiben, und die Einsicht der Massen, sobald sie revolutionär werden.«[18] Die gesellschaftliche Praxis prägt die mentale und psychische Verfassung der Massen, die ihrerseits der Praxis vorangeht und sich mit ihr wandelt.

Anregende Ideen zum Verhältnis Masse – Individuum finden sich bei S. Freud, der eine psychologisch untersetzte Theorie der Herrschaft entwickelte. Das Wesen der ›Massenseele‹ sind nach Freud Gefühlsbindungen, die durch Regression zustandekommen. Das Ich der erwachsenen Individuen werde durch die Institutionen der Herrschaft – Kirche, Militär – aufgezehrt, indem der Unterworfene den Befehlsgeber in sich hineinnehme, sich mit ihm identifiziere. Das Ich sieht die Welt so, wie der Herrschende sie sieht; das impliziert Anpassung an bestehende Verhältnisse bis zur Selbstaufgabe. Diese Einstellung sinkt ins Unbewußte hinab, das Einzelindividuum reflektiert nicht seinen psychologisch fixierten politisch-sozialen Status. LeBon stellt fest: »Die in der Masse vereinigten einzelnen verlieren allen Willen und wenden sich instinktiv dem zu, der ihn besitzt.«[19] Andererseits ist das Dasein in der Masse Voraussetzung dafür, die Furcht vor den Herrschenden zu überwinden und in der Gemeinschaft mit anderen, in gleicher sozialer Lage und mit gleichen Interessen Lebenden, Ich-Stärke und Selbstbehauptung zu erlangen. Das ist an die Existenz von Organisationen gebunden, die den Massenindividuen das

Bewußtsein ihrer Kraft, wenn sie als gemeinsam handelnde Persönlichkeiten auftreten, vermitteln. Überhaupt können unangepaßte Minderheiten zu Triebkräften gesellschaftlicher Entwicklung werden, weshalb die Herrschenden in der Regel alles tun, um sie von politischen Entscheidungen fernzuhalten. Dummheit, Anpassung, Konservatismus der Massen sind nur eine Seite ihres Daseins; dem stehen Verhaltensweisen und Aktivitäten gegenüber, die sich mit den bestehenden Verhältnissen nicht abfinden, wenn sie prinzipieller Kritik von fortgeschrittenem Standpunkt aus bedürfen. Dadurch stößt sich die Masse gleichsam von sich selbst ab und gebiert Kräfte, die über die Enge ihres Denkens und Handelns hinausführen.

Wirkungspotenz von Einzelpersönlichkeiten

Die Geschichte der Menschheit ist das Werk der Menschheit, vieler Individuen, die in Gemeinschaften spezifischer sozialer Qualität leben und durch ihr Handeln Existenz und Reproduktion der Gesellschaft sicherstellen. Jede gemeinschaftliche Tätigkeit bedarf einer Direktion, einer Leitung und Planung, da sonst das Wirken der Individuen sich in diffuse Einzelaktionen auflösen würde. Das gilt für gemeinschaftliches Handeln allgemein, im besonderen für den iterativen Prozeß der Daseinssicherung des Gemeinwesens. Als geschichtlicher Vorgang zielt gemeinschaftliches Handeln auf Reproduktion und Entwicklung des Gesellschaftsganzen – sofern ihm nicht Zerstörung gemeinsamer Lebensgrundlagen inhäriert. Die Organisierung der Praxen kooperativer Reproduktion wird von öffentlicher Verwaltung, die politisch in staatlicher Hand liegt, vorgenommen. An der Spitze des Gemeinwesens stehen, wie auch immer in herrschende Gruppen eingebunden, Einzelindividuen mit mehr oder minder großer Machtfülle. Von ihnen gehen fördernde oder deviente Wirkungen auf Grundlage bestehender sozialer Bedingungen auch Resultat von Persönlichkeitseigenschaften sein kann. Das gilt für etablierte soziale und politische Machtverhältnisse ebenso wie für Bewegungen, die um die Veränderung dieser Verhältnisse ringen. Die führenden Personen vollziehen zufolge ihrer herausgehobenen Position prägende Wirkungen auf die Geschichte und damit auf Existenz, Lebensbedingungen und Schicksale zahlreicher Einzelindividuen, ganzer Klassen und Völker. Zu fragen ist nach dem Stellenwert dieser Wirkungen im Geflecht des elementaren Handelns der vielen ›gewöhnlichen‹ Individuen und, damit verbunden, nach der selbstreproduktiven Potenz der führenden Personen. Einerseits abhängig von den bestehenden gesellschaftlichen Bedingungen, sind sie andererseits deren formende Kraft, was auch mit individuellen Eigenschaften zusammenhängen kann. Damit gelangen psychologische, charakterologische, biographische Aspekte in den Horizont der Analyse, ein Spezialfall des allgegemeineren Zusammenhangs von Erbe und Umwelt im Individuum.

M. Weber thematisierte dies mit dem Topos des ›charismatischen Führers‹. Bedeutung besitzen für ihn der ›politische Machtinstinkt‹ und das Vorhandensein politischer Führerqualitäten; mit ›Führereigenschaften‹ ausgestattete Personen gelangen an die Spitze der Bewegung, an die sie sich dank ihres Machtwillens zumeist aus eigenem Antrieb drängen. Nach Ansicht LeBons sind die Führer im allgemeinen keine Denker, sondern Männer der Tat. Sie haben oft geringen Scharfblick (mit Ausnahmen, z.B. in der griechischen Antike) und sind nicht von Zweifeln und Skrupeln geplagt. Eine geschichtliche Situation und eine soziale Bewegung bereiten den Boden für das Wirken einzelner herausgehobener Personen, die insoweit abhängig von objektiven Bedingungskomplexen sind. Doch sind sie – entgegen der Meinung F. Engels'[20] – nicht bloße Appendizes geschichtlicher Umstände; diese bilden vielmehr das Material, den Rohstoff, an dem sich das Wirken der ›charismatischen Führer‹ nach eigener Logik vollzieht.

Es findet ›negative Selektion‹ statt: die an der Spitze Stehenden sind durch ihre intellektuellen und charakterlichen Eigenschaften für positives Wirken im Dienste der Gemeinschaft oft weniger prädisponiert, sofern sie eigene Interessen in den Vordergrund rücken. In autoritären Gesellschaften wie dem Staatssozialismus sind sie nicht aus eigenem Antrieb zu Machtverzicht bereit. Erwartungen von Marx, die führenden Funktionäre würden dereinst eine rechtlich festgelegte Begrenzung ihrer Macht und deren Dauer – bei bescheidener Bezahlung – hinnehmen, klammerten Psyche und Moral der Führer, die diesen Normen meist widerstreiten, aus. Im verflossenen Sozialismus nahmen die führenden Funktionäre ohne Skrupel die mit der Macht verbundenen Privilegien in Anspruch, keiner drang auf demokratische Verfahren der Auswechselung der Führer. Die wesentlich von ihnen inaugurierten politischen Bedingungen ermöglichten dies – ein Ausdruck der widersprüchlichen Beziehungen zwischen objektiven Verhältnissen und subjektivem Handeln. Wenn jene auch den Boden für unkontrolliertes Wirken maßgeblicher Einzelperso-

1. Mensch und Geschichte – eine Problemskizze

nen bilden, unterliegen sie doch zugleich den interessengeleiteten Aktionen der an der Spitze Stehenden. Nur ein stabiles System rechtsstaatlich verbriefter demokratischer Regeln und Verfahrensweisen kann – bei noch genauer zu bestimmenden ökonomischen Grundlagen – Machtmißbrauch verhindern.

*

Nach Ansicht von Marx sind Beschleunigung und Verzögerung geschichtlicher Bewegung auch von dem ›Zufall‹ des Charakters der Leute, die zuerst an der Spitze der Bewegung stehen, abhängig (Brief an Kugelmann v. 17.4.1871). Mit dieser zweifellos zutreffenden Bemerkung bleibt indes die prägende Wirkung der objektiven Verhältnisse und Strukturen, innerhalb deren sich diese Leute bewegen, unerörtert. Marx und Engels erklärten hinwiederum geschichtliche Prozesse aus den allgemeinen gesellschaftlichen Zuständen und den Lebensbedingungen einer Nation. Hier traten in der theoretischen Betrachtung die zufälligen Bestrebungen und Eigenschaften historischer Persönlichkeiten zurück. Diese Position verabsolutierte jedoch die objektiven Bedingungen und vernachlässigte die Eigenmacht der Führer. Geschichtliche Bewegungen sind nicht das Werk von Einzelpersonen, sondern von Klassen und Massen; doch können jene einen solchen Einfluß auf die Geschichte erlangen, daß diese einem subjektiv gesetzten Weg folgt. Voraussetzung ist, daß die Massen sich nicht zu bewußten Akteuren der Geschichte emporgearbeitet haben – wobei die Frage ist, ob und in welchem Maße sie das überhaupt können.

Hier ist das Problem von Interesse, ob die besondere Wirkungspotenz einzelner ›historischer Persönlichkeiten‹ auch Resultat der diesen eigenen individuellen Eigenschaften sein kann, die aus anlage- und umweltbedingten Konstellationen hervor- gehen. So sehr diese Vermutung dem originären marxistischen Denkansatz widerstreitet, sollte sie nicht a priori verworfen werden. Allerdings würde sich dann die Geschichte in ihren konkreten Besonderheiten möglicherweise als das Resultat des Wirkens führender Personen darstellen, deren Handeln nicht (nur) objektiv-gesellschaftlich, sondern (auch) individualpsychologisch zu erklären wäre. Bei dieser Annahme erlangt das einzelne Individuum in der Geschichtsbetrachtung eine herausgehobene Bedeutung, und es tritt eine gewisse Nähe zu dem Geschichtsverständnis Diltheys ein. Im marxistischen Fundamentalansatz stehen sich, stark vereinfacht, die Linie

Engels‹, der die historischen Persönlichkeiten zu abgeleiteten Größen der geschichtlichen Umstände erklärte, und die Linie Marx‹ gegenüber, der den Persönlichkeiten einen fördernden oder hemmenden, beschleunigenden oder verzögernden Einfluß beimaß.

W. Gutsche stellte, am Beispiel Wilhelms II., die einseitigen Positionen einer personalistischen und einer objektivistischen Sicht auf geschichtliche Entwicklungszusammenhänge gegenüber.[21] Im marxistisch-leninistischen Verständnis wurde eher die letztere favorisiert. Gutsche vertritt eine dialektische Auffassung, wenn er erklärt: »So wie der Kaiser mitzudenken ist, wenn es um die Analyse des frühen deutschen Imperialismus geht, so läßt sich die Rolle dieses Monarchen nicht hinlänglich bestimmen, ohne die Wechselwirkungen zwischen ihm und der gesamtgesellschaftlichen Ordnung des Deutschen Reiches zu ergründen.«[22] Man muß jedoch davon ausgehen, daß die Geschichte stets ein Konstrukt wirklicher, realer Geschehnisse und der damit verknüpften Schicksale konkreter Menschen ist, auf die das Handeln maßgeblicher Personen beträchtlichen Einfluß ausübt. Eben weil in der Geschichte das Dasein, das Handeln und Leiden realer Menschen stattfindet, ist die Beziehung zwischen Allgemeinem und Einzelnem von besonderem Charakter und das Einzelne nicht bloße Manifestation des Allgemeinen.

Wie alle Menschen besitzen auch die maßgeblichen Personen individuelle Eigenschaften, die ihr persönliches Wesen kennzeichnen. Im Unterschied zu den massenhaften Individuen können diese Eigenschaften nachhaltigen Einfluß auf die Geschichte und damit auf die Lebensläufe der Masse der Individuen erlangen. Naiv wäre die Vorstellung, nur die ›Tüchtigsten‹, ›Klügsten‹, ›Besten‹ kämen an die Macht; in nicht wenigen Fällen sind es gerade die für das Wohl des Gemeinwesens weniger Geeigneten, wofür u.a. ihre Machtgier spricht.

H. Modrow charakterisierte G. Mittag, den Wirtschaftskommandeur der DDR, folgendermaßen: »Demütigungen, Drohungen und Arroganz charakterisierten ihn ... Wendigkeit und Prinzipienlosigkeit um des Machterhalts willen bestimmten Mittags politisches Taktieren.«[23] Die gesellschaftlichen Bedingungen der DDR waren derart, daß ein solcher Typ beherrschenden Einfluß erlangen konnte, was wiederum mit den Persönlichkeitseigenschaften des noch Mächtigeren, Honeckers, zusammenhing. Abwegig wäre die Meinung, die Persönlichkeitseigenschaften ›an sich‹ würden negative oder positive Wirkungen auf die Gesellschaft hervorrufen. Maßgeblich sind die gesellschaftlichen

1. Mensch und Geschichte – eine Problemskizze 23

Bedingungen, die einen Komplex nationaler und internationaler materieller und geistiger Konstellationen verkörpern und das Wirken führender Personen konditionieren. Bei gegebenen Bedingungen können solche Personen verschiedensten charakterlichen und intellektuellen Zuschnitts Einfluß erlangen, wobei die Bedingungen bestimmte Individualitätstypen favorisieren. Die historischen Persönlichkeiten sind in hohem Maße Produkte sozialer Bedingungen, diese aber werden von jenen entscheidend mitformiert. Dabei spielt das Verhalten der massenhaften Individuen eine wesentliche Rolle, die ebenfalls Produkte der objektiven Bedingungen sind, die sie ihrerseits subjektiv verkörpern. Die vielschichtige Komplexität objektiver und subjektiver Bedingungen macht das Verständnis des Zusammenhangs von Mensch und Geschichte überaus schwierig. Die marxistische Philosophie stellt Heuristiken bereit, die der konkreten Umsetzung in einzelwissenschaftliche Analysen bedürfen, welche ihrerseits Grundlage hermeneutischer Bemühungen, des philosophischen Verstehens von Geschichte sind.

Die Verknüpfung von Anlage (Erbe) und Umwelt im Denken, Fühlen und Verhalten der Individuen hat für die Historie zur theoretischen Konsequenz, daß die durch äußere Verhältnisse (Herkunftsfamilie usw.) und intrinsische Faktoren geprägten Eigenschaften vor allem auch via das Handeln herausgehobener Personen Geschichtsmächtigkeit erlangen. Diese Erwägung kann in die Nähe spekulativer Konstruktion geraten, doch gibt es, wenn die primäre Bedeutung objektiver Bedingungen beachtet wird, keinen triftigen Grund, sie von vornherein auszuschließen. Falsch wäre es, geschichtliche Prozesse in ihren vielfältigen Modifikationen allein auf Rechnung einer Person und deren Eigenschaften zu setzen.

Zu den zahlreichen Beispielen für die maßgebliche Rolle der Charaktereigenschaften führender Personen gehört das verbrecherische Wirken Hitlers. Der Judenhaß Hitlers wurde von seinem geistigen Umfeld in seinen frühen Wiener Jahren – ein gesellschaftlicher Tatbestand – beeinflußt.[24] Der drakonisch strafende Vater hat möglicherweise den Keim für Hitlers späteres terroristisches Wüten gelegt[25] – auch dies ein Komplex gesellschaftlich bedingter Faktoren. Hitler war das Produkt geschichtlicher Umstände, realer Klassenverhältnisse. Doch die historische Entwicklung Deutschlands und Europas im einzelnen, die Verknüpfung des Historisch-Allgemeinen mit dem Besonderen realer menschlicher Schicksale, ihres Kämpfens, Leidens und Sterbens, gehen auch auf das Konto des Wütens Hitlers als eines zutiefst verbrecherischen Charakters. »Ich fand«, sagte Generalstabschef Halder von Hitler, »nie das Geniale, sondern nur das Teuflische in ihm.«[26] Hitlers Blutdurst, seine Lust an der Vernichtung veranlaßte ihn u.a. zur Zerstörung Warschaus, nach Halders Worten militärisch völlig überflüssig. Der Wille des Diktators, das deutsche Volk mit ihm in den Untergang zu reißen, war der gleiche Ausdruck eines abnormen triebbestimmten Charakters, für dessen Wirken die gesellschaftlichen Umstände das Terrain, den objektiven Möglichkeitsraum abgaben. »Er war ein Täter von der ungeheuren Art, und ohne ihn wäre vieles anders abgelaufen.«[27]

Hier liegt der Irrtum idealistischer Geschichtsbetrachtung nahe, die die gesellschaftlichen Verhältnisse weitgehend ausklammert und Geschichte linear auf das Wirken einzelner historischer Persönlichkeiten zurückführt. In Wahrheit liegt eine komplizierte Dialektik objektiver Verhältnisse und subjektiven Handelns vor. Die objektiven Umstände, die die historische Persönlichkeit mit formiert, sind ein Konstrukt massenhaften Verhaltens und Handelns, bei dem eine Differenz zwischen Individuen, die willige Handlanger der Mächtigen sind, der Masse der mitlaufenden Individuen, die oft auch zu Mit-Tätern werden, und aktiven Opponenten, Gegnern des Systems, besteht. Diese Konstellation kann das Wirken des ›charismatischen Führers‹ verstärken oder auch einschränken, wobei die massenhaften Individuen wie jener der widerspruchsvollen Beziehung von Anlage und Umwelt unterliegen. Anlagen, die unter anderen Umständen verblassen würden, können in großem Maßstab zur Entfaltung kommen und dadurch die Handlungen des ›Führers‹ untermauern und verstärken, wie das in der Nazi-Zeit in Deutschland geschah. Es besteht eine widersprüchliche Beziehung nicht nur zwischen objektiven Verhältnissen und subjektivem Handeln, sondern auch auf den beiden Polen des Widerspruchs.

Diese Beziehung gilt in mehr oder minder hohem Grade allgemein für das Verhältnis führender Persönlichkeiten und der Masse der Individuen; allerdings wirken deutliche Unterschiede der sozialen Grundlagen und der politischen Verhältnisse des jeweiligen Staats- und Gemeinwesens mit. Unter demokratischen Verhältnissen kann die Persönlichkeit des (der) an der Spitze Stehenden nicht in dem Maße wie in autoritären, diktatorischen Gesellschaften Einfluß erlangen, da rechtsstaatliche Normen ihr Wirken begrenzen und Machtgelüsten Zügel anlegen können. Verhängnisvoll sind die Bedingungen in einer autoritären Gesellschaft wie derjenigen sowjetischen Typs. Doch ist

1. Mensch und Geschichte – eine Problemskizze

zu berücksichtigen, daß die nationalen und internationalen Bedingungen einen günstigen Boden für das terroristische Wirken Stalins und anderer Parteiführer abgaben. Infolge der objektiven Umstände, von den an der Spitze Stehenden maßgeblich mit geschaffen, degenerierte das Massenbewußtsein und -verhalten zu nichtsozialistischen, antisozialistischen Formen.

Hier wird die Frage belangvoll, ob bei führenden Personen anderen intellektuellen, moralischen und charakterlichen Zuschnitts eine andere, positivere Entwicklung in den osteuropäischen Ländern möglich gewesen wäre. Diese Frage berührt das allgemeine Problem des Verhältnisses objektiver Bedingungen und subjektiven Denkens und Handelns und tritt bei allen Analysen alternativer geschichtlicher Prozesse auf. Nicht wenige Autoren postulieren eine direkte Beziehung zwischen Objektivem und Subjektivem: die objektiven Umstände erzeugen angeblich linear eine ihnen adäquate Subjektivität, und andere geschichtliche Entwicklungen als die stattgehabte werden ausgeschlossen. Damit verkennt man, daß sowohl das Objektive als auch das Subjektive ein Bündel von Möglichkeiten darstellen – allerdings mit einer vorherrschenden Tendenz – und unterschiedliche subjektive Formungen der objektiven Verhältnisse denkbar und real möglich sind.

Die Schwierigkeit, dies zu verstehen, liegt in der Unikalität der Geschichte; es fand und findet stets eine reale geschichtliche Ereignisfolge statt; die Geschichte ist kein Prüffeld unterschiedlicher Konzepte nach der Methode trial and error. Diese Tatsache begünstigt die Annahme, die stattgefundene geschichtliche Entwicklung müsse so abgelaufen sein, wie sie dank objektiver und subjektiver Umstände erfolgte. Angesichts dessen kann das Durchspielen von Alternativen nur im Raum des abstrakten Denkens geschehen, nur hypothetischen Wert besitzen. Hierin liegt ein gewisser Unterschied zwischen Geschichts- und Naturwissenschaften. Geschichte existiert primär als Tendenzzusammenhang und muß mit der Kategorie der Wahrscheinlichkeit, nicht der eindimensionalen Notwendigkeit analysiert werden (was auch für Naturwissenschaften bedeutsam ist).

Im Lichte dieser Erwägungen ist die Annahme nicht unbegründet, die Entwicklung des Staatssozialismus sei nicht zwangsläufig geschehen, wenn die objektiven ökonomischen und politischen Umstände auch in die Richtung der Untergrabung sozialistischer Ansätze drängten. Man kann nicht ausschließen, daß bei führenden Personen eines anderen Typs und den damit gegebenen Chancen anderer objektiver Umstände und anderen Verhaltens der Massen

– erforderliche internationale Bedingungen vorausgestzt – eine positive Entwicklung zum Sozialismus hin möglich gewesen wäre. Allerdings hätte dies die grundlegende sukzessive Veränderung der objektiven Strukturen vorausgesetzt. »Stalin war ein sehr mißtrauischer Mensch mit krankhaftem Argwohn ...«[28] Eine Person dieses Typs ist nicht für ein vertrauensvolles Verhältnis zu den Mitarbeitern und zu den Volksmassen prädisponiert, er gehört nicht an die Spitze des Staates; das viele Unheil, das er hervorrief, geht auch auf das Konto seines machtgierigen und selbstherrlichen Charakters. Dafür lagen freilich objektive Voraussetzungen in den gesellschaftlichen Verhältnissen und der undemokratischen Struktur der Partei, die ein Machtmonopol des Parteiapparats und einer einzelnen Person entstehen ließen.[29] Intoleranz, Illoyalität, Grobheit, Mißtrauen, Ränkesucht waren Wesenszüge Stalins[30] – es ist ein vernichtendes Urteil über den Charakter der politischen Verhältnisse Sowjet-Rußlands, die die Herrschaft eines solchen Mannes ermöglichten. Schon in der Frühperiode der Sowjetmacht waren Bedingungen entstanden, die – allerdings nicht zwangsläufig – zu der Ein-Mann-Diktatur führten. Später wurden Stalins »Charaktermerkmale, die Lenin in seinem Testament genannt hatte ..., zur Ursache einer großen Tragödie für die Partei und für unser ganzes Volk.«[31] (Die Ursache waren sie wohl nicht).

In einer demokratischen Gesellschaft können die Charaktereigenschaften führender Personen nicht derart bestimmend werden, da im Idealfall demokratische Auswahl- und Kontrollverfahren gewisse Garantien gegen die Herrschaft negativer Persönlichkeitstypen geben können. (In bürgerlichen Gesellschaften, mit der kaum kaschierten Parteienherrschaft und der Macht der großen Konzerne, sind destruktive Wirkungen maßgeblicher Personen freilich nicht ausgeschlossen, können geschichtsmächtig werden). Noch im Auflösungsprozeß des Staatssozialismus wurden intellektuelle und charakterliche Wesenszüge führender Leute, für die die tradierten gesellschaftlichen Strukturen eine objektive Grundlage bildeten, sozial bestimmend. Gorbatschow, der die diktatorischen Verhältnisse der SU zu beseitigen trachtete, stand mit den problematischen Seiten seiner Persönlichkeit für vermeidbare Fehlentwicklungen. Sein Wirken war, wie es seinem Charakter entsprach, durch Unentschlossenheit, Konzeptionslosigkeit, Selbstherrlichkeit und mangelnde geistige Tiefenschärfe gekennzeichnet. Das wirkte sich verhängnisvoll auf das Schicksal des sowjetischen und des osteuropäischen Sozialismus aus. Geistig-moralische Faktoren spielten, wie stets, so auch im Niedergang und Zusammenbruch des

1. Mensch und Geschichte – eine Problemskizze 27

Sozialismus eine Rolle, ihre Grundlage bestand in der fortgeschrittenen Zerrüttung einer um den Sozialismus ringenden Gesellschaft.

Die gesellschaftlich-geschichtlichen Umstände bilden das Wirkungsfeld und das Determinationsgefüge geschichtlich handelnder Personen wie auch des Denkens, Fühlens und Verhaltens der Massen. Sie verkörpern ein Möglichkeitsfeld, doch sind die Möglichkeiten nicht gleichgewichtig, sondern je nach den ökonomischen, sozialen, kulturellen und politischen Machtverhältnissen besitzen bestimmte Tendenzen und Trends den Vorrang. Sie begründen die Selektion führender Personen eines bestimmten Typs und Charakters, wobei die objektiven Verhältnisse in der subjektiv-bewußten Gestalt größerer oder kleinerer Gruppen auftreten. Von diesen und den an der Spitze des Staates und sozialer Bewegungen Stehenden kann ein Effekt der Verstärkung bestimmter Entwicklungslinien ausgehen und damit die Chancen eines anderen Verhaltens geschichtlicher Subjekte beeinflussen. Eine lineare, eindimensionale Beziehung zwischen objektiven Bedingungen und subjektivem Handeln besteht nicht, stets gibt es Möglichkeiten, den Prozessen eine andere Wendung zu geben. Das ist Resultat der Auseinandersetzungen auf der subjektiven Seite des Geschichtsverlaufs. Objektive Entwicklungen, die auf der Höhe des historisch Notwendigen stehen, finden im allgemeinen subjektive Ausdrucks- und Gestaltungsformen in historischen Personen, die die positiven Trends verstärken und das Massenverhalten im Sinne des Fortschritts beeinflussen.

Anmerkungen:
1   K.-G. Faber: Theorie der Geschichtswissenschaft, München 1982, S. 45
2   Vgl. Kategorien des historischen Materialismus, Berlin 1978, Kap. VI
3   Vgl. C. Sagan, A. Dryan: Schöpfung auf Raten. Neue Erkenntnisse zur Entwicklungsgeschichte des Menschen, München 1993. P. Baumann/D. Kaiser: Die Sprache der Tiere, Stuttgart 1992
4   C. Sagan, A. Dryan: a.a.O., S. 443
5   P. Baumann/D. Kaiser: a.a.O. S. 14
6   C. Sagan, A. Dryan: a.a.O. S. 225
7   J. Piaget: Probleme der Entwicklungspsychologie. Kleine Schriften, Hamburg 1993, S. 28, 129, 131
8   Vgl. K.-H. Braun: Genese der Subjektivität. Zur Bedeutung der Kritischen Psychologie für die materialistische Pädagogik, Köln 1982, S. 247
9   J. Piaget: a.a.O. S. 112. Siehe auch S. 121, 136

10　P. G. Zimbardo: Psychologie, Berlin, Heidelberg 1983, S. 230
11　K. Holzkamp: ›Hochbegabung‹: Wissenschaftlich verantwortbares Konzept oder Alltagsvorstellung?, in: Hintergrund III/1992, S. 23
12　P. G. Zimbardo: a.a.O. S. 600f., 618f.
13　Vgl. H. Krauss: Subjektive Widerspruchsverarbeitung ..., in: Hintergrund I/1995, S. 16f.
14　P. G. Zimbardo: a.a.O. S. 231
15　A. Honneth: Desintegration. Bruchstücke einer soziologischen Zeitdiagnose, Frankfurt a.M. 1995, S. 24
16　A. Mitscherlich: Auf dem Weg zur vaterlosen Gesellschaft, München, Zürich 1989, S. 233
17　Vgl. ebd. S. 242
18　K. Marx: Der achtzehnte Brumaire ..., Berlin 1946, S. 106
19　G. LeBon, in: Lust an der Erkenntnis. Politisches Denken im 20. Jh., München 1990, S. 381
20　Brief an W. Borgius v. 25. 1. 1894, in: MEW Bd. 39, S. 206
21　W. Gutsche: Zur Beurteilung der Rolle Wilhelms II. in der deutschen Geschichte, in: ZfG 4/1990, S. 291ff.
22　Ebd. S. 295
23　Das große Haus (Hg. H. Modrow), Berlin 1994, S. 142
24　S. K. Pätzold, M. Weißbecker: Hitler 1999, S. 25f. u. passim 25 Siehe A. Plack: Hitlers langer Schatten, München 1993, S. 38
26　Zit. bei H. R. Trevor-Roper: Hitlers letzte Tage, Frankfurt a. M., Berlin 1995, S. 71
27　M. Stürmer: Die Grenzen der Macht, München 1994, S. 123 28 Die Geheimrede Chruschtschows, Berlin 1990, S. 41
29　W. Ruge: Ein Buch über Stalin und die Stalinzeit, in: ZfG 4/1990, S. 305
30　W. Naumow u. a. : Die Geschichte der KPdSU ..., in: Ges. wiss. 4/1989, Moskau, S. 41
31　N. Chruschtschow: Erinnerungen, in: Initial 5/1990, S. 489

2. Der Mensch – Schöpfer und Geschöpf seiner Verhältnisse

Der Mensch ist Produkt einer langen Kette von Entwicklungen, die von den einfachsten Lebewesen – Einzellern und Vielzellern – in einem Jahrmillionen währenden Prozeß, einer natürlichen Evolution bis zum denkenden und arbeitenden homo sapiens führte. In dieser Beziehung ist er Geschöpf, naturhaftes Erzeugnis einer ohne sein Zutun, seine Absicht ablaufenden Folge von Ereignissen, die einen immer höheren Grad von Komplexität erreichte und objektive Voraussetzungen für die Existenz intelligenter Wesen schuf, die durch ihre Arbeit die äußere Natur und ihre eigene Natur, ihre sozialen Verhältnisse gestalten und umgestalten. Auf diese Weise erlangte der Mensch den Charakter eines Schöpfers; sein Dasein ist auf bewußte, zielgerichtete Tätigkeit zum Zwecke der Selbsterhaltung und -entwicklung gestellt. Das Bewußtsein, das denkende Verhalten zu sich und der umgebenden Wirklichkeit ist ein Wesensmerkmal des Menschen gegenüber dem Tier, Aspekt seiner Selbstbehauptung in Natur und Gesellschaft. Den Mangel an körperlichen Kräften gleicht der Mensch durch Einsatz seiner Intelligenz, durch zielgerichtetes Wirken zur Bedürfnisbefriedigung aus. Die Intelligenz ist geschichtlich eng verbunden mit der Arbeit und so Triebkraft des Fortschritts, aber auch Quelle manchen Verhängnisses und Unheils, da mit dem Denken der Mensch sich seinen Lebensbedingungen reflexiv entfremdet und die Selbsterhaltung an eigene Interessen, die eine fragmentierte soziale Basis haben können, geknüpft ist.

Konstituierung der Subjektivität

Auch Tiere sind in einem weit gefaßten Sinne Subjekte ihres Daseins, da sie der Natur durch angemessenes Verhalten das zum Leben Notwendige entnehmen, sich als einzelne und als Gruppe instinkthaft und in Ansätzen bewußt die Umwelt aneignen. Im eigentlichen Sinne ist jedoch erst der Mensch Subjekt, da er sein Handeln unter gedanklicher Verarbeitung äußerer Bedingungen und der ihnen innewohnenden Möglichkeiten und Notwendigkeiten der Lebenssicherung zielstrebig gestaltet. Das Subjektsein ist als Prozeß ein doppelläufiger Vorgang: das Bedürfnis treibt das Subjekt zum Handeln und veranlaßt es, der äußeren Welt das abzuringen, was zum Leben erforderlich ist.

Reflexion und Produktion sind sich bedingende Seiten der Subjektualität;die Reflexion richtet sich auch auf das Subjekt selbst, indem sie ihm seine Bedürfnisse und Interessen bewußt macht und seine Selbstentwicklung ermöglicht und fördert. In diesem Fall ist das Subjekt sein eigenes Objekt, was im Grunde bei jedem Außer-Sich-Setzen des Subjekts stattfindet, da der Impuls der Aneignung der Wirklichkeit vom Subjekt ausgeht und dieses sich zu seiner Tätigkeit fähig machen muß. Bewußtsein und Arbeit begründen die Subjektivität des Menschen, die damit zugleich ein Objekt von Bewußtsein und Arbeit als Gegenstand rationalen Handelns ist.

Die Unterscheidung von Subjekt und Objekt bedeutet einen ersten, vereinfachenden Zugriff auf menschliches Dasein; sie thematisiert noch nicht die Beziehung von Subjekten auf andere Subjekte, die eine wesentliche Seite des Menschseins ist, da sie soziale Verhältnisse begründet. Die Objekte sind miteinander vermittelt und, füreinander Subjekte und Objekte, bilden sie mit der Natur die Umwelt des Subjekts, insonderheit des Menschen. Subjekt und Objekt existieren als komplexe Ganze von Subjektivität und Objektivität, womit die theoretische Fassung der Subjekt-Objekt-Beziehung sich als abstrakt-elementar vereinfachend herausstellt.

Ein anderes Wort für die Subjekt-Subjekt-Beziehung als Subjekt-Objekt-Verhältnis ist Kommunikation, die über sprachliche Verständigung weit hinausgeht. Subjekte sind ökonomische, politische, kulturelle, sprachliche Gemeinschaften, die sich aus individuellen und kollektiven Subjekten begründen. Daran zeigt sich, daß es ein theoretischer Fehlgriff ist, die Subjekt-Objekt-Beziehung als isoliertes Verhältnis eines Individuums zu den Gegenständen seines Handelns zu fassen. Die Überwindung der eng gefaßten ›Subjekt-Philosophie‹ durch das Kommunikationsparadigma spricht eine pure Selbstverständlichkeit aus, da der Mensch als Subjekt, sei es in der materiellen Produktion, sei es in der geistigen Kultur, stets eine Gesamtheit individueller Subjekte ist und diese durch den Charakter jenes kooperativen Ganzen bestimmt sind. Hier wird der marxistische Gedanke belangvoll, daß die Gesellschaft nicht eine Summe von Individuen, sondern ein Beziehungsganzes, ein System von Verhältnissen ist, die an praktisch-tätige und geistig-tätige Individuen geknüpft sind und diese zum Handeln disponieren und organisieren. Die individuell-elementare Subjekt-Objekt-Beziehung ist die Daseinsgrundlage der Subjektivität eines komplexen Verhältnisses, erschöpft aber bei weitem nicht deren Wesen. Subjektualität ist Kennzeichen des gesellschaftlichen Menschen

2. Der Mensch – Schöpfer und Geschöpf seiner Verhältnisse

und die soziale Verhältnisbestimmung Kern ihrer Erfassung. Auf dieser Betrachtungsebene werden jene Momente sichtbar, die die Beziehungen von Menschen zueinander und zu den Objekten ihres individuellen und gemeinschaftlichen Handelns ausmachen. Insofern ist die Subjektivität wesentlich kommunikativ, ein gesellschaftliches Verhältnis in den verschiedenen Formen, die das gesellschaftlich-gemeinschaftliche Dasein des Menschen bilden. Arbeit, Sprache, Kunst, Herrschaft, ökonomische Mittel sind Existenzweisen der Subjektivität; in diesen Tätigkeiten sind Menschen aktiv aufeinander bezogen und vermitteln sich handelnd mit den Gegenständen, den Objekten ihrer Daseinssicherung und -entfaltung. Subjektualität ist ein Entwicklungsverhältnis, sie ist den Aktoren nicht schlechthin als Handlungautonomie gegeben, sondern wird in der Tätigkeit erworben, gefestigt, vertieft, was ein Prozeß der Auseinandersetzung der sozialen und geschichtlichen Subjekte mit den Bedingungen und Mitteln ihrer Existenz, gefiltert durch Lebensansprüche und Daseinserwartungen, ist. Die zielgerichtete Verarbeitung von Widersprüchen als wesentlichen Objekten des gemeinschaftlichen Handelns ist die notwendige Form, in der aus potentiellen aktuelle Subjekte werden. Diese Tätigkeit ist unterschiedlich je nach den Objekten und generiert Subjekte verschiedenen sozialen Charakters auf der materiell-ökonomischen und kulturell-geistigen Ebene. Ihr wohnt ein kritisches Element inne, indem sie auf Veränderung (und Erhaltung kann eine spezifische Form von Veränderung sein) des Objekts in einen erwünschten Zustand aus ist. Praktisch-kritische und geistig-kritische Tätigkeit sind ihre wesentlichen Konstituenten, ihre Akteure sind Individuen und Gemeinschaften verschiedenen sozialen und geschichtlichen Zuschnitts. Subjekte begründen sich durch je spezifische, dem Gegenstand und sich selbst angemessene Tätigkeiten, die einfache körperliche Verrichtungen ebenso wie psychische, geistig-kulturelle, ökonomische und politische Handlungskomplexe in sich schließen. So wie der Mensch als gesellschaftliches Wesen eine Vielfalt von Existenzweisen realisiert, ist auch seine Subjektualität an Kommunikation gebunden, ohne die gesellschaftliches Dasein von Menschen nicht möglich ist. Gefühle und Verstand, psychische und intellektuelle Aktivitäten, wechselseitige Sorge füreinander und individuelles Autonomiestreben sind einige dieser Aktivitätsformen. Sie in ihrer Feingliederung zu entschlüsseln, macht das Spektrum der Erfassung des Menschen als aktives, sich tätig zu sich und seiner natürlichen und gesellschaftlichen Umwelt verhaltendes Wesen aus. Konstituierung der Subjektivität ist ein konkreter Vorgang; seine abstrakt-allgemeine Charakterisierung kann nur einen vorläufigen Ansatz beinhalten, der den Menschen als Gestalter seines individuellen und sozialen Lebens faßt und Vorstellungen abweist, denen zufolge er bloßer Appendix objektiver Seinsmächte ist. Im übrigen aber ist das Werden der Subjektivität ein vielschichtiger, vielgestaltiger Prozeß, der Individuen, Klassen, Nationen, Staaten umspannt und sich in den verschiedenen geschichtlichen Epochen unterschiedlich vollzieht. Die Untersuchung der Konstituierung der Subjektivität muß sich auf konkrete Analysen der Existenz und des Verhaltens von Aktoren unter definierten gesellschaftlichen und geschichtlichen Bedingungen stützen und die Entwicklung der Individuen im Rahmen ihnen zugrundeliegender spezifischer Voraussetzungen thematisieren. Damit ergeben sich umfangreiche gesonderte Themenfelder: die Subjektwerdung des Menschen als Einzelwesen in der Ontogenese, die Erlangung von Gestaltungs- und Aktionsmacht gesellschaftlicher Klassen und der Volksmassen gegenüber den objektiven Bedingungen ihrer Existenz, Kämpfe gegen und für bestehende Herrschaftsformen usw. usf. Stets handelt es sich darum, daß ein Aktor als Potenz seines individuellen und/oder gesellschaftlichen Daseins zur Wirkung kommt, daß er nicht bloßes Produkt seiner Umwelt und der seinem Tun voraus- und zugrundeliegenden Faktoren ist. Das gilt wesentlich für die Stellung des Menschen in der Welt, weshalb die Theorie der Subjektivität primär eine Theorie vom Menschen im Verhältnis zu äußeren (und inneren) Determinanten seines Daseins und Wirkens ist.

Nicht überzeugen kann daher Habermas' Zurückweisung jeder in Begriffen von Subjekt und Objekt denkenden Philosophie. Theorie der Gesellschaft lasse sich auf der Grundlage bewußtseinsphilosophischer Begrifflichkeit nicht durchführen: diese These reduziert Subjektivität auf Bewußtsein und setzt die isolierte Beziehung eines derart konzipierten Subjekts auf ebenso isolierte Objekte voraus. Aber Intersubjektivität ist notwendiges Konstituens von Subjektivität – der Mensch ist das gesellschaftliche Wesen –, was die Untersuchung individueller, zugleich gesellschaftlich vermittelter Bewußtseinsakte, z.B. in der Psychoanalyse, nicht ausschließt. Fragwürdig ist daher die Behauptung, die Erneuerung einer kritischen Gesellschaftstheorie erfordere »das Ende der Subjektphilosophie für die Gesellschaftstheorie«.[1] Nur bei stark vereinfachender Auffassung von ›Bewußtseinsphilosophie‹ ist es möglich, ihr Sprachphilosophie und Kommunikationstheorie antinomisch gegenüberzustellen. Eher im Recht ist hier Adorno, der den Vermittlungen zwischen Subjekt und Objekt nachspürt und die Geltungsmacht der Objektivität zur Sprache bringt.

2. Der Mensch – Schöpfer und Geschöpf seiner Verhältnisse

Was sich als Widerlegung der Subjektphilosophie verstehe, sei vielmehr deren Bestätigung. Der ›postmoderne‹ Subjektdiskurs attackiert das ›souveräne‹ Subjekt der Aufklärung und gelangt zu einer ›Dekonstruktion‹ des Subjekts, ohne die Vermittlungen zwischen Subjekt und Objekt zu entfalten.[2] Subjektualität ist eine historische Erscheinung und ihr allgemeines Wesen in der Theorie ein ›dünnes Abstraktum' (Marx). Stets ist eine, wenn auch relative und partielle Suprematie des Aktors über die Bedingungen seiner Existenz, seine Umwelt vorausgesetzt. Als historisches ist das Subjekt zugleich ein sich entwickelndes Agens, abhängig von Epochen- und Klassenverhältnissen. Subjektualität kennzeichnete den Menschen der Urgesellschaft ebenso wie den des Mittelalters und der Gegenwart, freilich in höchst unterschiedlichen Formen, Bedingungskomplexen und Aktivitätsmatrizen. Den Geschichtsverlauf im Ganzen betrachtet, läßt sich eine Zunahme der Macht des Subjekts über seine Daseinsbedingungen feststellen, was allerdings nur sehr allgemein gilt und für unterschiedliche soziale Kräfte nur mit Abstrichen verallgemeinert werden kann. Denn gleichzeitig nimmt auch die Ohnmacht des Menschen gegenüber den von ihm hervorgebrachten Verhältnissen zu: Entfremdung gegenüber den gesellschaftlichen Mächten, namentlich in der kapitalistischen warenproduzierenden Gesellschaft. In der philosophischen Theorie trat der Überhöhung der Macht objektiver Verhältnisse im metaphysischen Materialismus die überzogene Akzentuierung der Macht des Subjekts im deutschen Idealismus entgegen, während in der gegenwärtig tonangebenden Philosophie und Sozialtheorie eine Dekonstruktion und Delegitimierung der Subjektivität Platz greift. Der marxistische Ansatz geht von der Wechselwirkung zwischen Subjekt und objektiver Wirklichkeit in der gesellschaftlichen Praxis aus und betont, daß die Potenz des Subjekts im Gestalten und Verändern der Umstände zur Wirkung kommt und jenes sich dabei selbst verändert. Der Aktivität des Subjekts steht die Eigendynamik und determinierende Kraft der objektiven Verhältnisse gegenüber, wobei zu berücksichtigen ist, daß diese ebenfalls Merkmale tätiger Subjektivität, subjektive Formen besitzen können.

Das Subjekt ist eins mit seiner Tätigkeit, Subjektualität konstituiert sich durch gegenstandsbezogenes Handeln, und da die Gesellschaft ein Zusammenhang sich mit ihrer Umwelt tätig vermittelnder Individuen ist, ist Menschsein mit Subjektsein in abstracto identisch. Bewußtsein und zweckmäßige, in gegenständliche Verhältnisse und Kräfte ausmündende Tätigkeit konstituiert die Menschen selbst und mit ihnen ihre gesellschaftliche Wirklichkeit. Gesellschaft ist Vergegenständlichung individueller und gemeinschaftlicher Subjekte; darin ist das relative Prius des Menschen im Verhältnis zu seiner äußeren Wirklichkeit gesetzt, die gleichwohl den Bedingungs- und Aktionsraum dieser Tätigkeit und damit des Subjekts bildet. Das gilt namentlich in Bezug auf die Natur, die kein Herrschaftsobjekt des Menschen ist, sondern ihren eigenen Gesetzen folgt, denen der Mensch sich adäquieren muß, will er seine Existenz nicht gefährden.

Subjektivität und Objektivität

Das Subjekt arbeitet sich an den Objekten seines Handelns ab, geht von ihnen als Essentialen seiner Existenz aus und unterwirft sie einer formgebenden und inhaltlichen Veränderung, die seinen Bedürfnissen entspricht. Subjekt und Objekt gehen gleicherweise prägend in das Beziehungsgeflecht ein; durch die Veränderung des Objekts verändert sich das Subjekt, was auch Ziel seiner Aktion ist. Vermittelt durch Bedürfnisbefriedigung findet Selbstveränderung und -entwicklung des Individuums statt, und auch das Objekt erfährt eine qualitative – u.U. auch quantitative – Veränderung. Die formierende Potenz beider Seiten wirkt auf der Grundlage realer Verhältnisse, die Inhalt und Richtung der Subjekt-Objekt-Beziehung begründen. Das Objekt bildet einen Bedingunggskomplex, denn seine Wesensbeschaffenheit gibt die Möglichkeiten und Formen aktiver Einflußnahme des Subjekts vor. Ebenso ist das Subjekt ein Ganzes von Bedingungen; seine materielle und ideelle, physische und psychische Beschaffenheit steckt den Rahmen ab, innerhalb dessen die gestaltende Tätigkeit des Subjekts erfolgt. Diese beiden Arten von Bedingungen sind dem Prozeß selbst immanent; als wesentliches Drittes kommen die dem Verhältnis äußeren Bedingungen hinzu, die den Verlauf der Auseinandersetzungen des Subjekts mit dem Objekt vorprägen, das Möglichkeitsfeld seiner Aktion bestimmen. Sind diese Faktoren auch dem Prozeß äußerlich, vorgegeben, so sind sie doch dem Zugriff des Subjekts nicht entzogen, denn in der Arbeit am Objekt und der damit einhergehenden Selbstveränderung kann das Subjekt Macht über die objektiven Bedingungen erlangen und sie seinen Zielen und Wünschen gemäß umgestalten – im Rahmen nicht beliebig veränderbarer Elemente dieser Bedingungen. Die objektiven Umstände sind nur innerhalb einschränkender Voraussetzungen durch das Subjekt variierbar und üben einen Zwang auf Zielsetzung und Resultate der bewußten Aktion des Subjekts aus.

2. Der Mensch – Schöpfer und Geschöpf seiner Verhältnisse

Das gilt namentlich für gesellschaftlich-geschichtliche Subjekte, die als organische Ganze von Individuen und Gruppen auftreten. Subjekte des geschichtlichen Prozesses sind – neben einzelnen historischen Persönlichkeiten – soziale Bewegungen, Parteien, Staaten, Nationen, Ethnien, Klassen. Sie sind in sich differenziert in handelnde Gruppen, die ihrerseits der Dialektik von Subjekt-Objekt-Beziehungen unterliegen. Einzelne Gruppen und Individuen nehmen in sozialen Bewegungen exponierte Stellungen ein und üben auf das Gesamt des Subjekts organisierende, formierende und geistig führende Einflüsse aus. Für sie stellt das Ganze der dem komplexen Subjekt angehörenden Einzel-Subjekte ein Feld von Bedingungen dar, und aus den Widersprüchen in der Systemfiliation resultiert die Fülle von Möglichkeiten und die Wirklichkeit des handelnden Subjekts. Dabei verfolgen die einzelnen Segmente des Gesamtsystems meist auch eigene Ziele und Interessen, was die gemeinsame Aktion erschweren und den Erfolg gefährden kann. Aktivität des Subjekts gegenüber den Objekten und den objektiven Bedingungen muß nicht zum Erfolg führen; in der Geschichte haben nicht selten angestrengte Bemühungen, hoher Kampfgeist nichts Positives bewirkt, viele Opfer wurden, auf Dauer gesehen, umsonst gebracht. Wirkung des Subjekts auf das Objekt und die objektiven Bedingungen sind Kennzeichen einer Einstellung, eines Verhaltenskomplexes, bedeuten aber nicht eo ipso Suprematie des Subjekts über das Objekt. Das resultiert auch daraus, daß das Subjekt ein Bündel, eine Mannigfaltigkeit von Dispositionen, Aktivitäten, Maximen, moralischen Werten und Normen verkörpert. Da Interessen in der Regel die konkrete Situation von Aktoren reflektieren, sind auch bei gemeinsamer geschichtlicher Aktion Ziele und Aktivitäten oft verschieden und können sich gegeneinander kehren, was zum Mißerfolg gemeinsamer Unternehmungen führen kann. Die Menschen machen, nach Marx, ihre Geschichte selbst, aber nicht aus freien Stücken, sondern unter vorgefundenen und überlieferten Bedingungen, zu denen nicht nur das nationale und internationale Umfeld, sondern auch Verfaßtheit, Engagement und geistige Disposition der geschichtlich handelnden Subjekte gehören. Somit sind die Bedingungen dem Subjekt nicht nur äußerlich, sondern auch immanent, sind seine eigenen Voraussetzungen des Handelns für seine Interessen und die damit einhergehende Gestaltung der gesellschaftlichen Belange.

In der Geschichte setzen sich nicht objektive Faktoren, gesellschaftliche Bedingungen blindwirkend durch, sondern bilden einen Raum von Möglichkeiten, den die handelnden Kräfte nach eigenem Vermögen auszufüllen trachten.

Es besteht gleichsam ›vernunftgeleiteter Voluntarismus‹, indem die verschiedenen Subjekte ihre jeweiligen Interessen geltend machen, um der Geschichte, unter Ausnutzung realer Möglichkeiten, eine Wendung in ihrem Sinne zu geben. Da das für alle gesellschaftlichen Kräfte, namentlich auch bei konfligierenden Interessen, gilt, erweist sich der reale Geschichtsverlauf als Sphäre der Kämpfe divergenter Subjekte und der Ausgang der Auseinandersetzungen beeinflußt den Gang der Geschichte im Besonderen und Einzelnen. Die objektiven Bedingungen machen sich durch die ihnen innewohnende Gesamtheit realer Möglichkeiten und Notwendigkeiten geltend; der Grad ihrer Wirkungsmacht beeinflußt die Chancen und die Ergebnisse subjektiver Aktionen. Die Geschichte ist keine Spielwiese handelnder Subjekte, sondern ihr wohnt eine eigene Geltungslogik objektiver Umstände und Trends inne, von der auch die Dispositionen und Aktionsmöglichkeiten handelnder Kräfte beeinflußt sind. Die geschichtlichen Umstände dürfen nicht bloß als aktuell gegeben, sondern müssen auch als reale Alternativen betrachtet werden; sie sind Tendenzzusammenhänge, die positiv oder negativ in die Zukunft weisen. Die gestalterische Potenz eines Geschichtssubjekts erweist sich auch daran, in welchem Maße es Trends auf ihre Zukunftsmächtigkeit hin zu analysieren und in sie einzugreifen vermag. Das betrifft im Besonderen die widersprüchlichen Prozesse der kapitalistischen Gesellschaft, die durch rücksichtslose Vernutzung menschlicher und sachlicher Ressourcen die Existenzmöglichkeiten der Gattung Mensch bedrohen. Dereinstige objektive Bedingungen wirken, wenn im Handeln berücksichtigt, auf die Gegenwart ein und beeinflussen das Verhalten progressiver Geschichtssubjekte in einem offenen Prozeß. Ökologisch-ökonomische Belange der Gattung Mensch stehen dabei im Vordergrund, und durch progressive Einflußnahme auf gegenwärtige Prozesse und Tendenzen kann auch auf künftige Verhältnisse gewirkt werden.

Macht und Ohnmacht des Individuums

Das Individuum ist von äußeren und inneren Bedingungen abhängig. Das resultiert einerseits aus seiner sozialen Gebundenheit, andererseits aus seiner Genealogie, die eine langwährende Abhängigkeit von Gruppenbindungen einschließt. Der individuelle Entwicklungsprozeß des Menschen durch Kind-

2. Der Mensch – Schöpfer und Geschöpf seiner Verhältnisse

heit, Jugend, Erwachsenenalter involviert eine Formung, der der einzelne anfangs weitgehend ausgeliefert ist, und von der er sich nur sukzessiv und individuell verschieden zu lösen vermag. Hierbei spielen sozial- und individualpsychologische Faktoren eine Rolle. Die Gebundenheit des Individuums ist, gesellschaftlich vermittelt, gruppenspezifisch, und sie wird in psychologischen und geistigen Formungen des einzelnen wirksam. Als Kind ist der Mensch diesen Einflüssen weitgehend passiv unterworfen, später entwickelt er sich, durch reflexive und selbstreflexive Verarbeitung äußerer Einflüsse und innerer Dispositionen, unterschiedlich zu individueller Selbstbestimmung und Autonomie. Dabei kann der Mensch das Gesellschaftliche nie abstreifen: noch den subtilsten Regungen individueller Ideologie, Moral und Lebenseinstellung haftet die Prägung durch die Gruppe und die Gesellschaft an. Dank intellektueller, emotionaler und volitiver Voraussetzungen verfügt das Individuum über Potenzen, sich zur Gesellschaft und zu sich selbst kritisch ins Verhältnis zu setzen. Doch ist diese Fähigkeit nur sehr allgemein gegeben und wird von den einzelnen unterschiedlich realisiert, was von persönlichkeitseigenen, auch anlagebedingten, Faktoren abhängt. Insofern ist der Einzelne sowohl Produkt der Gesellschaft als auch seiner selbst und individuell unterschiedlich zu Subjektivität fähig. Das Subjektive wird bei den meisten Menschen vom Objektiven überlagert und bildet in der Regel einen eingegrenzten Bereich freier Selbstgestaltung.

Doch ist der Mensch durch seinen Lebensgang, seine individuellen Erfahrungen in und mit der Gesellschaft genötigt, in seinen persönlichen Verhältnissen subjektives Denken und Verhalten zur Geltung zu bringen. Das total angepaßte, sklavisch subordinierte Individuum würde die Auslöschung von Selbstbehauptung in Gruppe und Gesellschaft bedeuten und den einzelnen gleichsam zur Nullität schrumpfen lassen. Ganz abgesehen davon, daß ein Zustand völliger Unterwerfung unmöglich ist, da der Mensch in seinen alltäglichen und allgemeineren Verrichtungen als tätiges, und das heißt auch: selbsthandelndes und -bestimmtes Wesen gefordert ist. Selbst die elementarsten Tätigkeiten in Arbeit und sozialem Leben sind ohne Zielplanung und überlegten Mitteleinsatz des einzelnen nicht denkbar; Verstand, Gefühl und Wille müssen aufgeboten werden, will der einzelne seinen Platz im Leben ausfüllen. Dabei treten allerdings große Unterschiede in der Ausformung einer eigenständigen Persönlichkeit auf und erlangen eine in das gesellschaftliche Leben hineinwirkende Bedeutung. Das hängt auch davon ab, wie der einzelne sich kritisch zu sich selbst ins Verhältnis zu setzen und daraus Schlüsse für sein Verhalten zu ziehen vermag.

Aus psychologischer Sicht findet eine intellektuelle und emotionale Prägung des Menschen als Kind in der Familie statt. Dadurch kann das Individuum positiv oder negativ geformt werden, was seine Spuren im ganzen Leben hinterlassen kann. Allerdings nicht linear-kausal, da zur Persönlichkeitsbildung auch ein hoher Eigenanteil beiträgt, der im Erwachsenenalter aus der Verarbeitung von Daseinswidersprüchen hervorgeht oder hervorgehen kann. Kompetenz erwirbt die Persönlichkeit durch eigene Anstrengung, sie ist nicht angeboren, wenngleich Anlagen und frühkindliche Prägung eine Rolle spielen. »In den ersten Lebensjahren wird die Gefühlswelt entscheidend geformt: Selbstvertrauen, Selbstbeherrschung, Aufgeschlossenheit für Neues, Einfühlungsvermögen, Freude am Kontakt mit anderen sind elementare Fähigkeiten, die Kinder bereits in ihrer Familie aufbauen.«[3]

Unter diesem Gesichtspunkt betrachtet, ist der Mensch Produkt objektiver Voraussetzungen, über die er nicht willkürlich disponieren kann, die er jedoch im Laufe seines Lebens zu modifizieren, zu verändern vermag. Allerdings ist im späteren Leben die bewußt oder unbewußt verinnerlichte Übernahme von Rollenklischees bedeutsam. Die Verhaltenszwänge, die von den in der Gesellschaft herrschenden Mächten ausgehen, wirken über gesellschaftliche Normen und Werte bindend auf die meisten Individuen ein und begründen einen Anpassungseffekt, der auf individuelle Selbsterhaltung im gesellschaftlichen Funktionszusammenhang abzielt. Das bewirkt bei vielen reduzierte individuelle Autonomie und Persönlichkeitskompetenz, mag auch im beruflichen Leben – mit Einschränkung – persönliche Verantwortung und Handlungsautonomie gefordert sein. Doch auch und gerade am Arbeitsplatz findet unter kapitalistischen Bedingungen Einschränkung und Reglementierung persönlicher Kompetenz statt, wirkt Dirigismus, der der proklamierten Demokratie zuwiderläuft. Während so die gesellschaftlichen Bedingungen auf konformistische Verhaltenskonstanz angelegt sind, verlangen moderne berufliche Leistungsanforderungen – sich rasch wandelnde technologische Standards in Arbeit und Produktion – eine dynamische Variabilität der Persönlichkeit, die Fähigkeit, sich auf neue Verhaltensanforderungen beruflicher und gesellschaftlicher Art einzustellen. Dadurch entsteht ein Widerspruch innerhalb der kapitalistischen Voraussetzungen des Arbeits- und Lebensprozesses. Während kapitalistische Profitinteressen ein angepaßtes Arbeitsverhalten der subordinier-

2. Der Mensch – Schöpfer und Geschöpf seiner Verhältnisse

ten Individuen zu bewirken trachten, wohnt ihnen zugleich die Tendenz der Förderung eigenständigen und innovativen Handelns der Produzenten inne. So wie die Gesellschaft sich verändert, muß es auch das Individuum tun, um sich auf wechselnde Bedingungen einstellen zu können. Wechsel in beruflicher Tätigkeit, lebenslanges Lernen, durch moderne Technologien gefordert, bedingen Wechsel in den Lebensperspektiven und die Fähigkeit der Selbstveränderung des Menschen, die auch eine Bereicherung der Persönlichkeit bedeutet.

Chancen der Überwindung von Entfremdung

Die aus der Tätigkeit der vergesellschafteten Individuen hervorgehende objektive Wirklichkeit ist ein Seinszusammenhang mit eigener Bewegungs- und Entwicklungsdynamik, mit eigenen Gesetzen und Notwendigkeiten, denen sich der Mensch einfügen und unterordnen muß. Wenn diese Wirklichkeit auch ihrem Ursprung und teilweise ihrem Charakter nach subjektgeprägt ist, ist sie doch zugleich ein objektives Dasein, das sich dem gestaltenden Subjekt entgegenstellt und in sich selbst beruht. Die Entäußerung, die der Mensch in seinem Tun vollbringt, nimmt den Charakter der Entfremdung an, insoweit das Subjekt nach vollbrachtem Tun die Macht über sein Werk verloren hat. Die Tätigkeit ist entfremdetes Handeln, da das Objektive nicht den Bedürfnissen und Zielsetzungen des erzeugenden Subjekts folgt, sondern ihm als ein selbstbestimmtes äußeres Sein gegenübersteht. Dieser Aspekt kennzeichnet alles menschliche Tun, das sich in einem Werk, einem Resultat objektiviert, denn das Handeln erschöpft sich nicht im reinen Prozeß, im bloßen Geschehen; es findet sein Ziel, seine Bestimmung in einem Ergebnis, einem – im weitesten Sinne – Objekt (das auch ein Subjekt sein kann). Der Übergang des Subjektiven in das Objektive ist der Sinn menschlichen Handelns, wie es sich prototypisch im Arbeitsprozeß verkörpert. Diese Entfremdung des Objekts vom Subjekt ist verschieden je nach den Bedingungen, unter denen sich das Handeln vollzieht, und es macht einen erheblichen Unterschied, ob das Produkt dem Zwecke der Befriedigung eigener Bedürfnisse des Produzenten dient oder ob es im Interesse und unter dem Kommando einer dem Produzenten entfremdeten Macht erzeugt wird. Entäußerung und Entfremdung sind soziale (ökonomische) Handlungs- und Bedingungskomplexe.

Den Charakter der Entfremdung nimmt das aus der Selbst-Entäußerung hervorgegangene Objekt nicht durch sein bloßes Dasein, sondern dadurch an, daß sich in ihm die subjektive Macht desjenigen verkörpert, der über die Bedingungen, Ziele und Resultate des Handelns – der Arbeit – verfügt. Die Beziehung zwischen Subjekt und Objekt ist in der Entfremdung ein durch gegenständliche Macht vermitteltes Verhältnis zwischen Subjekten. Dabei kommt dem hervorbringenden Subjekt Objektbestimmtheit zu, insofern es dem Willen und der Entscheidung des Besitzers der Produktionsbedingungen unterliegt. Zugleich ist das herrschende Subjekt ebenfalls Objekt, da sich das Verhalten des abhängigen Subjekts in unterschiedlichen Ausdrucks- und Praxisformen gegen die Herrschaft kehrt. Der Kern sozialer Verhältnisse ist stets eine praktische Beziehung zwischen menschlichen Subjekten, die in unterschiedlicher Weise mit- oder gegeneinander handeln

Die gegenständlichen Vermittlungen sind in der kapitalistischen Warengesellschaft sachliche Mächte, wie Geld, Profit, Markt, Konkurrenz. In ihnen erscheinen die sozialen Verhältnisse zwischen den Menschen in dinglicher Form, übt das tote Ding Macht über die lebendigen Menschen und ihr Tun aus – wobei die Dinge selbst kristallisierte menschliche Verhältnisse sind. Es findet eine Verkehrung zwischen Subjekt und Objekt statt, indem das eigentlich Tätige, das menschliche Subjekt, zum Subordinat des Objekts wird, das – allerdings durch Herrschaft subjektvermittelt – zum bestimmenden Tätigen avanciert. Entfremdung und Verkehrung sind Sachverhalte gleicher Ordnung: die gesellschaftliche Beziehung der Personen stellt sich verkehrt als gesellschaftliches Verhältnis der Sachen dar. Das drückt sich geistig in der Religion aus, in der der Mensch sich sein eigenes Wesen in der Form eines richtenden, lohnenden und strafenden Gottes entgegenstellt.

In der kapitalistischen warenproduzierenden Gesellschaft ist die Unterwerfung der Subjekte unter die Objekte, die Resultate ihres vergesellschafteten Handelns, ein universeller Zusammenhang, der für alle Teilnehmer an Warenproduktion und -zirkulation den Charakter eines Zwangsverhältnisses besitzt. Die Subordination der Subjekte ist allgemein, da den Gesetzen und Zwängen des Marktes alle unterworfen sind, seien sie unmittelbare Produzenten oder Besitzer der jeweiligen Produktionsbedingungen. Darin kommt die Entfremdung als totale Verkehrung zum Ausdruck: in der Fetischgestalt der Ware sind alle Individuen Unterworfene, wenngleich die Eigentümer der Produktionsmittel andere Möglichkeiten als die Lohnabhängigen haben, persönliche Inter-

2. Der Mensch – Schöpfer und Geschöpf seiner Verhältnisse

essen gegen die anarchische Bewegung des Marktes geltend zu machen – was nur in Grenzen gelingen kann, da der Markt keine befreienden Ausnahmen von seinen Zwängen kennt. Die Konkurrenz, auch in monopolistischer Form, ist ein gleichsam naturnotwendig wirkendes Gesetz, vor dem es, solange die ökonomischen Grundvoraussetzungen bestehen, kein Entrinnen gibt. Selbst die großen Privateigentümer, die Konzerne und Monopole, sind den Wechselfällen des Marktes unterworfen und suchen sich ihrer mehr oder minder erfolgreich zu bemächtigen. Eine Regulierung und Kanalisierung der Bewegung des Marktes setzt gesellschaftlichen Konsens voraus, der freilich an ökonomische und politische Macht gebunden ist. Auch die tote Materie in Gestalt des geldvermittelten Warenverkehrs bedingt subjektiv-menschliches Handeln, denn ohne Produktion und Zirkulation, Ausführung und Leitung, Engagement von Arbeitern und Forschern gäbe es keine Existenz und keinen Austausch von Waren. Die Subjektivität ist Kern der objektiven gesellschaftlichen Verhältnisse auch in der entfremdeten Form des Warenfetischs.

Entfremdete Arbeit resultiert aus der Entgegensetzung des Produkts, als Objekt, gegen den Produzenten, als Subjekt, gegründet auf die Macht des Besitzers der Produktionsmittel, die ihm die Verfügung über Inhalt, Verlauf und Resultate des Arbeitsprozesses ermöglicht. Das ist das allgemeine Wesen. Doch im Konkret-Besonderen von Arbeit und Tätigkeit ist das Subjekt nicht bloß Unterworfener, Abhängiger, sondern auch Gestalter und Beherrscher des Prozesses. Es sind sein Können, seine Qualifikation und Leistung, sein persönlicher Einsatz, die den Prozeß tragen, ihn in Gang halten. In der Entfremdung findet partiell deren Einschränkung, ja Aufhebung statt, und das Subjekt erweist sich als Herr über das Objekt, das die Zeichen des Vermögens des Subjekts trägt. Zur Überwindung der Entfremdung generell, als gesellschaftliche Tatsache, ist erforderlich, daß die Selbstbestimmung des Subjekts in dem und durch das Objekt sich zu einem gesellschaftlichen Tatbestand erweitert, daß die vergesellschafteten Individuen in ihrer Tätigkeit vergesellschaftete Ziele erreichen, gemeinsame Interessen bedienen. Damit wäre die Fremdheit und Fremdbestimmung der Arbeit gesellschaftlich überwunden, was deren konkret-besondere Erscheinungsformen freilich nicht tangieren muß.

Auch in ihrer entfremdeten Gestalt hat die Arbeit einen hohen Wert für den Menschen, da er in ihr seine Wesenskräfte erprobt, seine Fähigkeiten zur Geltung bringt und durch Teilhabe an dem gesellschaftlichen Prozeß der Erzeugung der Subsistenzmittel soziale Bedeutung erwirbt, wenn diese konsumtiv auch nur in der Form des Lohnes wirksam wird. Die moralische Wertbestimmung der Arbeit kommt negativ zur Erscheinung in der Erwerbslosigkeit, die nicht nur materielle Einbußen beinhaltet, sondern auch Verlust gesellschaftlicher Kommunikation und der Möglichkeit, persönliche Kräfte in der Gemeinschaft mit anderen einzusetzen. Daher ist entfremdete Arbeit zwar Einschränkung des Selbstwerts des Produzenten, des Berufstätigen, weil sein Arbeitsergebnis seiner, wenn auch nur partizipativen, Verfügung entzogen ist, aber auch Selbsterzeugung des Produzenten als Persönlichkeit in der Form gelingender Selbstentäußerung, als moralisches Verhältnis. Das gilt selbst für Massenfertigung, in der ansonsten die Entfremdung des Arbeiters vom Produkt besonders ausgeprägt ist. Denn immerhin sind hier Spuren sozialer Kommunikation und des Bewußtseins gesellschaftlicher Nützlichkeit des Tuns wirksam.

Die Chancen der Überwindung der Entfremdung bestehen, dem Vorstehenden zufolge, in der Beseitigung der die Entfremdung erzeugenden gesellschaftlichen Grundlagen. Das bedeutet nicht die Aufhebung der Tätigkeit als Entäußerung. Denn es liegt in der Natur der menschlichen Tätigkeit, daß in ihr ein Übergang des Subjekts in das Objekt stattfindet und das Subjekt eine Welt des äußeren Daseins schafft, die ihren eigenen Gesetzen und Notwendigkeiten folgt und dem Subjekt als eigenständiges Sein gegenübertritt. Damit entsteht Entfremdung als allgemeines Seinsverhältnis. So wenig wie die menschliche Tätigkeit überhaupt, kann auch diese Form der Entfremdung je aufgehoben werden. Etwas anderes ist es, wenn die von den Individuen gesellschaftlich erzeugte objektive Wirklichkeit als ein gesellschaftlicher Zusammenhang die Individuen sich subordiniert und die Herrschaft von Personen begründet, die zufolge ihres Eigentums an materiellen und kulturellen Potenzen Macht über andere ausüben. Das ist an das Zerreißen des Zusammenhangs von Aktor, Mittel und Resultat der Tätigkeit gebunden. Die gesellschaftlichen Individuen bedienen dann primär nicht eigene, sondern Zwecke und Interessen anderer, der Inhaber von Verfügungsmacht. Um diesen Zustand aufzuheben, müßte die Trennung zwischen abhängig Beschäftigen und Eigentümern überwunden werden und die Beschäftigten in einem komplexen vernunftgesteuerten Aktionszusammenhang über Ziele, Prozeß und Resultate der gemeinsamen Arbeit verfügen können. Das ist die Vision einer nicht-kapitalistischen Gesellschaft, einer sozialen Ordnung, in der nicht der Profit weniger, sondern das Wohlergehen aller Sinn ihres Handelns ist. Es hat sich allerdings gezeigt,

2. Der Mensch – Schöpfer und Geschöpf seiner Verhältnisse 43

daß die Inbesitznahme der Produktionsmittel durch die Produzenten nicht in Form einer zentralistisch gesteuerten Planwirtschaft erfolgreich sein kann, umso mehr, wenn eine Partei- und Staatsbürokratie das Sagen hat. Entfremdung tritt dann in andrer Weise erneut auf, da nicht das Ganze der Bevölkerung, sondern eine exklusive Funktionärsschicht die Entscheidungsmacht über die wesentlichen Lebensprozesse der Menschen ausübt. Da auf diesem Wege Schöpfertum und Eigenverantwortung der Bürger blockiert werden, ist der gesellschaftliche Gesamtzusammenhang den Produzenten und allen Staatsbürgern entfremdet. Produzent, Produkt und die Arbeit bilden einen nicht auf lebendiger Teilnahme aller an Entscheidungsprozessen beruhenden Zusammenhang. Das steht mit den Eigentumsbedingungen in Konnex, denn das Eigentum ist im bürokratischen Sozialismus keine von allen verwaltete, genutzte und gestaltete Institution, sondern der Verantwortung der Gemeinschaft entzogen und von wenigen usurpiert. Um die Entfremdung zu überwinden, müßte das Eigentum die bewußte Aneigung der gesellschaftlichen und natürlichen Produktionsbedingungen durch die Gesellschaft als Ganze zum Inhalt haben. Freilich würde der gesamtgesellschaftliche Zusammenhang sich weiterhin als eigenständiger Bereich mit eigener Bewegungsweise und Gesetzmäßigkeit realisieren – was unter keinen wie immer gearteten Eigentums- und Produktionsverhältnissen aufgehoben werden kann. Die aus der Entäußerung aller hervorgegangene Wirklichkeit nimmt, wie bei individueller Entäußerung, den Charakter der Entfremdung an, da Entäußerung und Entfremdung eine allgemein-notwendige Einheit des Subjekt-Objekt-Zusammenhangs bilden. Darin verkörpert sich die gesellschaftliche Natur des Menschen als eines seine Existenzbedingungen gemeinschaftlich erzeugenden sozialen Wesens.

Aufhebung der Entfremdung ist, unter diesem Aspekt betrachtet, nur partiell möglich. Sie setzt voraus, daß die individuellen und gemeinschaftlichen Produzenten, wie alle Gesellschaftsangehörigen, ihren Arbeits- und Lebensprozeß mit hoher Eigenverantwortung und dem Ziel allgemeiner Wohlfahrt der Individuen vollziehen. Dazu müssen sie, in welchen Formen auch immer, an Entscheidungen über gesellschaftliche Aktivitäten teilhaben. Demokratie am Arbeitsplatz und in der Gesellschaft sind unabdingbar. Doch da vermutlich parzelliertes Eigentum an Produktionsmitteln in einer künftigen Gesellschaft existiert und die Beziehungen zwischen den Produzenten (auch) über den Markt realisiert werden, der Tauschwert also, soweit das vorhersehbar ist, eine maßgebliche Größe sein wird, bleibt jene Form der Entfremdung bestehen, die dem Warenaustausch innewohnt. Die gesellschaftliche Steuerung von Warenproduktion und -zirkulation ohne verbindliche zentrale Auflagen, mit der Setzung von Rahmenbedingungen des wirtschaftlichen und gesellschaftlichen Handelns, ist ein hochkomplizierter widerspruchsvoller Prozeß ökologisch-ökonomischer und humaner Gesellschaftsgestaltung. Überwindung der Entfremdung der Individuen untereinander und zur Gesellschaft ist eine stets neu zu meisternde Aufgabe und kein abgeschlossener Zustand.

Auch die Demokratie enthält Aspekte von Entfremdung, da in ihr der einzelne seine singularen Bedürfnisse keineswegs sichergestellt finden, sondern er sich dem Allgemeinen, den Belangen des Soziums einfügen und unterordnen muß. So wie in einer rational organisierten, von Profitdominanz befreiten Wirtschaft deren Konturen gegenwärtig nur schwer auszumachen sind – der einzelne Produzent und Konsument eng persönliche Interessen einklammern muß und ihm daher das gesellschaftliche Ganze eher fremd erscheinen mag, so ist es auch im Raum des Politischen, der staatlichen Gemeinschaft der Menschen. Falsch wäre eine atomisierende Auffassung der Gesellschaft, die ein gemeinschaftliches Zusammenleben von Menschen gedanklich verunmöglichen würde. Ob indes der Terminus ›aufgehobene, überwundene Entfremdung‹ angemessen ist, mag fraglich sein; jedenfalls drückt er den Einklang des Gesellschaftlichen mit dem Privaten aus, ohne das eine befreite menschliche Gesellschaft nicht existenzfähig sein dürfte.

Das Ringen um die Erzielung eines vernünftigen Ausgleichs von Persönlichem und Gesellschaftlichem ist der Prozeß sukzessiven Wegarbeitens von Entfremdung; überwundene Entfremdung ist kein abgeschlossener Zustand, sondern gesellschaftliche Wirklichkeit im Prozeß, in der von vergesellschafteten Individuen getragenen gemeinschaftlichen Aktion. Hierbei macht der einzelne sich potentiell, für sich, frei von Entfremdung, mag auch sein gesellschaftlicher Zustand dieser noch unterworfen sein. Im Leben des einzelnen steht ständig die Aufgabe, zu sich selbst zu finden, durch Selbstkontrolle und -veränderung Macht über sich und, soweit das in seinen Möglichkeiten liegt, seine Umwelt zu erlangen. Denn die individuellen und gesellschaftlichen Umstände seines Daseins sind auch Resultat seiner persönlichen Entäußerung, seines individuellen Verhaltens. Daher ist Kontrolle seiner selbst auch Kontrolle seiner natürlichen und gesellschaftlichen Umwelt, die ihm als ihm zugehörige, nicht fremde und feindliche in dem Maße gegenübertritt, wie er seine Kräfte aufbietet, ihr einen humanen Charakter zu verleihen. Das gilt nament-

2. Der Mensch – Schöpfer und Geschöpf seiner Verhältnisse 45

lich für die Demokratisierung und Humanisierung des Lebens in der kapitalistischen Wirtschafts- und Gesellschaftsordnung, die durch vernunftgeleitetes Zusammenwirken von vielen Individuen die Entfremdung zu reduzieren vermag. In dem Ringen um Überwindung von Entfremdung im persönlichen Bereich, um Erlangung von Autonomie des Individuums beruhen Chancen der Überwindung von Entfremdung auch im Leben der Gesellschaft.

Materialistische Subjektwissenschaft

Die Analyse der menschlichen Subjektivität ist ein wesentliches Ziel philosophischer Durchdringung der Gesellschaft und der Stellung des Menschen in ihr. In der Geschichte der Philosophie konzentrierten sich Auseinandersetzungen auf die Klärung dieser Frage. Es ging darum, Macht und Ohnmacht des Menschen seinen Daseinsbedingungen gegenüber in erkenntnistheoretischer, moralischer und praktisch-geistiger Hinsicht zu entschlüsseln. Abstrakt gesehen, sind die Positionen einer Überordnung des Objekts, der objektiven Bedingungen über das Subjekt und der Vorrangsgeltung des Subjekts gegenüber dem Objekt möglich und wurden im philosophischen Denken realisiert. Es standen sich der mechanisch – metaphysische Materialismus des 17./18. Jh. und der deutsche Idealismus von Kant bis Hegel gegenüber. Scheinbar ging es primär um Fragen des Bewußtseins, der Bewußtseinsphilosophie; dahinter verbarg sich aber das Problem der Stellung des Menschen in der Welt, seines Verhältnisses zu den objektiven Mächten seines gesellschaftlichen und natürlichen Daseins. Im Marxismus spitzte sich das Problem auf die Analyse der Rolle des Proletariats in der kapitalistischen Gesellschaft, seiner Möglichkeiten, die bedrückenden Verhältnisse der Lohnsklaverei abzuschütteln, zu. Im Einklang mit der Linie des Materialismus in der Geschichte der Philosophie betonten Marx und Engels die prägende und determinierende Macht der objektiven Existenzbedingungen des Proletariats, die es angeblich unausweichlich zur revolutionären Aktion drängten. Schlüsselsatz ist die These aus der ›Heiligen Familie‹, wonach die objektiven Verhältnisse der Arbeiterklasse unwiderruflich ihr praktisches Verhalten vorzeichnen, der Zwang der Verhältnisse dem Proletariat Ziel und geschichtliche Aktion gleichsam naturnotwendig weist – unabhängig von den konkreten Vorstellungen der einzelnen Proletarier. Ausgespart war mit dieser These die objektive und subjektive Alternativität der Geschichte, der Umstand, daß das Subjektive kein bloßes Echo des Objektiven ist, sondern Eigenmacht und selbständige Geschichtsbedeutung besitzt. Die objektiven Verhältnisse drängen das Subjekt zwar in eine bestimmte Richtung, aber ob und wie es diesem Drängen entspricht, hängt weitgehend von der subjektiven Verarbeitung der Verhältnisse durch das Subjekt ab, das eine Mannigfaltigkeit differenter Teil-Subjekte, subjektiver Potenzen und Aktionen einschließt und keineswegs als geschlossene Kraft in der Geschichte wirkt. Da Marx und Engels auf die revolutionäre Aktion des Proletariats setzten, konnten sie die Bedeutung der objektiven Faktoren nicht verabsolutieren, mußten sie die geschichtsbildende Macht subjektiver Agentien berücksichtigen – wenn auch innerhalb der behaupteten Vorrangstellung ökonomischer Determinanten. So war es für Engels klar, daß die Willensäußerungen der Individuen nicht gleich Null zu setzen sind. »Im Gegenteil, jeder trägt zur Resultante bei und ist insofern in ihr einbegriffen.«[4] Freilich ist mit diesen Worten die Spezifik bewußten menschlichen Handelns noch nicht kenntlich gemacht. Engels plädierte, wie Marx, für eine kämpferische Haltung des Proletariats und seiner Partei in der Gesellschaft, für eine entschiedene Opposition der Arbeiter gegen die Regierung und die Bourgoisie. In der ›Ansprache der Zentralbehörde an den Bund‹ vom März 1850 appellierten Marx und Engels an den Mut, die Entschiedenheit und Aufopferung der Arbeiter, um den Sieg zu erkämpfen. Dennoch vertrauten sie im Ganzen ihrer Anschauungen den ehernen Geschichtsgesetzen mehr als der selbständigen Kraft handelnder Subjekte, da sie gemäß ihrer eher mechanistischen Auffassung von den objektiven, namentlich den ökonomischen Verhältnissen meinten, diese würden sich unausweichlich im Handeln der Menschen Geltung verschaffen. Es ist verständlich, daß von daher eine subjektwissenschaftliche Ausgestaltung des marxistischen Materialismus kein Thema war. Das gilt auch für die theoretische Arbeit im Staatssozialismus, wo das Handeln der Arbeiterklasse als Umsetzung des Willens der politbürokratischen Führung aufgefaßt wurde, der Zwang der objektiven Verhältnisse als von ›oben‹ ausgehender subjektiver Zwang erschien. Die Handlungspotenz individueller und assoziierter Subjekte blieb weitgehend eine Leerstelle, ein Desiderat, wenn es auch Untersuchungen zur geschichtlichen Rolle der Arbeiterklasse und der Stellung des Individuums in der Gesellschaft gab.

Der Marxismus geht in seiner Analyse von Gesellschaft und Geschichte, seinem rationellen Kern nach, nicht von abstrakten Begriffen und nicht von

2. Der Mensch – Schöpfer und Geschöpf seiner Verhältnisse

isolierten Individuen aus, sondern von den gesellschaftlichen Verhältnissen und den in ihnen sich bewegenden und handelnden Menschen. Dabei entsteht die Aufgabe, den Platz und die Funktionsweise menschlicher Subjekte historisch und sozial konkret zu erforschen und sowohl die Geltungsmacht des Bewußtseins als auch des interessengeleiteten Handelns zu bestimmen. Bedeutung kommt der Verarbeitung der Erkenntnisse der Psychologie zu, denn sie tragen zur Erfassung der unterschiedlichen Formen geistiger Verarbeitung der Wirklichkeit bei, decken Mechanismen der Selbstkonstituierung des Menschen in historisch und sozial bestimmter Umwelt auf oder leisten doch wichtige Beiträge dazu. Mit guten Gründen ist die Kritische Psychologie als »genuin marxistische Subjektwissenschaft« bezeichnet worden,[5] denn sie begreife menschliche Existenz aus der Rekonstruktion der widersprüchlichen Einheit von Natur-, Gesellschafts- und Individualgeschichte. Bedeutung besitzt die Analyse der Verschränkung allgemein-gesellschaftlicher und individuell-besonderer Lebensbedingungen der Aktoren; die Umwelt tritt dem Individuum weder als allgemeines Konstrukt noch als ausschließlich singuläres Dasein entgegen. Die gesellschaftliche Prägung des Menschen erfolgt durch allgemeine und besondere Existenzbedingungen, die in ihrer Verschränkung den einzelnen unterschiedlich beeinflussen, wobei der eigenen Reflexionsweise Bedeutung zukommt. Darin wirken Verstand und Gefühl zusammen; die psychische Entwicklung des Menschen, seine Onto- und Phylogenese, bilden eine Einheit des Widerspruchs mit wechselnden Dominanzen. Es ergeben sich Handlungsmöglichkeiten, die weitgehend der Selbstverantwortung des Individuums unterliegen, ohne daß letzteres als Urgrund und autonome Kraft gesellschaftlicher Bewegung anzunehmen wäre. Die Fülle der lebensweltlichen Existenzformen des Menschen, die weit über soziale Grundtatbestände, wie Klassenbindung und Statusrepräsentanz, hinausweist, ist ein Feld unterschiedlicher Prägungen und Verarbeitungsweisen des Individuums, das subjektwissenschaftlicher Deutung und Analyse harrt.

Das heißt nicht, menschliche Subjektivität auf Individualität zu reduzieren. Subjekte sind unterschiedliche Agglomerationen von Individuen und besitzen in der Geschichte eine je verschieden bestimmte Geltungslogik. Daher sind Untersuchungen zu Klassenexistenz und -handeln, ebenso wie die Erforschung der Rolle von Nationen, Ethnien, Staaten und zahlreichen anderen Gemeinschaftsformen Beiträge zum Verständnis der Subjekte gesellschaftlich-geschichtlicher Existenz und Bewegung. Materialistische Subjektwissenschaft ist ein

Amalgam der verschiedenen Analysen des Handelns von Menschen in der Geschichte; im Grunde fällt sie mit der Gesellschafts- und Geschichtsauffassung zusammen und hebt einen grundlegenden Aspekt hervor: die tätige Wirksamkeit des Menschen als handelnde Kraft der Geschichte in seinen unterschiedlichen Daseinsformen.

Anmerkungen:
1   J. Habermas: Theorie des kommunikativen Handelns, Frankfurt/M. 1981, Bd. 1, S. 513
2   Vgl. H. Krauss: Das umkämpfte Subjekt, Berlin 1996, S. 182f.
3   D. Märtin, K. Boeck: EQu. Gefühle auf dem Vormarsch, München 1996, S. 142. S. auch A. Damasio: Descartes‹ Irrtum, München/Leipzig 1997
4   F. Engels an J. Bloch v. 21. /22. September 1894, in: MEW, Bd. 37, S. 464
5   M. Markard: Kritische Psychologie muß marxistisch sein, in: Z. Nr. 30 (Juni 1997), S. 70

Kapitel II

1. Geschichte: Gesetze, Trends, Kontingenz

Geschichte ist was geschehen ist und geschieht. So wie in der Natur und, in anderer Weise, in der Gesellschaft eine systemhafte Ordnung, ein funktionelles Zusammenwirken von Teilen, Gliedern, Elementen eines größeren Ganzen besteht, so – sollte man zumindest erwarten – muß es auch in der Geschichte der Menschengattung sein. Ist im Nebeneinander ein systemischer Zusammenhang erkennbar, so vermutlich auch in der Sukzession, der sequentiellen Ordnung eines Gesellschaftsganzen. Es wäre überraschend, würde sich aus Un-Ordnung durch Entwicklung Ordnung ergeben. Diese wäre etwas von außen Hinzutretendes, nicht aber dem Ganzen wesenhaft Innewohnendes, ein deus ex machina. Das Problematische der vorausgesetzten systemhaften Ordnung – die sowohl das Werden als auch das Sein kennzeichnet –, besteht darin, daß der funktionelle Zusammenhang des Ganzen sich an selbstreflexive Aktionen von Individuen bindet, die ihre persönlichen Interessen, Wertorientierungen, Bedürfnisse und Leidenschaften in das Handeln eingeben. Wenn diese Zielsetzungen auch in die funktionelle Ordnung größerer Komplexe von Individuen – soziale Gruppen, Klassen usw. – einfließen, so bleibt das durch Bedürfnisse Vermittelte des punktuellen Handelns doch davon unberührt: die Geschichte ist das Feld individualisierter Aktionen, deren Ordnung oft eine solche ephemerer Sinngebungen und Zielsetzungen ist. Darauf kann sich die Vermutung stützen, die Geschichte sei das Reich des Zufälligen, des Vergänglich-Unbeständigen, des rein Individuellen von Ereignissen, Prozessen und Aktoren.

Das Besondere im Allgemeinen

Die Geschichte ist in ihren erscheinenden Formen das Einmalige, da in ihr je einzelne Orte, Zeiten und Personen auftreten, die den Daseinsraum singulärer Ereignissen und Fakten bilden, in dem geschichtliche Kräfte wirken. Doch ist die Singularität nicht der Geschichte ausschließlich zugehörig; sie tritt mutatis mutandis auch in der Natur und in der alltäglichen Lebenswelt der Menschen auf, ist Kennzeichen des Daseins überhaupt. Das Spezifische ist die sequentielle Ordnung, aus der sich die Ordnung, der allgemeine Zusammenhang des Ko-Existierenden ergibt. Dadurch kann Da-Seiendes den Charakter des historisch Bedeutsamen erlangen, was es aus der ubiquitären Punktualität von Dingen, Personen und Ereignissen heraushebt. Indes ist das Fürsichsein in der Geschichte nicht isoliert, nur in sich beruhend; es bildet eine Erscheinung gleichen Typs und Charakters mit anderen, ist Repräsentant generalisierbarer Existenzen. Darin gründet die Komplementarität von »Singularität und Vergleichbarkeit«[1], der eine Übereinstimmung in mehr oder minder wesentlichen Charakteristika zugrundeliegt. Allerdings drückt Vergleichbarkeit nicht eo ipso Identität des Wesens aus, sondern Gemeinsamkeit in abgeleiteten Parametern. Die Identität kann die des Äußeren der Erscheinung sein, hierbei ist eine bestimmte Ordnung, eine Ähnlichkeit von Merkmalskonstellationen unterstellt. Mit dieser Erwägung fällt die von Postmodernisten vertretene Auffassung, es gebe heute keine Geschichte mehr, sondern nur noch Geschichten.[2] Das ist eine Wiederbelebung der neukantianischen These von der Geschichtswissenschaft als Ereigniswissenschaft und der ihr eigentümlichen individualisierenden Methode, die allerdings bei ihren Urhebern die Anerkennung nomologischer Voraussetzungen, allgemeiner Erkenntnisse nicht ausschloß.

Geschichte ist ihrem äußeren Dasein nach das, was in Zeit und Raum unter personalen Konstellationen der Gesellschaft geschehen ist bzw. geschieht. Diese Bestimmtheit kommt freilich allem real Daseienden in der Gesellschaft zu, sei es im Arbeitsprozeß, in Politik und geistiger Kultur, in Wissenschaft, Kunst, Religion usw. Es ist das Empirisch-Faktische des historisch-gesellschaftlichen Lebens in seiner Existenz und Entwicklung, das Miteinander und Nacheinander handelnder Individuen und Gruppen, das sich zu spezifischen Begebenheiten verdichtet. Hier ist der reale Boden der Geschichte, deren Wesen durch eine ›höhere‹, allgemeinere Seinssphäre gebildet wird. In ihr kommt das Historische zu unmittelbarer Geltung, das geschichtlich Bedeutsame, das die verborgene Ordnung des real-faktischen Daseins zur Existenz bringt und wissenschaftlich durch Abstraktion erschlossen wird. Sowohl in der objektiven Realität als auch in der denkenden Betrachtung findet ein Übergang von Geschehen in Geschichte, von Vorkommnissen in Ereignisse statt. Letztere sind an das Erscheinende des Alltags-Wirklichen geknüpft; sie bilden sein

1. Geschichte: Gesetze, Trends, Kontingenz

Konzentrat und treten so in die Sphäre des wesenhaften Seins über. In der Theorie finden Auseinandersetzungen über Deutungsmuster von Geschichte statt, die bei der Erfassung des unmittelbar Faktischen gewonnen werden und das Eigentliche von Geschichtswissenschaft ausmachen, die auf hoher Abstraktionsstufe in das Gebiet der Philosophie hinüberspielt.

Alltag und Geschichte bilden eine Einheit, deren Übergänge und Wechselbeziehungen oft schwer zu bestimmen sind. Das hängt damit zusammen, daß alles geschichtlich Bedeutsame seine Erscheinung im Alltäglichen besitzt und sich an das Faktische des empirischen Daseins und Geschehens bindet. Es erscheint in den empirisch konstatierbaren Fakten des Verhaltens von Menschen in ihren Beziehungen zueinander, die menschliche Eigenschaften und Konstellationen einschließen. ›Fakt‹ ist ein weiter Begriff, der mehr als nur Vorkommnisse und Ereignisse umfaßt, in den die ganze Breite alltagswirklicher Gegebenheiten eingeht.[3] Dieser Bereich der Gesellschaft macht die ›Lebenswelt‹ aus und unterscheidet sich von historisch Signifikantem. Doch sind die Übergänge fließend, da in die Lebenswelt spezifische objektive und subjektive Konstellationen verflochten sind, wie die Eigenschaften und Verhaltensweisen ›führender‹ und ›gewöhnlicher‹ Individuen, die zu Vorkommnissen beitragen können, deren gesamtgesellschaftlicher Stellenwert sie zu historischen Ereignissen macht. Hier wird das Narrative in der Geschichtswissenschaft belangvoll, das zwar durch seine Erzählform am Äußeren historischer Prozesse verbleibt, zugleich aber den Boden für allgemeinere, zusammenfassende Sichtweisen bildet, die zu dem Signifikanten führen. Es tritt im Modus der historischen Zeit auf, die sich von den allgegenwärtigen unmittelbaren Zeitverläufen, der Zeit als allgemeine Daseinsweise der gesellschaftlichen Materie, unterscheidet. Die Erzählung in der Geschichtswissenschaft ist dieser Unmittelbarkeit verhaftet, kann aber zugleich in das Gebiet des Theoretischen übergehen, indem sie historisch Wesentliches des Geschichtsverlauf erkennbar macht. Dabei offenbart sich die Geschichte als »ein Ensemble von Geschichten, die durch Handeln mitbestimmt sind ...« und einen offenen Prozeß bilden, »in dem es auf jeden Handelnden und die Bedingungen des Handelns ankommt.«[4] Markante Punkte der Geschichte sind Ereignisse; sie unterscheiden sich durch ihre Wesentlichkeit von dem Singularen einzelner kontingenter Vorkommnisse, Begebenheiten und Tatbestände. Die Wesenhaftigkeit besteht in dem bestimmenden Einfluß auf kontemporäre und posttemporäre Prozesse und Zustände. Die Einzelheit ist äußerliches Merkmal und gilt für alle Begebenheiten; was sie im historischen Ereignis besonders auszeichnet, ist die allgemeine Repräsentanz und Wirkung. Wenn Geschichte durch Komplexität von Handlungsverläufen gebildet wird, so liegt im Ereignis ein Kondensat, eine Verdichtung des Handelns von Massen und/oder führenden Personen vor. Dadurch wird das Einzelne zum Allgemeinen. Doch sind Ereignisse nicht nur für sich Inkorporierung des Allgemeinen, sondern auch durch ihre Vergleichbarkeit mit anderen Ereignissen gleichen Typs und Charakters. Das macht eine Seite ihre historischen Signifikanz aus. Sie sind zwar für sich genommen Einzelne von historischer Relevanz, doch sind sie auch dadurch von geschichtlicher Bedeutung, daß sie empirisch konstatierbare Erscheinungen eines Ereignis-Typs verkörpern und insofern von zweifacher Wesentlichkeit sind (Revolutionen, Kriege, Wirtschaftskrisen usw.).

Zur Existenzweise der Einzelheit in der Geschichte gehört das Mittlere zwischen Einzelnem und Allgemeinem: das Besondere. Es ist gegenüber dem Allgemeinen geschichtlicher Existenz und Entwicklung das Einzelne des Fluidums, des Milieus, der nationalen Spezifität. Zugleich besitzt es allgemeinen Charakter bezüglich der singulären Existenz handelnder und kommunizierender Menschen, so daß die Geschichte eine Konfiguration von Geschichten nicht im Sinne der Einzelheit ist, wohl aber dessen, daß ein spezifisches Milieu und Kolorit den allgemeinen Zügen menschlicher Gesellschaftlichkeit und Geschichtlichkeit eine partielle Vergleichbarkeit beimißt. Kapitalismus in Asien ist unterschieden von Kapitalismus in Westeuropa, Demokratie besitzt historische und nationale Besonderheiten nach kulturellen und politischen Traditionen eines Gemeinwesens oder Staatenverbundes. Das macht es problematisch, alle Länder und Ländergruppen unbesehen über den Leisten eines allgemeinen normativen Typs zu schlagen und gleiche Forderungen (z.B. hinsichtlich der Menschenrechte) an alle Staaten, ungeachtet ihrer historischen und aktuellen Bedingungen, zu stellen. Aber auch das Herausarbeiten formationeller Charakteristika steht in Gefahr, sich in leere Abstraktionen zu verlieren, wenn nicht das historisch Besondere, die Verknüpfung von Allgemeinem und Einzelnem, berücksichtigt wird. Das gilt ebenso für die Wege der Herausbildung genereller geschichtlicher Formen, wie der Produktionsweisen, die hochsignifikante Unterschiede in den einzelnen Ländern und Kontinenten aufweisen. Die Geschichte ist nichtlinear sowohl im Einzelnen als auch im Allgemeinen, in besonderen Konglomeraten wie in der Entwicklung der Menschengattung insgesamt. Die Nichtlinearität in den einzelnen Gesellschaften resultiert aus

1. Geschichte: Gesetze, Trends, Kontingenz 53

der Komplexität und Vielschichtigkeit objektiver und subjektiver Voraussetzungen, denen zufolge die Geschichte im Besonderen und Einzelnen strukturell und evolutiv offen ist. Mit dem Wandel der Bedingungen und Konstellationen, der sich aus der Verflechtung objektiver und subjektiver Agentien ergibt, finden geschichtliche Veränderungen statt, die die Spezifik des jeweiligen Staates, Gemeinwesens, der Nation ausmachen und Abweichungen vom allgemeinen Typ bilden. Die Entwicklung verläuft in einem Spektrum, einem Möglichkeitsraum von Trends und Tendenzen und ist ihrem Charakter nach von Linearität wesensmäßig verschieden. Das hat Folgen für die Geschichte der Menschengattung insgesamt, die eine Vielfalt von Wegen beschreitet und weder mit den Topoi ›linear‹ noch ›multilinear‹ angemessen beschrieben ist. Beide sind Abstraktionen, die das reale Geschehen verzeichnen. Selbstreflexivität, Totalität ist Gegeninstanz zu Linearität und faßt das systemisch-variable Element geschichtlichen Seins und Werdens treffender als das Begriffspaar unilinear – multilinear.

Strukturelle Wandlungen

›Die‹ Gesellschaft, ›die‹ Geschichte sind hochabstrakte Vereinfachungen und Vergröberungen, wenn sie allein auf dem Allgemeinen des Begriffs insistieren. Denn die Gesellschaft existiert wie die Geschichte in konkreter Bestimmtheit, was sich aus der Fülle der besonderen objektiven und subjektiven Umstände ergibt. Allgemeingültig ist, daß die Gesellschaft ihre Existenz materiell sichern muß und daß sich auf dieser Grundlage ein Geflecht von Tätigkeiten, Verhältnissen und Institutionen erhebt, das teils auf jene Grundlage verweist, teils eine eigene Bewegung und Entwicklung vollzieht. Aus materieller und ideeller Naturaneignung gehen, durch Bedürfnisse vorangetrieben, Entwicklungsschübe, Lernfortschritte hervor, aus denen den Menschen gesteigerte Macht über die Mittel ihrer Lebenssicherung und, damit verbunden, Gewinn an Herrschaft über ihre eigene Vergesellschaftung zuwachsen. Daraus resultiert gesellschaftliche Entwicklung, die den Charakter von ›Geschichte‹ erlangt, indem sie substantielle Wandlungen des sozialen Daseins der Menschen begründet. Der Wandel ist kein gleichmäßiges Fließen, sondern an sich verändernde Strukturen, relativ feste Bestimmtheiten des gesellschaftlichen Lebens gebunden, deren Existenz durch Traditionen und herrschaftssichernde Institutionen vermittelt ist. Das ›Geschehen‹, welches der Geschichte inhäriert, ist an Strukturen geknüpft, die einerseits Resultate geschichtlichen Wandels, andererseits dessen Bedingungen sind. Struktur und Veränderung sind wesensbestimmende Momente dessen, was die Geschichte der Menschengattung ausmacht.

Beharrende Formen gründen in bewährten Methoden der Bearbeitung der Natur, die sich in materiellen und ideellen Produktivkräften kristallisieren und technische Fortschritte stimulieren (können), sofern die sozialen Verhältnisse die Produktion in diese Richtung drängen. Die Produktivkräfte repräsentieren grundlegende Standards der Gewinnung der Existenzmittel durch die größeren oder kleineren Gemeinschaften, sie bilden qualitative Bestimmtheiten der Gesellschaft, denen soziale Verhältnisse – Produktionsverhältnisse – korrespondieren, die ebenfalls dynamisch, beweglich sind. Beharrung und Veränderung machen in ihrer Einheit das gesellschaftliche Dasein der Menschen aus. Die Strukturdynamik ist an gesellschaftliches Handeln in seinen vielfältigen Formen geknüpft, Tätigkeit der Menschen liegt sowohl den Strukturen als auch ihrer Veränderung zugrunde. Der Begriff ›Formation‹ ist eine sehr allgemeine synthetische Kategorie zur Erfassung dieser Dialektik. Sie darf nicht überfordert und als schematisierender Raster der Geschichte übergestülpt werden, da sie nur einen theoretisch-methodischen Zugriff, eine Heuristik bedeutet, um die zerstreute Mannigfaltigkeit des empirischen Materials zu ordnen. Ihm treten Konnotationen relativ gleichberechtigt an die Seite, wie Produktionsweise, Zivilisationstyp, Herrschaftsform, Regulationsweise, die einen Zusammenhang untereinander und mit dem Formationsbegriff enthalten. Sie sollten ebenfalls nicht theoretisch überfordert werden, da man die Geschichte von verschiedenen Gesichtspunkten aus betrachten kann, je nachdem, welche ihrer Seiten und Formen jeweils im Zentrum des theoretischen Interesses steht. Die verschiedenen Aspekte der Analyse sind objektiv-real begründet durch die wesentliche Vielfalt der empirisch verifizierbaren Seiten des Geschichtsprozesses und der gesellschaftlichen Struktur. ›Formation‹ bedeutet, vergleichbar geologischen Formationen, ›Schichtung‹ des Geschichtsprozesses, die verschiedene Momente gesellschaftlicher Entwicklung synthetisiert, wobei der Produktionsweise Schlüsselbedeutung zukommt. Da dieser Begriff den historischen Verlauf gleichsam anhält, ihn zur festen Form gerinnen läßt, besitzt er den Wert einer Abstraktion und muß durch theoretische Konkretionen ergänzt werden, wie historisches Geschehen, Rolle des gesell-

1. Geschichte: Gesetze, Trends, Kontingenz 55

schaftlichen Handelns und der es tragenden gesellschaftlichen Kräfte, Variabilität und Offenheit historischer Entwicklung, Mannigfaltigkeit prägender Formen in geographisch-kulturellen Räumen. Unangemessen ist eine teleologisch-finalistische Benutzung dieser Kategorie, da die Geschichte nicht auf ein Ziel hin geordnet ist, sondern sich aus mannigfachen objektiven und subjektiven, nationalen und internationalen Bedingungen ergibt. Mit der Überforderung des Formationsbegriffs steht die Hypertrophierung des Gesetzesbegriffs in enger Verbindung, bei der die Formationsfolge vereinfachend-dogmatisch als gesetzmäßiger, durch Revolutionen vermittelter Übergang ›niederer‹ in ›höhere‹ Zustände fehlgedeutet wird.

Eine Gliederung der Geschichte ergibt sich nicht nur aus Strukturen des gesellschaftlichen Daseins, sondern auch aus Knotenpunkten historischer Entwicklung. Sie stehen mit Strukturgliederungen in engem Zusammenhang, da sie Momente des Übergangs einer grundlegenden Zustandsform in eine andere verkörpern. Es sind ›Revolutionen‹ in einem ganz allgemeinen, metaphorischen Sinn, Umwälzungen bestehender gesellschaftlicher Verhältnisse ihrem Charakter nach und sie können sich sowohl auf ökonomischer als auch auf politischer und kultureller Ebene vollziehen. Sie bilden Konzentrationspunkte historischer Zeit, Verdichtungen des Flusses historischen Geschehens, in denen sich gesellschaftliches Handeln zusammenfaßt: Schlüsseljahre historischer Veränderung. Ihnen gehen häufig Evolutionskrisen voraus, in denen das Ungenügende etablierter gesellschaftlicher Strukturen, Normen, Werte, geistig-praktischer und kultureller Denk- und Verfahrensweisen fortgeschrittenen gesellschaftlichen Erwartungen und Ansprüchen gegenüber offenbar wird. Die Umwälzung praktischer und/oder geistiger Lebensverhältnisse ist die Antwort auf die Krise, das Bemühen um ihre Lösung, aus der sich neue Verhältnisse, Denkweisen und Subjekttypen ergeben. Meist resultieren eine neue Form und ein veränderter Charakter von Herrschaft mit neu an die staatliche Macht gelangten gesellschaftlichen Kräften. Es existieren Unterschiede des Maßes der Komplexität und Besonderheiten technologischer, ökonomischer, geistig-kultureller und politischer Umwälzungen. Zufolge der Interdependenz der verschiedenen Momente des Prozesses strahlt der Wandel auf alle oder doch die meisten Seiten des gesellschaftlichen Lebens aus, was in den einzelnen Lebenssphären zeitlich verzögert vonstatten gehen kann und wobei sich Neues mit Traditionellem verschwistert. In der Regel nutzt das historisch Neue alte Formen und meist auch Inhalte aus, der Bruch ist kein totaler, sondern ein

Amalgam von Neuem und Altem, oft integriert er bewährte Züge alter gesellschaftlicher Verhältnisse, Ideen und Praxen. Grundlegende Knotenpunkte historischer Entwicklung der Menschengattung sind der Übergang zur agrarischen Produktion und derjenige zur industriellen Produktion.[5] Sie bauten jeweils auf überkommenen technologischen und kulturellen Voraussetzungen auf und integrierten sie in das neue System gesellschaftlicher Reproduktion, wobei sie deren sozialen Charakter qualitativ veränderten. Konservatives und Destruktives bilden im historischen Wandel zumeist eine Einheit. Es gibt Destruktives, das in der Vernichtung bestehender und eingeschliffener Denk- und Verhaltensweisen, ja ganzer menschlicher Konglomerate (z.B. von Ureinwohnern bei Kolonialisierung) gipfelt und Konstruktives, das durch rigorose Beseitigung überlebter materieller und ideeller Verkehrsformen neue gesellschaftliche Ordnungssysteme schafft. Im allgemeinen ist der Startpunkt neuer gesellschaftlicher Zustände ein Geflecht von Widersprüchen, eine Evolutionskrise der Gesellschaft, wo vorwärtstreibende gesellschaftliche Kräfte neue soziale Verhältnisse herbeizuführen suchen. Allerdings kann die progressive Wandlung mit Defiziten neuartigen Charakters behaftet sein. Schöpferische Minderheiten sind oft Pioniere dieses Prozesses, doch erlangt er Dauerhaftigkeit nur, wenn er die Massen ergreift und sie ihn zielstrebig verwirklichen. So große Bedeutung die Minderheiten, ja selbst einzelne Personen für den Geschichtsverlauf haben können, haben die Historiker doch berechtigt »in den letzten Jahrzehnten viel Zeit und Energie darauf verwandt, sich der breiten Mehrheit des Volkes in der Geschichte zuzuwenden.«[6]

Eine Seite des Inhalts geschichtlichen Wandels ist, daß die Menschen es lernen, die neu auf sie eindringenden Probleme und Anforderungen der Gestaltung des Verhältnisses zur Natur (Stoffwechsel) und zur Gesellschaft zu bewältigen. Meist gehen innovative Gruppen und Personen voran, doch sind die Massen der Boden, auf dem die Potenzen der Erneuerung erwachsen und die durch ihre Tätigkeit den Fortschritten Dauerhaftigkeit verleihen. Lernfortschritte sind Inhalt und Triebkraft gesellschaftlichen Fortschritts, sie sind sozial gebunden und kein Lernen ›des‹ Menschen schlechthin. Denn der Impuls zur Schaffung neuer Strategien der Bewältigung aufbrechender sozialer Probleme geht von solchen Kräften aus, deren Interessen unmittelbar in die Entwicklung neuer materieller und ideeller Potenzen verflochten sind. Diese Kräfte lernen es auch am ehesten und erfolgreichsten, auf die neuen Herausforderungen zu antworten und neue Möglichkeiten der Gestaltung der sozialen Beziehungen

1. Geschichte: Gesetze, Trends, Kontingenz

zu konzipieren und durchzusetzen. Das Lernen findet wesentlich in der Praxis statt, doch geht ihr die Umgestaltung des geistigen Lebens in der Regel voran. Das herrschende, von den sozialen Klassen und Gruppen unterschiedlich ausgeformte und verinnerlichte Weltbild, das in der Gesellschaft tonangebende Bewußtsein fließt in das praktische Verhalten ein, wobei es auf kritische Reflexion gesellschaftlicher Kräfte stoßen kann, die ihre eigenen Lebensansprüche und sozialen Ziele geltend machen.

Wandel und Handlungen

Die Gesellschaft gründet in Handlungen von Individuen und Gruppen, deren Tätigkeit und Verhalten soziale Beziehungen konstituiert, aus denen Impulse zur Bewahrung oder Veränderung gesellschaftlicher Zustände erwachsen. Wie Gleichmaß und Konstanz knüpfen sich auch Variabilität und Wandel der Gesellschaft an materielle und geistige Aktionen der Menschen, wobei Unterschiede zwischen Protagonisten und Massen wirksam werden. In allen Strukturen gesellschaftlichen Daseins und geschichtlicher Prozesse bilden die sich verhaltenden, handelnden Menschen die Substanz gesellschaftlicher Ordnung und Veränderung. Es besteht Wechselwirkung zwischen Handeln und objektiven Strukturen: die gesellschaftlichen Kräfte organisieren die sozialen Beziehungen durch Erfassung und Verarbeitung gesellschaftlicher Defizite, die als Disparitäten der Verhältnisse und der Bedürfnisse, Erwartungen, Sinngebungen von Individuen und gesellschaftlichen Gruppen auftreten. Die Widersprüche bilden ihrerseits Strukturen der Strukturen und verkörpern Triebkräfte gesellschaftlicher Bewegung und Entwicklung durch Veranlassen von Handlungen. Widersprüche sind ein wesentlicher Inhalt der Beziehungen zwischen Subjekt und Objekt der Geschichte, sie sind der bewegende Faktor, der Denken und Handeln der Menschen antreibt.

Handlungen von gesellschaftlicher Relevanz treten in den mannigfachsten Formen und Bereichen auf. Jede gesellschaftliche Sphäre, jeder soziale Sektor bildet ein Konstrukt gesellschaftlich bedeutsamer Tätigkeiten, die diese Sphäre reproduzieren, ihre Bewegung und Entwicklung bewirken und vollziehen. Verhalten ist das synthetische Moment der Tätigkeit, das reduzierte oder entfaltete Aktivität einschließt. Es ist die allgemeine Lebensäußerung von Menschen, die von Passivität bis zu Aktivität reicht; seine Basis ist praktische (und ideelle) Tätigkeit zur Sicherung des individuellen und gemeinschaftlichen Lebens. Hinsichtlich gesellschaftlichen Wandels ist die Tätigkeit hierarchisch gestuft und geordnet: das regenerative Handeln ist die notwendige Basis von Veränderung, auf der sich die verschiedenen Eingriffe sozialer Klassen, Gruppen und von Individuen in den Bewegungsverlauf gesellschaftlicher Widersprüche erheben. Auslöser und treibende Kraft ist das Bewußtsein der Unangemessenheit sozialer Ordnungsbeziehungen zu den Werten, Normen, Lebensansprüchen gesellschaftlicher Subjekte. Hier erlangt die Tätigkeit expressive Form, die ideelle Wegmarkierungen und politische Aktionen vereinigt. Dabei treten Verschiebungen im Gefüge der Subjekte auf: während in den Prozeß elementarer Lebenssicherung mehr oder minder alle (arbeitenden) Individuen einbezogen sind, nehmen an den Aktivitäten zur qualitativen Gesellschaftsveränderung zunächst exzeptionelle Gruppen und Individuen – innovative Minderheiten – teil, deren Erfolg freilich daran geknüpft ist, ob und wie weit es ihnen gelingt, ihre Anliegen und Ziele zu verallgemeinern, sie massenwirksam zu machen – wobei die Bedürfnisse der Massen wiederum die Basis schöpferischen Drängens auf Reformierung und Revolutionierung der gesellschaftlichen Verhältnisse bilden.

Maßgeblich ist das Bewußtwerden der widersprüchlichen Beziehungen zwischen Bedürfnissen und Handlungskompetenz – sowohl bei den Protagonisten als auch bei den Massen. Das macht die Besonderheit der Geschichte der Menschengattung gegenüber der Natur aus: was die Menschen tun, geht im Kleinen wie im Großen vorher durch ihr Bewußtsein hindurch, wobei es verschiedenartige Gestalt je nach inneren Dispositionen und äußeren Umständen annimmt. Es ergibt sich ein weiter Spielraum möglicher und realer Veränderungen gemäß Bewußtsein und Willen der Handelnden. Wohlbegründete Interessen der Akteure können eine den Subjekten entfremdete Gestalt annehmen, so daß die Menschen nicht selten ihren Interessen und Lebenszielen zuwider handeln. Die objektive Wirklichkeit berichtigt in der Regel das falsche Bewußtsein, indem etwas anderes herauskommt, als ursprünglich intendiert war. Die Macht historischer Notwendigkeiten verschafft sich Geltung und greift korrigierend in den Prozeß von Bewußtsein und Willen ein. Von Bewußtsein gesteuertes Handeln ist die Substanz der Geschichte, beide Agentien sind von geschichtsbestimmender Bedeutung. Das ›richtige‹, der Sache angemessene Bewußtsein ist eine produktive Potenz, doch gehört sie in der Geschichte eher zu den Raritäten, da auf das Bewußtwerden des Seins nicht nur Rationales,

1. Geschichte: Gesetze, Trends, Kontingenz   59

nur Vernunft einwirkt, sondern auch arationale Antriebe, Leidenschaften, elementare Bedürfnisse, Egoismen, so daß Ziele und Resultate oft erheblich differieren. Das hängt auch damit zusammen, daß die Menschheit ein Gesamt individueller Subjekte ist, die ihre spezifischen singulären Ziele, Werte, Antriebe in das Handeln einbringen und, da die Geschichte eine Systemeinheit tätig sich verhaltender Individuen ist, den Weg der Geschichte substantiell beeinflussen. Das hebt die Macht und den Zwang des Objektiven nicht auf, zeichnet aber Aktionsräume dessen vor, wie Menschen die Geschichte gestalten.

Zumeist sind es nicht gesamtgesellschaftliche Aktivitäten, die den Wandel der Gesellschaft herbeiführen, sondern kleine Schritte in sozialen Segmenten und Lebensbereichen, getragen von besonderen gesellschaftlichen Kräften und Interessengruppen. Sofern demokratische Strukturen vorhanden sind, können diese Gruppen ihre Ziele relativ frei artikulieren und dadurch das Profil der Gesellschaft in ihren einzelnen Sphären und schließlich auch im Ganzen verändern. Das gilt für Gewerkschaften, Umwelt- und Friedensbewegungen, feministische Bestrebungen, moderne Technologien, Jugend-, Ausländer- und Arbeitslosenaktivitäten usf. Eher unmerklich dringt in das gesellschaftliche Bewußtsein neues Denken und Wahrnehmen ein, eine neue Aufgeschlossenheit für akute oder auch chronische Defizite der Gesellschaft, und es entsteht allmählich ein verändertes geistiges Fluidum. Für Umweltfragen z.B. hat sich eine Sensibilität herausgebildet, die in früherer Zeit undenkbar war. Durch konzeptive Strategien und ihnen gemäße Handlungen anfänglich kleiner Gruppen entsteht ein neues gesellschaftliches Bewußtsein, das in praktische Politik eingreift und Normen und Standards von allgemeiner Geltung schafft, die mit der Zeit Selbstverständlichkeiten werden. Auf diesem Wege können auch in anderen Gesellschaftsbereichen Wandlungen herbeigeführt werden, die etablierte Machtpositionen tangieren. Anfangs unmerklich bereiten sich gesellschaftliche Veränderungen vor, die beim Denken und Handeln innovativer Gruppen ihren Ausgang nehmen.

In tätigem Verhalten machen Individuen und Gruppen ihre Erfahrungen mit der Gesellschaft; das Bewußtsein ist kein passives Wahrnehmen objektiver Tatbestände, sondern der praktische Prozeß der Arbeit an und mit ihnen. Die Geschichte als Einheit des Objektiven und des Subjektiven ist so zugleich das Ganze materieller und ideeller Tätigkeiten; das Subjekt der Geschichte vergewissert sich im Handeln seiner Stellung in der Gesellschaft und sucht durch sein Handeln diese Stellung in seinem Sinne zu verändern – sofern nicht

Bewahren des Bestehenden sein vorrangiges Anliegen ist; aber auch das setzt Tätigkeit voraus. Bewahren und Verändern sind Grundformen der Einheit des Objektiven und des Subjektiven, und diese Einheit ist die Synthese theoretischer und geistig-praktischer Tätigkeit, in der dem konzeptiven Ideellen besondere Bedeutung zukommt.

Geschichtliche Ereignisse sind »Handlungszusammenhänge«[7], doch gehen sie nicht in purer Aktion auf, da sie als verdichtete Folgen und Konstrukte von Handlungen dem aktuellen Handeln gegenüberstehen, objektive Fakten darstellen, auf die sich die Handelnden einstellen. Ereignis und Handeln sind gleichgewichtig, keines ist primär, aber Handeln, Subjektivität ist in aller Regel die Substanz von Ereignissen. Daher sind Ereignisse dem menschlichen Zugriff offen, ja dessen Produkte, und hier spielt das Gesamt ideeller und materieller Dispositionen und Handlungen der Akteure eine wesentliche Rolle. Ereignisse, an menschliches Handeln geknüpft, sind zugleich objektive Bedingungen, die generell Konfigurationen handelnder und sich verhaltender Subjekte oder doch mit ihnen eng verbunden sind. Da die Geschichte ein Prozeßzusammenhang tätiger Individuen und Gruppen ist, ist ihre Objektivität weitgehend auch Subjektivität, wenn man von Naturarealen, Bodenschätzen, Klima usw. absieht. Für gegebene Subjekte sind andere Subjekte und deren organische Ganze objektive Bedingungen und Umstände, jedoch nicht gleichsam naturhaft, sondern der Veränderung zugänglich durch die jeweils internen und externen Subjekte. Aus dem Zusammentreffen dieser beiden Gestalten von Subjektivität resultiert Stabilität oder auch Veränderung bestehender Gesellschaftsverhältnisse. Subjektives und Objektives gehen ineinander über, bestimmen einander wechselseitig. Daraus ergibt sich das »geschichtstheoretische Kardinalproblem ...des Verhältnisses von objektiver Determination (Gesetzmäßigkeit, Bestimmtheit) und subjektiver Autonomie (Willensfreiheit, Selbstbestimmung ...)«[8] In jedem geschichtlichen Faktum durchdringen sich Subjektunabhängiges und Subjektabhängiges, jede Objektivation enthält einen Komplex von Intentionen und Aktionen handelnder Gesellschaftskräfte, deren spezifischen Stellenwert es analytisch und hermeneutisch zu erschließen gilt. Der geschichtliche Inhalt der Wandlungen der Gesellschaft durch subjektive Aktion kann als Werden der Zivilisation beschrieben werden. Damit ist die Prägung der natürlichen und gesellschaftlichen Umwelt des Menschen durch vernunftgeleitete menschliche Aktion wie auch die Selbstprägung und Selbstformierung des Individuums durch Zügelung und Beherrschung devianter

Triebe gemeint. ›Kultur‹ sagt etwas über Vermenschlichung der Natur durch Ackerbau und Viehzucht und darauf sich erhebende rationalisierte geistige Wirklichkeitsaneignung aus. ›Zivilisation‹ ist, fußend auf griechisch-römischer Tradition, die Selbstorganisation der civitas, der Bürgergesellschaft, vermittels geforderter individueller und gesellschaftlicher Verhaltensweisen und politischen Strukturen. Letztere können allerdings auch nicht-zivilisierte Formen annehmen, wenn sie auf Erlangung und Behauptung repressiver, reaktionärer Macht durch Minderheiten oder einzelne Personen abzielen. Die Zivilisation umspannt das gesamte gesellschaftliche Gefüge in einem demokratisch inspirierten, kulturvollen humanistischen Prozeß. Sie ist ein wechselvoller historischer Entwicklungvorgang, der auch Rückschläge einschloß und ferner einschließt. Kultur geht in Zivilisation und vice versa über, humanistische Werte und Normen bilden eine wesentlich Seite ihres Inhalts. Das Handeln progressiver Gesellschaftskräfte ist die subjektive Potenz dieses Vorgangs. In der »Zivilisierung der Lebensformen« (N. Elias) verkörpert sich das Menschlichwerden von Gesellschaft und Individuum, sie beinhaltet, daß die Menschen das Humanum, das in ihnen potentiell enthalten ist, aus sich heraussetzen und es zum äußeren Dasein, zur Wirklichkeit der Gesellschaft machen. Das ist ein Prozeß individueller und gesellschaftlicher Selbstfindung und Selbstgenerierung, der auf kulturvolle Normen mitmenschlichen Umgangs orientiert ist. Historische Ausgangspunkte sind Errungenschaften der Kultur als Resultate menschlicher Arbeit in ihren vielgestaltigen Formen. Sie waren u.a. lokalisiert im alten Vorderen Orient mit intensiver Landwirtschaft, Städten, Staatlichkeit, Anfängen von Wissenschaft und Technik, Kalender, Währung, Geld, Handel usw.[9] Sekundäre Kulturzentren bildeten sich an den Rändern des vorderasiatischen Zentrums heraus und breiteten sich durch ideelle und materielle Kommunikation der Völker weiter auf der Erde aus, ließen neue Kultur- und Machtzentren entstehen. Eine entscheidende Rolle spielte der Fernhandel, ein Kulturvermittler ersten Ranges, der neben und mit den Waren auch Ideen und Kulturtechniken verbreitete. Allerdings wurde erreichte ökonomische und kulturelle Stärke durch unaufhörliche Kriege nicht selten wieder zunichte gemacht: menschliches Handeln wirkte auf den Entwicklungprozeß von Kultur und Zivilisation auch negativ ein, warf ihn zurück. Doch hatten Kriege teilweise auch einen kulturvermittelnden und -verbreitenden Effekt; widerspruchsvoll wie das menschliche Dasein war und ist auch seine geschichtliche Entwicklung.

Ein offener Prozeß

Die Verflechtung von Bedingungen und Handeln und die Variabilität historischer Subjektivität bewirken, daß in der Entwicklung der menschlichen Gesellschaft kein linearer Prozeß sequentieller Zustandsänderung stattfindet. Menschliches Handeln geht von vorgefundenen Umständen aus, und die subjektiven Prädispositionen der Handelnden sind selbst ein Faktor der Umstände. Doch determiniert der Startpunkt nicht die weitere Entwicklung, da zwischen Umstände und Handeln als vermittelndes Glied das Bewußtsein der Individuen und gesellschaftlichen Gruppen mit seinen inhaltlichen und formellen Prägungen eintritt. Ein variierender Faktor sind die soziale Psyche und die Gewohnheiten, Sitten, Traditionen, Sinngebungen – ein breites Feld subjektiver Formen der Verarbeitung objektiver und subjektiver Umstände. Dazu kommen die intersubjektiven, die kommunikativen Faktoren, die das Verhalten der Individuen und Gruppen maßgeblich beeinflussen. So bestehen einerseits Notwendigkeiten, die mit dem Streben der Akteure nach Befriedigung von Bedürfnissen vermittelt sind – wobei die Sicherung des unmittelbaren Lebens wesentlich ist –, andererseits Varianten, Möglichkeiten, Zufälle, die insgesamt die Offenheit des gesellschaftlich-geschichtlichen Prozesses begründen.[10]

Die Offenheit der Geschichte ist selbst Gesetz, resultierend aus der strukturellen Vielfalt menschlicher Handlungsmöglichkeiten und determinierender Bedingungen. Da die Gesellschaft sich letztlich auf die intersubjektiven Beziehungen von Individuen gründet und diesen eine breite Palette von Handlungsdispositionen und daraus fließenden Verhaltensweisen eigen ist, existieren keine eindeutig-linearen Zusammenhänge, ist die Gesetzmäßigkeit der Geschichte ein statistischer, ein Tendenzzusammenhang und Wahrscheinlichkeit ihr Wirkungsprinzip. Gesellschaftliche Gesetze sind Beziehungen zwischen handelnden Subjekten, diesen Beziehungen ist eine strukturelle Ordnung und insoweit relative Notwendigkeit eigen. Sie ergibt sich aus Bedürfnissen der Lebenssicherung, die nur in systemischer Weise erfolgreich sein kann, da die Natur, als allgemeinster Gegenstand menschlicher Arbeitstätigkeit, durch Systemzusammenhänge bestimmt ist, die das Leben der Tiere und Pflanzen ermöglichen. Um die Ordnung der Natur durch Bearbeitung sich anzueignen, müssen die Menschen selbst in Formen der Ordnung, der Beständigkeit, des rationellen Ziel-Mittel-Einsatzes vorgehen. Soziale Ordnungs- und Strukturbe-

1. Geschichte: Gesetze, Trends, Kontingenz

ziehungen sind Folgen der elementaren existentiellen Notwendigkeit, und ebenso weisen die vielfältigen Beziehungen zwischen gesellschaftlichen Groß- und Kleingruppen auf diese elementare Grundlage zurück.

Es ergibt sich eine Analogie zu den von der Quantenphysik aufgedeckten Naturzusammenhängen, die keinen streng deterministischen, sondern Wahrscheinlichkeitscharakter besitzen. »Die Naturgesetze, so enthüllt die Quantentheorie, sind nur statistische Gesetze. Sie erlauben nicht mehr, zukünftige Ereignisse in aller Schärfe vorherzusagen, sondern sie bestimmen nur Wahrscheinlichkeiten für eine Vielzahl möglicher zukünftiger Ereignisse.«[11] Die Auflösung des Teilchenbegriffs ist analog der Überwindung der Vorstellung, in der Gesellschaft existierten und handelten die Individuen gleichsam als Atome, während sie doch in Wahrheit Bündel von Dispositionen und Praxen sind und durch Vielfachbeziehungen miteinander gleichsam ›Interferenzen‹ herstellen. Wie in der Natur, gibt es auch in der Gesellschaft »no hard and fast lines« (F. Engels), keine starren Grenzen. Alle Grenzen sind mehr oder minder fließend, besitzen den Charakter beweglicher Übergänge – Strukturen sind plastisch, offen, flexibel. Daher existieren keine eindeutigen Zuordnungen von Elementen zu Ganzheiten (Klassen, Nationen; Basis und Überbau usw.); die Kategorien der Gesellschaftsanalyse sind abstraktive Vereinfachungen und nur in der reinen Theorie gibt es starre Bestimmtheiten. Bezüglich der objektiven Realität der Gesellschaft muß daher von Tendenzen, Näherungen, Wahrscheinlichkeiten gesprochen werden – Begriffe sind keine Abbilder von Sachen, sondern Modelle, Denkmuster. Sie bringen Ordnung in das empirische Material, dürfen aber mit diesem nicht konfundiert werden. Der Realität eignet ein wesentlicher Unterschied zur Abstraktion, da in ihr Gesetze moderiert werden, wobei sie an das Handeln der Menschen mit ihren vielfältigen besonderen Bestrebungen, Leidenschaften, Interessen, subjektiven Prädispositionen geknüpft sind. Im wirklichen Leben existieren Gesetze nur angenähert an ihr ›reines‹ Wesen, das eine relativ beständige Ordnung der Dinge verkörpert. Nach Marx existiert ein ökonomisches Gesetz wie das Fallen der Profitrate »nur als Tendenz, dessen Wirkung nur unter bestimmten Umständen und im Verlauf langer Perioden schlagend hervortritt.«[12] Die Punktualität der Zeit ist Anzeiger der Abweichung der Erscheinungen vom Wesen, während in der Zeit als historischem Kontinuum Erscheinung und Wesen annähernd, auf Dauer zur Deckung gelangen. Das Gesetz ist objektiv, insofern es Zusammenhängen zugeordnet ist, die ihrem Charakter nach von menschlichem Belieben unabhängig sind und letztlich in Naturbedingungen und deren Aneignung gründen. Subjektiv ist das Gesetz, indem seine empirisch konstatierbare Existenz durch Engagement, Wissen und Aktivität der Menschen beeinflußt wird. Bewußtsein, Wille und Handeln wirken maßstabsetzend auf Existenz und Bewegung der Gesetze der Gesellschaft ein.

Doch wohnt den Gesetzen Zwangscharakter inne, der sich gegen ad-hoc-Bestrebungen zur Gesellschaftsveränderung geltend macht. Das ist bei Reformbemühungen in Ökonomie und Politik erkennbar. Bestrebungen, negative Folgewirkungen gesetzmäßiger Zusammenhänge der kapitalistischen Wirtschafts- und Lebensweise zu kappen, stoßen sich oft hart an den Zwängen der kapitalistischen Gesellschaftsordnung, die sich nicht ›überlisten‹ lassen. Die objektiven Widersprüche und Interessengegensätze dieser Produktionsweise machen sich gleichsam mit naturhaftem Zwang gelten und konterkarieren Aktivitäten, die auf die Überwindung gesetzesförmiger Zusammenhänge des Kapitalismus gerichtet sind. Die Gesetze der kapitalistischen Produktionsweise schlagen auf die Lebensbedingungen der Menschen durch und können nur partiell eingeschränkt und auf den gesellschaftlichen Lebensbedingungen förderliche Bahnen gelenkt werden. Das steht einerseits mit dem objektiven Zwangscharakter der Gesetze in Zusammenhang, andererseits damit, daß die Gesetze durch das Handeln von Menschen, von sozialen Kräften exekutiert werden. Doch sind auch die Handlungen nicht arbiträr, vielmehr unterliegen sie dem Impuls, der den Gesetzen als Ordnungszusammenhängen sozialer Existenz innewohnt. Die Gesellschaft ist kein Bereich der Willkür und abstrakten Freiheit, doch sind Erkenntnis, Wollen und Handeln ihre Konstituenten und zugleich die Bedingungen, auf denen menschliche Freiheit sich erheben kann. Diese zeigt sich in einer solchen Gestaltung der objektiven Verhältnisse, daß ein Typ von Gesetzen installiert wird, der gesellschaftliche und individuelle Freiheit ermöglicht.

Gesetze der Gesellschaft und Gesetze der Geschichte gehen ineinander über, beiden inhäriert Notwendigkeit und – in gewissem Rahmen – determinierende Wirkung auf menschliches Handeln und Verhalten. Sie beinhalten Typen von Ordnung, von funktionellen Zusammenhängen, bei denen unterschiedliche Tatbestände einander bedingen und bestimmen. Gesetze der Gesellschaft sind objektive Zusammenhänge der Struktur und der Bewegung und liegen Entwicklungsprozessen zugrunde; Gesetze der Geschichte sind immanente Notwendigkeiten des Geschichtsverlaufs, die sich von jenen Gesetzen analytisch nur schwer trennen lassen. Nach Ansicht von R. J. Evans »sind sämtliche Versuche von Historikern, allgemein anwendbare Gesetze der Geschichte aufzustellen, schnell gescheitert; stets hatten die Kritiker keine große Mühe, genügend Beispiele zu finden, auf welche die Gesetze sich nicht anwenden ließen.«[13]

In diesen Ausführungen ist freilich ein inadäquater Begriff des Gesetzes unterstellt, das mit der Erscheinungswirklichkeit gleichgesetzt wird. Aber Gesetze lassen sich nicht, weder positiv noch negativ, durch Beispiele illustrieren; sie gehören einer Seinssphäre an, die nur durch Abstraktion zu erschließen ist und einen Tendenzzusammenhang darstellt, dem Wahrscheinlichkeit und in der Theorie Annäherung an das Empirisch-Faktische zukommt. Gesetze bilden einen im breit gestreuten Feld des Zufälligen verborgenen Bereich der Notwendigkeit, der einen flexiblen, variablen Zusammenhang mit der an menschliches Handeln und seine Konstituenten geknüpften Welt der Erscheinungen herstellt. Gesetze der Geschichte sind Ableitungen allgemeinerer Gesetze der Gesellschaft, die ebenfalls als Tendenzen wirken, denen keine strenge Notwendigkeit zukommt. »Die große Mehrheit der Historiker hat schon immer Versuche, allgemeine Gesetze zu entwickeln, als der Geschichte wesensfremd abgelehnt.«[14] Hingegen war der Historiker E. H. Carr der wohlbegründeten Ansicht, »daß Geschichte in gleichem Maße wie jede andere Wissenschaft mit Verallgemeinerungen zu tun habe; sie sei nicht bloß auf Ermittlung spezieller, isolierter Fakten beschränkt.«[15] ›Gesetze der Geschichte‹ ist ein anderer Ausdruck für ›der Geschichte innewohnende Notwendigkeiten‹, in denen ein probalistischer Zusammenhang zwischen Bedingungen und menschlichem Handeln exponiert wird. Diese Gesetze treten in der Existenzform der Einzelheit und Besonderheit auf, was freilich mutatis mutandis auch von Naturgesetzen gilt. In der Geschichte kommt das Einzelne als Daseins- und Wirkungsweise bewußt handelnder Menschen zur Geltung. Dadurch entstehen Freiräume menschlicher Aktivitäten, welche bewirken, daß kein geschichtlich Existierendes mit anderen Existierenden identisch ist. Die erscheinende Welt ist von eigener Geltungsmacht und Wirkungsbreite, sie ist dem Allgemeinen gegenüber relativ selbständig und in der Einzelheit auf sich selbst bezogen, wodurch Vergleiche mit vielen Unwägbarkeiten behaftet sind. Die Individualität des Menschen ist komplexer als die von unbelebten und lebenden natürlichen Existenzen. Dadurch wird das Kontingente des Geschichtsverlaufs mitverursacht.

Gesetze der Geschichte sind modifizierte Existenzformen allgemeiner gesellschaftlicher Zusammenhänge und Notwendigkeiten, namentlich in Ökonomie, Politik und Kultur. Gesetzmäßige Zusammenhänge traten bei der Schaffung und Entwicklung von Arbeitsgeräten der Frühmenschen auf; aus zurechtgeschlagenen Geröllen ging der Faustkeil als Universalgerät hervor.[16] Daus entstanden in der Folge kleinere Geräte zum Schneiden, Kratzen, Bohren, die leichter und wirksamer zu handhaben waren. Es lag eine innere Notwendigkeit vor, die aus der Verknüpfung von Bedürfnissen, Erfahrungen und schöpferischen Fähigkeiten der Menschen in der Beziehung auf Materialeigenschaften resultierte.

Notwendigkeiten in der Verteilung erzeugter Produkte sind Resultat struktureller sozialer Bedingungen. M. Godelier merkte an, daß bei gewissen frühgeschichtlichen Völkern Tötung und Verzehr (Verteilung) von Vieh weniger einen rituellen als einen objektiv begründeten sozialen Charakter besitzen.[17] Es sind Strukturformen in geschichtlicher Daseinsweise, die auf Ökonomisches, Soziales und Kulturelles durchschlagen: ein gesellschaftlicher Ordnungszusammenhang tritt im Medium geschichtlicher Entwicklung auf und kann dadurch als Geschichtsgesetz wirken. Gesellschaftsgesetze haben stets historischen Charakter und sind insoweit Geschichtsgesetze, die besondere Existenzweisen von Gesetzen der Ordnung des menschlichen Zusammenlebens verkörpern.

Kontingenz

Kontingenz ist ein wesentliches Moment des deterministischen Chaos, sie ist Störung, Unschärfe, die eine scheinbar festgefügte Ordnung labilisiert und Bedingungen veränderter Selbstorganisation von Systemen schafft. Für Gesellschaft und Geschichte bedeutet Kontingenz stets neu entstehende Widerständigkeit gegen die Utopie der vernunftgesteuerten Beherrschung der Welt durch die Menschen. Kontingenz ist das Nicht-Notwendige, das Zufällige, etwas, das ebenso auch anders sein könnte. Die Alternativität der Geschichte ist ein Wesensmerkmal ihrer Kontingenz. Diese ist Kennzeichen der besonderen Geltung und relativ selbständigen Wirkungsmacht des durch Zufälle beeinflußten Handelns von Individuen in der Erscheinungswelt der Geschichte. Zufolge der Komplexität der Verhaltensmöglichkeiten der Individu-

1. Geschichte: Gesetze, Trends, Kontingenz 67

en und der strukturellen Plastizität und Offenheit ihrer Beziehungen zueinander ist die Geschichte nicht nur durch Notwendigkeit bestimmt, sondern ist sie auch der Raum des Zufälligen, Unvorhersehbaren, Entwicklungsoffenen. Eine Einschränkung der Kontingenz nehmen Gesellschaften – d.h. die in ihnen tonangebenden gesellschaftlichen Kräfte – durch institutionelle und ideelle Regelungssysteme vor, womit die Notwendigkeit der Selbsterhaltung und -entwicklung der herrschenden Klassen als Matrix der Reduzierung von Kontingenz erscheint. Eine pure Herrschaft von Zufälligkeit und Willkür des Verhaltens der Individuen und sozialen Gruppen würde nicht nur Herrschaftsverhältnisse, sondern die Gesellschaft insgesamt verunmöglichen. Darum ist Kontingenz nur als Korrelat von Konstanz und Wesenhaftigkeit real möglich und theoretisch verstehbar. Im historischen Ereignis durchdringen sich Kontingenz und Notwendigkeit, indem es an vielfältige objektive und subjektive Faktoren geknüpft ist. Es besitzt Aspekte des Ephemeren, ist aber zugleich Anzeiger und Resultat ›verborgener‹ Notwendigkeiten der Struktur und der Entwicklung der Geschichte. Ereignis und Struktur bilden Daseinsformen der Kontingenz, die das Zufällige als beiläufig erscheinen lassen, da menschliche Gesellschaften an relativ beständige Ordnungsmuster gebunden sind. Diese erfordern Einschränkung der Kontingenz, zugleich aber auch deren Erhalt, da im Zufällig-Schöpferischen eine Quelle positiver, produktiver Selbstentwicklung sozialer Systeme liegt.

Eine Übertreibung der Rolle der Kontingenz in der Geschichte liegt vor, wenn der Zufall gegenüber der Notwendigkeit so weit verselbständigt wird, daß der Zusammenhang beider vernachlässigt und Kontingenz als autonome Geschichtsmacht behandelt wird. Die Geschichte ist auch ein Ort der Zufälle, und Kontingenz ihre wesentliche Daseinsweise. Doch erklärt das Beharren darauf oft wenig, da der Zufall, trotz seiner relativen Eigenständigkeit, stets mit offenen und verborgenen Notwendigkeiten und Gesetzen der Geschichte vermittelt ist. Zufällige Eigenschaften und Verhaltensweisen führender Personen können historische Prozesse in ihrer Erscheinungsvielfalt tiefgehend beeinflussen. Doch agieren diese Personen unter der Einwirkung objektiver geschichtlicher Umstände. Zwar entfernen sich die verschiedenen gesellschaftlichen Sphären, namentlich Politik, Kultur, Ideologie, von den in den ökonomischen Grundlagen der Gesellschaft enthaltenen Notwendigkeiten, doch hinterlassen diese auch in Überbaubereichen ihre Spuren. Eine konkrete und komplexe Betrachtung muß Zufall und Notwendigkeit, Kontingenz und

Komplexität miteinander verbinden und die stochastische Wirkung historischer Notwendigkeiten einkalkulieren. Nach marxistischer Auffassung liegen die Ursachen geschichtlicher Veränderungen nicht in den zufälligen Talenten, Bestrebungen, Irrtümern einiger Führer, sondern in dem allgemeinen gesellschaftlichen Zustand und den Lebensbedingungen der jeweiligen Nation bzw. des Staates (siehe Marx/Engels: Revolution und Konterrevolution in Deutschland).

Allgemein enthält die Folge geschichtlicher Entwicklungsetappen eine innere Notwendigkeit und Folgerichtigkeit, nachdem jene jeweils ins Dasein getreten sind. Doch sind die Ausgangsbedingungen durch Zufälle beeinflußt, so wie die Existenz der Menschengattung insgesamt. Auch das Dasein der den Menschen umgebenden Natur war in Entstehung und Entwicklung an zufällige Faktoren geknüpft. Das Universum allgemein betrachtet, mußte die Erde mit den sie bewohnenden Tieren, Pflanzen und Menschen keineswegs mit unausweichlicher Notwendigkeit entstehen, sie ist ein Produkt kontingenter Umstände, die erst durch den von ihnen in Gang gesetzten Prozeß gesetzmäßige Zusammenhänge hervorgehen ließen. Nach Ansicht St. Goulds ist der Mensch durch Zufall entstanden, das Auftauchen des homo sapiens sei eher unwahrscheinlich und er könne genausogut wieder verschwinden.[19] Ein höherer Plan, eine verborgene Absicht waren nicht im Spiel. Das Entstehen von Bedingungen ist oft zufälliger Art, doch der darauf folgenden Entwicklung sind i.allg. Züge der Notwendigkeit eigen, die aus strukturellen Momenten des Prozesses herrühren. Es vermischen sich Kontingenz und gesetzesartige Trends, die auch das Entstehen von Ausgangsbedingungen charakterisieren können. Nach Ansich M. Gell-Manns sind »viele gemeinsame Merkmale sämtlicher Lebensformen auf der Erde möglicherweise das Ergebnis von Zufällen, die sich zu einem frühen Zeitpunkt der Geschichte des Lebens auf unserem Planeten ereignet und auch ganz andere Resultate hätten hervorbringen können.«[20] Vor etwa vier Milliarden Jahren führten Zufallsereignisse zur Entstehung des Lebens auf der Erde, deren langfristige Folgen brachten Gesetze hervor. Die singularen Ereignisse hätten jedoch jeweils auch einen anderen Ausgang mit anderen Gesetzen nehmen können. Zufälle werden zu dauerhaften Formen, zu strukturellen Beständen (»eingefrorene Zufallsereignisse« nach Gell-Mann); aus dem peripheren Ereignis wird eine in sich gegründete, relativ stabile Existenz. Im Laufe der geschichtlichen Entwicklung vergrößerte sich der Bereich zum Fixum erstarrter Zufälle: die Komplexität der Gesellschaft nahm zu, was mit der Differenzierung und Vermannigfaltigung der Sektoren und

1. Geschichte: Gesetze, Trends, Kontingenz

Bereiche der Gemeinwesen zusammenhing. Die Gesellschaften vollzogen eine eigenständige Bewegung und brachten durch Selbstorganisation Gesetze und neue Existenzfelder von Zufällen hervor, wobei der Anteil des subjektiven Moments sich vergrößerte. Ordnung und Abweichung, Gesetz und Zufall, Notwendigkeit und Alternativen bestimmten und bestimmen die Existenz der Menschengattung, deren Entwicklung im Rahmen objektiver Determinanten offen, nicht vorherbestimmt ist und Raum für Freiheit menschlicher Entscheidungen gibt, die freilich wiederum an objektive und subjektive Voraussetzungen und ihnen innewohnender Notwendigkeiten gebunden sind. Aber die Pluralität sozialer und individueller Existenz vergrößert auch die ›mutative‹ Streuung der Einwirkungen selbstbestimmten menschlichen Handelns auf den Verlauf geschichtlicher Prozesse.

Das ist eine allgemeine Tendenz, ein Gesetz, das durch Gegenwirkungen eingeschränkt, modifiziert, aufgehoben wird. In der kapitalistischen Warengesellschaft herrscht hinter den scheinbar freien Entscheidungen der Aktoren und dem bunten Spiel der Zufälle die eherne, starre Notwendigkeit spontaner Einregulierung von Bedingungen der Warenwirtschaft. Zwar können Erkenntnis, Folgeabschätzung, Marktbeobachtung, betriebliche Planung dem Zufall gegensteuern, doch lassen sich die Zwänge des ›freien‹ Marktes nicht durch rationale Einzelentscheidungen aufheben. Kontingenz ist ein Wesensmerkmal der Gesellschaft, in der Warenproduktion und -austausch Wirtschaft und Gesellschaft bestimmen. Das färbt auf die Lage der Lohnabhängigen ab, deren Schicksal von den Wechselfällen wirtschaftlicher und gesellschaftlicher Bewegung abhängt, auf die die sozialen Kräfte nur begrenzt steuernden, korrigierenden Einfluß haben.

Anmerkungen:

1 H. Schulze: Fragen, die wir stellen müssen, in: ›Historiker streit‹, München, Zürich 1995, S. 145
2 J. Derrida: Positionen, Graz 1986, S. 117 (zit. in: Bay/Hamann ((Hg.)): Ideologie nach ihrem ›Ende‹, Opladen 1995, S. 109)
3 Siehe R.J. Evans: Fakten und Fiktionen. Über die Grundlagen historischer Erkenntnis, Frankfurt/New York 1998, S. 78f., 82-92
4 H. M. Baumgartner: Philosophie der Geschichte ..., in: Der Sinn des Historischen, hrsg. v. H. Nagl-Docekal, Frankfurt/M. 1996, S. 163. Siehe auch R.J. Evans, a.a.O., S. 151

5   I. Geiss: Geschichte im Überblick, Reinbek 1989, S. 19, 35, 309
6   R.J. Evans, a.a.O., S. 160
7   H. Nagl-Docekal: Ist Geschichtsphilosophie heute noch möglich? in: Der Sinn des Historischen, a.a.O., S. 24
8   H. Krauss: Geschichte und Subjektivität ... (Teil I), in: Hinter grund IV/97, S. 16
9   I. Geiss: Geschichte im Überblick, a.a.O., S. 42
10 Vgl. G. Stiehler: Werden und Sein. Philosophische Untersuchungen zur Gesellschaft, Köln 1997, S. 206f., 244f. Ders. : Offenheit gesellschaftlicher Entwicklung, in: Utopie kreativ, Nr. 81/82 (Juli/August 97), S. 13f.
11 H.-P. Dürr: Das Netz des Physikers, München, Wien 1988, S. 135 12 K. Marx: Das Kapital. Dritter Band, in: MEW, Bd. 25, S. 249
13 R.J. Evans, a.a.O. S. 59
14 ebd. S. 62
15 ebd. S. 62/63
16 Fischer Weltgeschichte, Bd. 1, Vorgeschichte, Frankfurt/M. 1990. S. 182
17 M. Godelier: Natur, Arbeit, Geschichte. Zu einer universalgeschichtlichen Theorie der Wirtschaftsformen, Hamburg 1990, S. 54
18 Näher dazu s. G. Stiehler: Werden und Sein, a.a.O., S. 9f.
19 St. Gould in: G. Sorman: Denker unserer Zeit, München, Leipzig 1993, S. 74. Vgl. aber: E. Laszlo: Global denken, Rosenheim 1989, S. 157f.; R. Wesson: Die unberechenbare Ordnung. Chaos, Zufall und Auslese in der Natur, München 1991, S. 9f. ;C. Sagan, A. Dryan: Schöpfung auf Raten, München 1992, S. 182. R. Riedl: Die Strategie der Genesis, München 1989, S. 110
20 M. Gell-Mann: Das Quark und der Jaguar. Vom Einfachen zum Komplexen. Die Suche nach einer neuen Erklärung der Welt, München 1994, S. 177.

2. Möglichkeitsräume

Der Einfluß menschlicher Aktoren auf den Gang der Geschichte ist eine Grundlage der Kontingenz, des Zufalls im historischen Geschehen. Der Verlauf geschichtlicher Prozesse knüpft sich an das Handeln von Individuen und sozialen Gruppen und damit an deren subjekteigene Konstituenten bei der

2. Möglichkeitsräume

Aneignung und Veränderung der Umwelt. Jedes Individuum zieht um sich einen Kreis subjektiver Gestaltung, in dem seine intellektuellen und psychischen Dispositionen, seine moralische und ideologische Einstellung, seine praktischen Lebenserfahrungen und sein Selbstverhältnis wirksam werden. So ist die gesellschaftliche Realität ein Kreis sich überlappender und durchdringender Kreise, der auf individuelle Verhaltensweisen zurückgeht. Diese sind jeweils ein hochkomplexes, widersprüchlich in sich vermitteltes Ergebnis von Aktivitäten und Wirkungen je anderer Individuen, indes nicht als ein lineares Aufeinander sozialer Partikel, sondern gebunden an wesentliche Gemeinsamkeiten von Lebenslagen und daraus fließende Verhaltens- und Handlungsantriebe gesellschaftlicher Subjekte. Diese wirken auf Präformation und Prädispositionen ihnen angehörender Individuen ein, da sie als objektive Bedingungen ein bestimmtes Verhalten und Handeln der Individuen nahelegen, es wahrscheinlich machen. Doch besteht kein linearer Zusammenhang zwischen Objektivem und Subjektivem: die Individuen und sozialen Gruppen sind relativ autark ihren objektiven Lebensbedingungen gegenüber; in ihr Verhalten gehen subjektiv konstituierte Erwartungen, Zukunftsvorstellungen, nächst- und fernerliegende Interessen sowie Ideologeme ein. Das Subjekt ist kein Abklatsch objektiver Lebensumstände, so wie auch das Ideelle kein ›fotografisches Abbild‹ (Lenin) des Materiellen ist. Vielmehr ist das Geistige eine schöpferisch nach eigenen Gesetzen wirkende Kraft, die Materielles ›schafft‹, eine gesellschaftliche Lebenswirklichkeit hervorbringt, die an ideelle Dispositionen und Leistungen gebunden ist. Die in sich vermittelte, vielfältig gebrochene, relativ eigenständige Verarbeitung äußerer Anstöße ist ein wesentliches Integral, ein Springpunkt der Alternativität historischen Geschehens, gesellschaftlicher Entwicklung.

Individuelle Alternativität

Das Individuum ist eine Welt im Kleinen, ein Komplex vielfältiger Verhaltensantriebe und Lebenseinstellungen und verfügt in Grenzen über Freiheit der Gestaltung seiner Beziehungen zur Umwelt. Allerdings nicht im Wege unbeschränkter Autonomie, sondern gebunden an subjekteigene und äußere Voraussetzungen, resultierend aus genetischen Anlagen sowie aus den Einwirkungen der gesellschaftlichen Umwelt, der Erziehung im weitesten Sinne.

Ferner ist die Wahl- und Entscheidungsfreiheit des Individuums durch die objektiven Umstände seines Daseins bedingt, woraus Begrenzungen individueller Autonomie erwachsen, gleichzeitig aber auch Impulse hervorgehen können, individuelle Eigenständigkeit für sich und die mitmenschliche Umwelt zu nutzen. Das Individuum praktiziert Verhaltensabläufe, die, sich mit anderen mischend, die soziale Welt im Kleinen und im Großen fundieren. Das Mikromilieu wird von individuellen Verhaltensweisen beeinflußt, doch geschieht das im Rahmen gesellschaftlicher Umstände und Erfordernisse, die dem Mikromilieu seinen sozialen Charakter vermitteln und es als eine Daseinsweise des gesellschaftlichen, des Makromilieus hervorgehen lassen.

Die objektiven Umstände stehen dem Individuum als Möglichkeitsraum gegenüber und rufen nicht zwangsläufig ein bestimmtes Verhalten hervor. Der einzelne trifft selbständig Entscheidungen, wie er sich den äußeren Bedingungen und den davon ausgehenden Einflüssen gegenüber verhält. Das betrifft vorwiegend Aktionsmöglichkeiten im Alltagsleben, in Familie, Beruf, Freizeitbetätigung usw. Daraus resultieren in der Summe Wirkungen auf das gesellschaftliche Leben im Ganzen, das eine Färbung und Prägung durch die Masse individueller Entscheidungen und Handlungen erfährt. Die Quelle dessen ist nicht das Individuum in seiner Einzelheit; es transportiert und modifiziert gesellschaftliche Determinanten, die eine individuell beeinflußte Prägung erhalten. Die Bruchstücke des Mikromilieus reichen von banalen Umständen des alltäglichen Lebens bis zu gesellschaftlich signifikanten Verhaltensantrieben und -bedingungen, wobei individuelles Engagement und Verantwortungsbewußtsein mit unterschiedlichen sozialen Folgen wirksam ist. Die individuelle Alternativität ist das Gesamt ideeller und praktischer Einstellungen auf die objektiven Verhaltensmöglichkeiten und -notwendigkeiten, die durch subjekt eigene Dispositionen einschließlich persönlicher Lebenserfahrungen geformt werden.

Über individuelle Entscheidungsmöglichkeiten greifen Anpassungen an gesellschaftliche Verhaltenszwänge hinaus, die nicht durch bewußte Entscheidungen, durch Wahlmöglichkeiten vermittelt sein müssen, sondern zumeist verinnerlichte, sozial eingeübte Praxen verkörpern. Sie machen einen Großteil der Verhaltensweisen der Individuen in der modernen Gesellschaft aus und sind Ausdruck des Strebens, persönliches Überleben in der bestehenden gesellschaftlichen Ordnung zu sichern, was in der Regel mit der Bereitschaft zur Akzeptanz der herrschenden Verhältnisse verbunden ist. Anpassung ist restrin-

2. Möglichkeitsräume 73

gierte freie Entscheidung und individuelle Autonomie in allen Gesellschaften eine Seite der Einfügung der Individuen in die gesellschaftlichen Bedingungen. In der gegenwärtigen kapitalistischen Gesellschaft tragen die Medien, insbesondere die elektronischen, maßgeblich dazu bei, daß die Individuen ohne gedankliches Durchspielen von Verhaltensalternativen die bestehende soziale Ordnung reproduzieren und stabilisieren; freie Entscheidungen finden vielfach nur im Alltagsleben statt. Selbst da aber sind sie durch die gesellschaftlich indoktrinierten Werte, Normen und Ideologeme vorgeformt, so daß individuelle Weltbilder bei vielen Individuen kaum noch eine Rolle spielen. Ich-Autonomie und frei sich entfaltendes Selbst geraten an die Peripherie des gesellschaftlichen Lebens und werden vielfach durch grassierende Fremdbestimmung abgelöst. Umso nachdrücklicher regt sich in verantwortungsbewußten Gruppen Protest gegen die vorherrschende geistige und praktische Manipulation, die sich letztlich gegen die Individuen und ihre Wahl- und Entscheidungsfreiheit kehrt.

Selbstbeobachtung und Selbstkontrolle können Widerstand gegen Manipulation aufbauen, der aus Ich-Stärke und selbstkritischer Prüfung des eigenen Verhaltens erwächst. Auch hier ist der Ansatzpunkt das alltägliche Leben, das Dasein in seiner Unmittelbarkeit, während kritische Rationalisierung des dominanten gesellschaftlichen Verhaltens eher selten anzutreffen ist. »Selbstaufmerksamkeit bedeutet, sich zum Vergleich aufgefordert zu sehen: zum Vergleich mit den eigenen Idealvorstellungen und Ansprüchen an sich selbst, zum Vergleich mit anderen Menschen, und schließlich zum Vergleich mit den Aussehens- und Verhaltensmodellen, die uns durch die Informations-, Werte- und Bilderflut ständig vorgehalten werden.«[1] Die Prüfung des eigenen Verhaltens kann je individuelle Alternativen mobilisieren und zur Einnahme von Positionen führen, die im wohlverstandenen Interesse des einzelnen liegen. Die Bestimmung dessen, was eigenes Interesse ausmacht, setzt selbstkritische Reflexion und damit Wahl zwischen Alternativen voraus. Dieses Vermögen ist bei den einzelnen Individuen unterschiedlich ausgeprägt, es erfordert intellektuelle Fähigkeiten und eine mitmenschlich orientierte Moral. Die Bereitschaft und Fähigkeit, an sich selbst zu arbeiten, verlangt Selbstaufmerksamkeit und das Vermögen der Korrektur eigenen Fehlverhaltens. Ebenso wie Kritik an sich selbst – die auch Bekräftigung positiver Einstellungen und Verhaltensweisen einschließt –, ist das kritische Durchschauen gesellschaftlicher Anpassungszwänge vonnöten, worin eine Quelle förderlicher Selbstveränderung liegt und

Kritik einen gesellschaftsbezogenen Charakter erlangt. Das Bewußtsein eigener Fähigkeit und Bereitschaft zur Kritik ist ein Element psychisch-geistiger Gesundheit und trägt zu Charakterstärke bei. Doch kollidiert die Kritikbereitschaft häufig mit der gesellschaftlichen, an Klassenprivilegien gebundenen Verhaltensregulierung, die auf das Reduzieren kritischer Reflexion aus ist, sofern sie etablierte Herrschaftsverhältnisse in Frage stellt. ›Nein‹ sagen können ist ein Element charakterlicher Stärke und Ausdruck des Einverständnisses des Individuums mit sich selbst, eine Form der Selbstbehauptung in privater und gesellschaftlicher Umwelt.

Freilich ist diese Fähigkeit nicht nur an Willen und Einsicht gebunden, sie ist auch anlagebedingt. Die Individuen sind nicht gleich in ihren biotischen Voraussetzungen, physiologische Faktoren können das Individualverhalten nachhaltig beeinflussen, so daß dessen kritische Prüfung und Korrektur durch den einzelnen nach ererbten Persönlichkeitseigenschaften verschieden ausfällt. »Es gibt überzeugende Nachweise dafür, daß die Art, wie man auf die Außenwelt reagiert, ererbt ist.«[2] Zu dieser Vorprägung, der biologischen Determination, tritt die Formung durch das gesellschaftliche Makro- und Mikromilieu hinzu, was vor allem auch für die frühe Kindheit gilt. Der einzelne wird durch biologische und kulturelle Determinanten geformt, und die Fähigkeit zur Selbstkorrektur wird von diesen Faktoren beeinflußt. Den einzelnen Individuen fällt es daher unterschiedlich leicht oder schwer, sich selbstkritisch zu sich zu verhalten und das Verhalten nach eigener Einsicht zu modifizieren, es zu optimieren. Grundlegende Charaktereigenschaften sind weitgehend beständig, was den selbstgezogenen Kreis persönlicher Alternativen einengt, der jedoch auch von Anstößen und Impulsen der Umwelt beeinflußt wird. Trotzdem »lassen sich die Auswirkungen äußerer Ursachen abmildern, so man sein Bewußtsein unter Kontrolle hat.«[3] Menschen mit starker Persönlichkeit sind dazu eher bereit und fähig als Menschen von schwachem Typ, jene halten es leichter aus, sich selbstkritisch über ihr Verhalten Rechenschaft zu geben als labile Personen, die nach Halt und Bestätigung suchen. Alternativen individuellen Verhaltens sind auch charakterlich, psychologisch, ja selbst physiologisch bedingt und das Durchspielen dieser Faktoren ist ein schwieriges Vorhaben. ›Starke‹ Persönlichkeiten neigen dazu, sich über berechtigte Anliegen von Mitmenschen, wenn sie die eigenen Kreise stören, hinwegzusetzen, ›schwache‹ Persönlichkeiten sind zu übertriebener Nachgiebigkeit und mangelnder Selbstbehauptung disponiert. Kooperationsfähigkeit ist für alle Individuen, gleich

2. Möglichkeitsräume

welchen charakterlichen Typs, geboten, da sie zu den Grundlagen des Menschseins gehört. Sie nimmt verschiedenartige Gestalt in den einzelnen geschichtlichen Epochen und Gesellschaftsformationen an und unterliegt moralischen Wertungen, die von anderen und dem Handelnden selbst ausgehen.

In der kapitalistischen Wirtschafts- und Gesellschaftsordnung wirkt das schon von Hobbes formulierte Prinzip »homo homini lupus est« (der Mensch ist dem Menschen ein Wolf), und die Verhaltensspielräume des einzelnen, sofern sie diesem Prinzip gegenzusteuern suchen, sind begrenzt. Im Kapitalismus »vertieft das Leistungs-(Konkurrenz-)Prinzip die Kluft zwischen den Menschen, verfeindet sie gegenseitig und und legt auch in die besten Beziehungen einen Bodensatz von Neid und Mißgunst.«[4] Das Streben nach individuellem und/oder gemeinschaftlichem Vorteil durchdringt alles Denken und Handeln, und wenn es auch ein Motor der kapitalistischen Wirtschaftsentwicklung ist, so beschädigt es doch zugleich den moralischen Habitus des Menschen und kehrt sich, auf Dauer gesehen, gegen die Perspektive der Menschengattung, in sozial und ökologisch intakter Umwelt zu leben. Wenn das Haben zum Leitstern des Denkens und Handelns wird, bleiben humanistische Werte auf der Strecke, wird der Mensch vereinseitigt und unfähig, komplexe Persönlichkeitseigenschaften auszubilden. Dem einzelnen ist es nur schwer möglich, sich der herrschenden Konsumvergötzung zu entziehen; Konsumismus wird zum Maßstab des Persönlichkeitswertes.

Damit geht verbreitete Bindungslosigkeit einher. Entsolidarisierung spielt im Berufs- und im Alltagsleben eine vorrangige Rolle; persönliche Bindungen und Hingabe an eine Mitmenschlichkeit erfordernde Aufgabe erscheinen als abwegig, als unnötiger Ballast. So werden Alternativen, die den moralischen Wert einer Persönlichkeit begründen, ins Abseits gedrängt, sind eher selten. Fehlende Kontinuität und Stabilität in den äußeren Lebensbedingungen der Menschen lassen diese nach Anpassung an kurzfristige Sicherheiten streben und eskamotieren Verantwortungsbewußtsein für andere, für das Ganze kleinerer oder größerer Gemeinschaften. Die wachsende Zahl der Ehescheidungen, Zunahme von Ein-Personen-Haushalten, Ein-Kind-Familien, Fluktuation auf dem Arbeitsmarkt, Existenzunsicherheit sind Kennzeichen einer die Persönlichkeit bedrohenden gesellschaftlichen Situation. Im Kampf um Karrierechancen sind Ellenbogen und Härte mehr gefragt als Hilfsbereitschaft und gegenseitiges Verständnis. Individuelle Alternativität wird weitgehend auf rücksichtslosen Gebrauch eigener Potenzen zum persönlichen Vorteil reduziert. Die von den Aufklärern geträumte Idee individueller Selbstverwirklichung – von Marx in die angestrebte kommunistische Gesellschaft verlagert – erscheint als inhaltslose Floskel, als Chimäre und realitätsferne Utopie. Sie verbleibt im Bereich elitärer Intellektualität, hat kaum Chancen, zu einer Massenerscheinung zu werden, da die bestehende Gesellschaft die komplex entfaltete Persönlichkeit nicht begünstigt. Mit der Reduzierung von Selbstbestimmung schwinden auch die Möglichkeiten von Selbstverwirklichung, soweit sie mehr sein soll als die Summe persönlicher Erfolgserlebnisse. Das gilt insbesondere für den nach wie vor zentralen Bereich des Berufslebens, wo psychische und physische Erschöpfung verbreitet sind, was ein verkümmertes Privatleben zur Folge hat. Selbstmanagement als eine Seite von Selbstverwirklichung könnte weiterhelfen, doch sind ihr unter den obwaltenden gesellschaftlichen Umständen enge Grenzen gezogen. Die Fähigkeit, sich selbst immer neu in Frage zu stellen, Widersprüche des persönlichen Lebens auszuhalten und auszutragen, macht Ich-Stärke aus, die zu Selbstverwirklichung führen kann – soweit sie sich nicht an den harten Realitäten der Konkurrenz- und Leistungsgesellschaft stößt.

Alternative Situation

Individuelle Alternativität setzt voraus, daß den objektiven Umständen ein Möglichkeitsraum innewohnt, daß sie Bedingungen für ein von Einsicht, Willen und Entscheidungskraft geleitetes Handeln enthalten. Damit ist eine lineare Vorstellung der objektiven Wirklichkeit abgewiesen, bei der eine mechanische Verkettung von Ursachen und Wirkungen angenommen wird, zwischen denen strenge Notwendigkeit besteht. Indes sind Ursache-Wirkungs-Verknüpfungen Momente von Bedingungskomplexen, in denen nicht die einfache Notwendigkeit, sondern Wahrscheinlichkeiten, Tendenzen, Trends wirken. Das hängt mit der Komplexität objektiver Systeme zusammen; sie sind Ganzheiten von Seiten und Momenten, die in ihrem Sein und in ihrer Bewegungsrichtung voneinander differieren und nicht nur Unterschiede, sondern auch Gegensätze und Widersprüche enthalten. Ihre Bewegung ist durch relative Unbestimmtheit, durch Offenheit gekennzeichnet, und menschliches Handeln kann wählend in sie eingreifen, wobei das Han-

2. Möglichkeitsräume

deln ebenfalls Unterschiede und Widersprüche einschließt. Das ergibt sich aus der Breite der Kapazität eines Subjekts zur Verarbeitung von Umwelteinflüssen und der Unterschiedlichkeit und Gegensätzlichkeit von Subjekten, die eine bestehende objektive Situation in ihrem Interesse zu nutzen und zu gestalten suchen.

Situationen sind alternativ, indem sie Widersprüche von Komponenten und Bewegungen verkörpern, die in ihren systemeigenen Voraussetzungen und Wesensmerkmalen gründen. Situationen sind Geflechte von Konstellationen und Prozessen, sie sind polymorph, da in ihnen sich Differenzen zu relativen Einheiten fügen. Die Alternativität ist sowohl Möglichkeit objektiver Bewegungsvielfalt als auch Unterschiedlichkeit der Eingriffsmöglichkeiten von Subjekten gemäß ihren Handlungspräformationen und Interessen. Sie ist Einheit des Objektiven und des Subjektiven, bei der die Nicht-Linearität objektiver Bewegungszusammenhänge bestimmend ist. Die Wirklichkeit ist ein Feld von Möglichkeiten, von Potentialitäten zufolge der Multivalenz der Konstituenten eines größeren Ganzen, welches sich zur alternativen Situation verdichtet. Nicht die einfache Ursache-Wirkungs-Beziehung ist das prägende Kennzeichen der Wirklichkeit, sondern es sind Tendenz und Kontingenz, Möglichkeit und Wirklichkeit, Bestimmtheit und Wahrscheinlichkeit, Geschlossenheit und Offenheit.

Für die mechanistische Denkweise des 17./18. Jahrhunderts war die Notwendigkeit das Band, das Ursache und Wirkung verknüpfte. Die einfache und direkte Kausalität erschien als die bestimmende Grundlage allen Geschehens, was ein vereinfachender und vergröbernder Zugriff auf die Wirklichkeit war, allerdings dem damaligen naturwissenschaftlichen und gesellschaftstheoretischen Erkenntnisstand entsprach. Nach moderner Auffassung, der ein fortgeschrittenes Erkenntnisniveau zugrundeliegt, führt eine gegebene Ursache nicht zu einer eindeutig bestimmten Wirkung, sondern zu einem Feld möglicher Wirkungen, die durch Wahrscheinlichkeit charakterisiert sind. Der Zusammenhang von Ursache und Wirkung ist nicht linear-notwendig, sondern statistisch.[5] Das neue, die Wirklichkeit genauer erfassende Konzept von Ursache und Wirkung ist das der statistischen Kausalität. Daraus ergibt sich die Annahme der Existenz alternativer Situationen, d.h., Ereignisse sind Geflechte von Möglichkeiten, deren Resultate und deren Weiterungen sie darstellen. Die Koppelung von Ursache und Wirkung ist nicht direkt und proportional, sondern nichtlinear. Das wird in der Gesellschaft gegenüber der Natur durch den Umstand verschärft, daß die sozialen Wirkungen aus einer unübersehbaren Fülle subjektiver Handlungspräferenzen und Aktionssequenzen resultieren: ein breites Spektrum von Möglichkeiten, das mit der Vorstellung direkter Kausalität nicht aufzuhellen ist.

In dem Geflecht bewirkender Ursachen sind nicht alle Faktoren gleichwertig, Ereignisse sind keine Durchschnittsresultate von Bedingungen. Denn innerhalb der Fülle der Ursachen, die auf das Ereignis einwirken und die alternative Situation begründen, existieren vorrangige und nachrangige und schließlich gibt eine Ursache bzw. ein Ursachenkomplex den Ausschlag. Die unterschiedliche Wertigkeit der Faktoren kann sich im Verlauf des Geschehens ändern, an die Stelle bisher dominierender Bedingungen können andere treten, und so ist die alternative Situation stets im Fluß, wie es ihre Konstituenten ebenfalls sind. Naturwissenschaftliche Modelle lassen sich nicht unbesehen auf die Gesellschaft übertragen, da Erkenntnis, Bewußtsein, Wille, Sinngebungen der beteiligten Kräfte sich ändern und der Entschluß von Leuten an der Spitze den Auschlag geben kann.[6] Das Konzept einfacher Ursache-Wirkungs-Beziehung ist auf menschliches Handeln ohnehin nicht anwendbar, denn dieses ist kein eindimensionales Resultat vorgängiger, außerhalb des Handelns liegender Ursachen, sondern die Ursachen wohnen dem Handeln selbst inne, entwickeln und verändern sich mit ihm. Soziales Handeln ist in ein Gefüge gesellschaftlicher Beziehungen eingebunden, worin psychologische und charakterliche Faktoren eine Rolle spielen und Sinnhorizonte wesentlich sind. Die Kausalität nimmt finalen Charakter an, insofern die Wirkung die Ursache(n) mitbestimmt, sie modifiziert (zirkuläre Kausalität, feedback). Allerdings geht die Wirkung der Ursache nicht materiell-gegenständlich voran, sondern ideell oder als regulative Tendenz. Im menschlichen Handeln bewirken Ziele, Erwartungen, Sinngebungen das Resultat, sie stellen die geistige Vorwegnahme des durch das Handeln zu erzielenden Ergebnises dar. Andere Faktoren wirken zusätzlich als causae efficientes auf das Handeln ein: causa finalis und causa efficiens verschränken sich, die Kausalität ist nicht-linear, mehrdimensional.

Die alternative Situation ist ein Komplex von Prozessen und Tendenzen, ein Geflecht von Möglichkeiten, jedoch kein notwendiges Resultat vorgängiger Ursache(n). Das gilt mehr oder minder von allen Situationen, denen daher insgesamt ein Moment von Alternativität anhaftet. Doch ist das kein abstraktes Anders-Sein, da innerhalb der Bedingungen solche von vorrangiger Gel-

2. Möglichkeitsräume

tung und Wirkungskraft existieren, konzentriert in Positionen und Aktionen sozialer Subjekte, denen nicht beliebige Varianten entgegenzusetzen sind. Die Alternativität als Spektrum von Möglichkeiten hängt von gesellschaftlicher Kräfteverteilung ab, und diese wird von dem Vermögen und dem Engagement der Akteure beeinflußt. Abstrakt gesehen, ist jede Situation alternativ, konkret betrachtet aber sind die Alternativen begrenzt und oft nur von geringer Realitätspotenz. Die verschiedenen Möglichkeiten sind in höherem oder geringerem Grade wahrscheinlich, wobei die gesellschaftliche Kräftesituation maßgeblich ist. Freiheit heißt nicht unter dem Zwang der Notwendigkeit und mit Einsicht in sie zu handeln, sondern Entscheidungen zu treffen, die objektiven und subjektiven Möglichkeiten mit dem Ziel gesellschaftlichen Nutzens am besten entsprechen. In der Geschichte haben sich unter den verschiedenen realen Möglichkeiten jeweils die durchgesetzt, für die die günstigsten objektiven und subjektiven Voraussetzungen bestanden. Dabei existierte keine unaufhebbare Fatalität. Alternative Situationen treten in der Geschichte in Zeiten gesellschaftlicher Labilisierung, des gesellschaftlichen Umbruchs auf, wo verschiedene Möglichkeiten weiterer Entwicklung bestehen, die indes stets durch das Verhalten der handelnden Subjekte und die gegebenen objektiven Umstände bestimmt sind.

Alternative Situationen kennzeichnen auch die gegenwärtige Entwicklungsetappe der Menschheit. Grundlegende Varianten sind die vernunftgesteuerte Reproduktion natürlicher und gesellschaftlicher Lebensbedingungen – und deren schrittweise Zerstörung durch gesellschaftliche Prozesse und Kräfte, die aus nichtbeherrschter Vergesellschaftung in Verbindung mit einer Technikentwicklung herrührt, die den Menschen über den Kopf gewachsen ist. Diese schicksalhaften Varianten sind Konglomerate alternativer Prozesse und Aktivitäten, die an das Maß gesellschaftlicher Einsicht und vernunftgeleiteten Handelns gebunden sind. Alternativ ist die Kräftesituation, die in diese geschichtlichen Vorgänge eingeschlossen ist: ohne daß die Menschen sich ihrer globalen Situation bewußt geworden sind und daraus gemeinschaftlich Schlußfolgerungen für die prospektive Sicherung ihrer Lebensverhältnisse ziehen, ist eine dem globalen menschlichen Wohlergehen dienliche Zukunft nicht realisierbar. Dem stehen Denk- und Verhaltensweisen entgegen, die, als Ergebnis langwährender geschichtlicher Entwicklung, auf den Kult des Privatinteresses sowie des persönlichen Vorteils abzielen. Daher ist es schwierig, eine generelle Verhaltensänderung zu erreichen, die auf die Überwindung des

Gegensatzes vom Reichtum Weniger und der Armut Vieler zielt. Da das Prinzip des Vorrangs aktuellen Wohlergehens unter Absehung von möglichen Negativwirkungen auf spätere Generationen vorherrscht, sind die Zukunftsaussichten der Menschheit eher düster: die Zerstörung der Natur untergräbt auch die sozialen Existenzbedingungen. Darauf gegründete Einsicht und entsprechendes Handeln sind nur spärlich vorhanden, da die gesellschaftlichen Verhältnisse dagegen stehen. Vieles hängt von Existenz und Wirkungskraft schöpferischer Avantgarden ab, deren Erkenntnisse allgemein gemacht werden müssen. Damit modifiziert sich das Verhältnis von Sein und Bewußtsein, indem das Bewußtsein Grundlage und Quelle einer Neuorganisierung und zukunftsichernden Gestaltung des gesellschaftlichen Seins wird. »Wir stehen also vor einer Weggabelung, vor einer Entscheidungssituation, einer Bifurkation. Nicht die Frage, ob sie kommen wird, ist ungewiß, sondern ausschließlich ihr Zeitpunkt.«[7] Die Humanisierung der gegenwärtigen kapitalistischen Gesellschaft ist, so sehr objektive Tendenzen ihr widerstreiten, der dringend gebotene Weg, die Zukunft der Menschengattung zu sichern. Dafür sind in den Verhältnissen selbst liegende positive Alternativen massenwirksam zu mobilisieren. Es kommt auf das praktische Verhalten vieler Menschen an, um sozial förderliche objektive Möglichkeiten und Entscheidungsfelder fruchtbar zu machen.

Die Bi-Furkation ist im Grunde eine Poly-Furkation, denn über die Varianten gesellschaftlicher Entwicklung entscheidet die Realisierung von Möglichkeiten, die in alternativen Situationen enthalten sind. Die gesellschaftliche Entwicklung ist ein Kondensat von Möglichkeiten, die im Kleinen wie im Großen den Gang der Geschichte beeinflussen, indem sie auf Entscheidung drängen. Alternativen sind in objektive Bedingungen eingebunden und können von den Menschen nicht beliebig modifiziert werden. Auf die Dauer aber gibt das Handeln der Menschen den Ausschlag, wenn aus objektiven Möglichkeiten über subjektive Potentiale neue Wirklichkeiten hervorgehen. Es besteht kein starrer Zwang, sondern Wahrscheinlichkeit, daß die objektiven Möglichkeiten, vermittelt durch subjektiv-menschliche Aktivitäten, zu neuer förderlicher Gesellschaftlichkeit werden. Diese Chance ist größer als die des Untergangs der Menschheit durch Selbstzerstörung. Aber Gewißheit besteht nicht; die Zukunft ist offen. Das hängt auch damit zusammen, daß jede einzelne Großvariante von unübersehbar vielen Zufallsereignissen und -konstellationen beeinflußt wird, deren Gewicht nicht mit Sicherheit vorausgesagt werden kann.

Die Objektivität der alternativen Situation ist primär gegenüber subjekti-

2. Möglichkeitsräume

ven Entscheidungs- und Handlungsmöglichkeiten, doch ist sie stets ein Konstrukt von Handlungen beteiligter und vorgängiger Subjekte. Dieses Gesamt hat die Kraft und Macht objektiver Existenz, kann nicht beliebig aufgehoben werden. Und doch sind es, auf Dauer gesehen, die von Entscheidungen geleiteten Handlungen gesellschaftlicher Akteure, durch die Veränderungen von Situationen herbeigeführt werden. Auf diesem Wege werden Erkenntnis, subjektives Engagement, Wollen und Handeln zum relativen Prius gesellschaftlicher Bewegung, denn die objektive Situation determiniert nicht zwanghaft Denken und Handeln der sozialen Kräfte. Zwar ist die richtige Abbildung einer bestehenden Situation wesentlich, doch ist das Bewußtsein eine rezeptive und produktive Potenz, die aus ihrer Tätigkeit Neues entläßt, das sie durch Handeln von Aktoren eigenständig hervorbringt.

Vermittels subjektiver Aktion können die objektiven Bedingungen des Handelns verändert werden, so daß neue Ausgangspunkte der Tätigkeit entstehen. Im Wege von Veränderungen der objektiven Strukturen des Staatssozialismus wäre es, innerhalb gegebener Entscheidungsräume, vermutlich möglich gewesen, der Entwicklung dieser Gesellschaft eine andere, besser mit dem Wesen des Sozialismus kompatible Entwicklung zu geben.[8] Die Neues schaffende Aktion wäre Ergebnis und Mittel neu gestalteter objektiver Umstände gewesen – zwei Prozesse und Fakten, die schwer zu trennen sind. Das Primat liegt weder beim Objektiven noch beim Subjektiven, beide Seiten sind primär und sekundär; das eben ist der produktive Widerspruch, der ihr Verhältnis kennzeichnet. Änderungen gesellschaftlicher Verhältnisse sind stets möglich, wenn erforderliche subjektive Verhaltensweisen vorhanden sind und aktualisiert werden.

Reformwege

Reformen von Gesellschaften haben die Funktion, gesellschaftliche Strukturen, Verhältnisse, Denk- und Verhaltensweisen bei entstandenen Diskrepanzen zwischen neu herangereiften Notwendigkeiten und dem Bestehenden zu verändern. Es kommt zu einer Neu-Formierung der Gesellschaft; diese ist im Grunde nicht Reform, da sie Neues zu entbinden strebt. Reform meint, im Gegensatz zu radikaler, grundlegender Gesellschaftsveränderung, die schrittweise Umgestaltung der Gesellschaft, ohne daß bestimmende ökonomische und politische Machtverhältnisse (zunächst) betroffen sein müssen. Reformen können von den Herrschenden inauguriert und verwirklicht werden, sei es um latente oder manifeste Unzufriedenheit und Gegnerschaft abhängiger Bevölkerungsgruppen abzufangen, sei es, eigenen Bedürfnissen, Zielen, Interessen durch veränderte Sozialtechniken und -formen besser Genüge zu tun. Vorausgesetzt ist eine objektive Varianzbreite der sozialen Verhältnisse, die als ein Bündel von Möglichkeiten dem Handeln gegenübersteht.

Reformen wohnt im allgemeinen größere Erfolgsaussicht als Revolutionen inne, da sie schrittweise vorgehen, Bewährtes zu erhalten suchen und Konsens der verschiedenen Bevölkerungsgruppen anstreben. Das setzt voraus, daß es gemeinsame Interessen in wesentlichen Fragen gibt und die sozialen Klassen ihr Verhalten so organisieren, daß potentielle Identität von Zielen aktualisiert werden kann. Objektive, oft ökonomisch, häufig aber auch ideologisch und politisch begründete Konflikte müssen um gemeinschaftlicher Interessen willen entschärft werden, was bei den Akteuren Einsicht in gesellschaftliche Belange der Lebenssicherung, aber auch in eigene Bedürfnislagen bedingt. Es wird erkennbar, daß bei gesellschaftlichen Widersprüchen nicht nur Gegensatz, sondern auch partielle Identität waltet, die aus der gemeinschaftlichen Existenz in sozialen Lebensgemeinschaften rührt. So kann die Reform sich auf distinkte Teile und Seiten des Gesellschaftsganzen beziehen und das sozial Gegensätzliche abmildern oder in den Hintergrund treten lassen. Dazu bedarf es, wie stets bei wesentlichen gesellschaftlichen Prozessen, maßgeblicher Gruppen und Personen, die das, was an der Zeit ist, aussprechen und in die Tat umzusetzen trachten. Die Vorangehenden suchen möglichst viele ihnen Folgende zu gewinnen; Reformen lassen sich nur bei hinreichender Unterstützung durch näher oder ferner Betroffene einleiten und verwirklichen.

Die Ziele von Reformen sind bei sozial unterschiedlichen Kräften verschieden und gegensätzlich. Während die im Besitz ökonomischer und politischer Macht Befindlichen ihre Herrschaft auszubauen, zu effektivieren, ihr Dauer zu verleihen trachten, suchen die abhängigen sozialen Schichten die bestehenden Machtverhältnisse zwecks größerer eigener Anteile an gesellschaftlicher Verfügungs- und Entscheidungsgewalt zu verändern. Diesen Bestrebungen wohnt eine Tendenz grundlegender Umgestaltung der Gesellschaft, ein Aspekt sozialer Revolution inne. Sie wenden sich gegen die etablierten Machtverhältnisse, wollen den Einfluß der bisher von gesellschaftlichen Entscheidungen mehr oder weniger Ausgeschlossenen erhöhen, zielen auf Vervollkommnung

2. Möglichkeitsräume 83

oder sogar Radikalisierung der Demokratie in Betrieb und Gesellschaft. Reformen sind in den kapitalistischen Ländern gegenwärtig im Schwange, oft enthalten sie Verheißungen, gesellschaftlicher Wohlstand werde gemehrt, die Lebenslage breiter Bevölkerungsschichten sicherer gemacht. Von den politisch maßgeblichen Kräften in Gang gesetzte Reformen haben vielfach die Tendenz, Bestrebungen nach radikaler gesellschaftlicher Veränderung vorzubeugen, sie wirken anti-revolutionär, mögen sie auch unbeabsichtigt zu grundlegenden Gesellschaftsverändungen Anstöße geben. Sozialreformerische Projekte scheitern häufig am Widerstand der Reichen und Mächtigen, obwohl sie auch in deren Interesse liegen mögen. So die Reformversuche in Sparta zwischen 244 und 146 v.u.Z. Es ging um Schuldentilgung, Neuverteilung des Bodens, Entschärfung der Konflikte zwischen Arm und Reich, Erhöhung der Bürgerzahl, Verbesserung der politischen Entscheidungspraxis.[9] Ähnliche Bestrebungen leiteten Solon als Archont in Athen bei seinem Reformwerk (594/93). Er suchte soziale Konflikte durch Fixierung und Regelhaftigkeit der politischen Ordnung zu mildern und die herrschende Macht des Adels zugunsten des aufkommenden Demos zurückzudrängen. Durch Verfassungsreformen wurde Athen zum klassischen Modell der Polis für das übrige Griechenland und der Weg zur – freilich beschränkten – Demokratie wurde geöffnet. Reformen waren schon damals mit Veränderung der politischen Macht verbunden und in einem Spannungsfeld sozialer Gegensätze situiert, um deren Entschärfung die Reformer bemüht waren.

Das führt zu der Frage nach den Subjekten von Reformen. Sie können teils den herrschenden gesellschaftlichen Klassen angehören, teils aus den Schichten der Abhängigen und Unterdrückten hervorgehen. Die Chancen schrittweiser Veränderungen sind im allgemeinen höher als bei gewaltsamen Formen gesellschaftlicher Erneuerung. Doch sind Reformen ambivalent: sie können benachteiligten gesellschaftlichen Gruppen sozialen Fortschritt bringen, zugleich aber deren abhängige Lage befestigen und grundlegende Verbesserungen ihrer sozialen Situation blockieren. Diese theoretische und politische Konstellation spielte bei den utopischen Kommunisten und Sozialisten im 19. Jh. eine Rolle. Während die einen nur radikale Gesellschaftsveränderungen für auf Dauer erfolgversprechend hielten, sahen andere in ihnen Quellen neuer Unterdrückung und betrachteten nur einen schrittweisen Umbau der Gesellschaft als aussichtsreich.[10] Das Problem bestand darin, mit der Abschaffung exklusiver Macht eine umfassende Demokratisierung der Gesellschaft zu verbinden, was erheblich dadurch erschwert wurde, daß die Demokratie auch den Gegnern der neuen Ordnung gesellschaftlichen Einfluß gewährleisten mußte. Das konnte Tendenzen der Diktatur fördern, weshalb sozial erneuerte demokratische Formen schwer erreichbar waren. Auch Marx und Engels konnten nicht deutlich machen, wie die ›Diktatur des Proletariats‹ zu ihrer Selbstaufhebung in einer demokratisch gestalteten künftigen Gesellschaft geführt werden sollte. Das Konzept der Überwindung von Warenproduktion und Konkurrenz implizierte eine mit diktatorischen Vollmachten ausgestattete ökonomische und politische Zentrale, deren verhängnisvolle Wirkungen später der Staatssozialismus deutlich offenbart hat. Allerdings war auch die Idee R. Luxemburgs, das zur Macht gelangte Proletariat müsse sofort damit beginnen, die sozialistische Demokratie umfassend zu verwirklichen, mit dem Problem behaftet, daß auf diesem Wege allen fortschrittsfeindlichen Kräften freie Betätigung garantiert würde, was die Reformen gefährden mußte. Ein schrittweiser Ausbau zukunftsträchtiger Elemente der bestehenden kapitalistischen Verhältnisse unter bürgerlich-demokratischen Vorzeichen erscheint gegenwärtig als erfolgversprechender Weg, den Erfordernissen progressiver Gesellschaftsveränderung gerecht zu werden.

Reformen sind an die schöpferische, antizipatorische Kraft des Denkens geknüpft. Das Denken vermag das Bestehende zu transzendieren, reale oder zu schaffende Möglichkeiten zu erkennen und dem Handeln die Richtung auf Künftiges zu weisen. Daran zeigt sich die prospektive Bedeutung des bewußten, geistigen Elements in der Geschichte, das nicht in der Rezeption des Bestehenden aufgeht, sondern mit dieser den Entwurf neuer Wirklichkeit verbindet, die durch Handeln, bei gegebenen objektiven Umständen, aus der Latenz in die Aktualität überführt wird.

Marx war skeptisch hinsichtlich der Möglichkeit, eine radikale Veränderung der kapitalistischen Gesellschaft auf demokratischem Wege, unter Vermeidung des Klassenkampfes, zu erreichen. Er meinte, unter dieser Voraussetzung blieben die Macht- und Eigentumsverhältnisse erhalten, Reform sei bloße Veränderung der Form, nicht aber des Inhalts der kapitalistischen Produktions- und Lebensweise. Es ist jedoch die Frage, ob eine Überwindung der negativen Seiten dieser Gesellschaft – und damit ihrer selbst – nicht allmählich, sukzessiv erfolgen kann, indem der Druck der Bedürfnisse und Bestrebungen der Massen Zug um Zug neue Realitäten – zunächst noch innerhalb des Kapitalismus – schafft und auf diesem Wege schließlich ein Umschlag quan-

titativer in qualitative Veränderungen stattfindet. Das wäre gleichsam eine
›Überlistung‹ der herrschenden Verhältnisse – eine zugegebenermaßen vage
Aussicht, doch wäre das eine besondere Form des Klassenkampfes, der bei
Bestehen gegensätzlicher Klassen unvermeidlich ist, in welcher Form und auf
welchem Niveau er auch durchgeführt wird.

Reformbestrebungen haben eine objektive Chance und Perspektive in dem
Umstand, daß soziale Gegensätze nicht in der Beziehung feindlichen sich
Ausschließens aufgehen, sondern auch Momente der Übereinstimmung von
Lebenslagen und Interessen besitzen, die Einheit von Identität und Nicht-Identität sind. Die Termini ›Arbeitgeber‹ und ›Abeitnehmer‹, so schief und ideologisch fehlleitend sie sind, verweisen auf eine objektive Interessenübereinstimmung, die u.a. in der Erhaltung von Arbeitsplätzen bestehen kann, ohne welche
weder Profit noch Lohn möglich sind. In ökonomisch hochentwickelten
Gesellschaften haben die Beschäftigten, bei reichem und erschwinglichem
Konsumgüterangebot, Interesse an der Erhaltung eines akzeptablen Lebensstandards, sie befinden sich in relativer Interessengemeinsamkeit mit den
herrschenden wirtschaftlichen Mächten. Ihre Interessen richten sich damit
auch gegen die der Klassengenossen in zurückgebliebenen Ländern, an deren
Ausbeutung sie partizipieren. Sie handeln somit tendenziell gegen ihre eigenen
langfristigen Interessen, doch geht Klassendasein nicht in allgemeinen soziologischen Parametern auf, sondern umschließt auch konkrete Formen sozialer Existenz. Aus der Konkretheit der Klassenlage geht die Konkretheit von
Klassenbewußtsein und -interessen hervor – jedenfalls unmittelbar, woraus
freilich Probleme langfristiger Interessenwahrnehmung erwachsen können.
Reformen waren im verflossenen Staatssozialismus – soweit überhaupt
machbar – objektiv gefordert, sie hätten ökonomisch, politisch und kulturellgeistig auf umfassende Demokratisierung der Gesellschaft, auf die Überwindung der unkontrollierten Herrschaft der Politikerkaste hinauslaufen und ein
freies geistiges Leben bewirken müssen. Ob und wie weit das unter den
damaligen inneren und äußeren Bedingungen möglich war, ist eine noch
weiter zu diskutierende Frage.

Die Reform einer Gesellschaft ist ein komplexes Geschehen, das in zeitlich und strukturell gestaffelten Prozessen abläuft. Die Veränderung des gesellschaftlichen Bewußtseins, das Heraufkommen neuer Wertesysteme und Verhaltensprinzipien sind Voraussetzung praktischer Umgestaltung der Gesellschaft, die damit als ein langfristiger Entwicklungsvorgang in der Einheit materieller und ideeller Formen wirksam wird. Das Denken geht der Praxis voran, es verändert und bereichert sich an und mit der Praxis. Solche Forderungen wie Schutz der Menschen- und Bürgerrechte, Ringen um Abrüstung und Friedenserhaltung, Einführung besserer Bildungskonzepte, Modernisierung des Sozialstaates, ökologische Wirtschaftspolitik können auf eine Reform und in der – allerdings ungewissen – Konsequenz auf eine Umwälzung der Gesellschaft abzielen, indem sie existentielle Fragen der heutigen Generation mit Blick auf künftige Geschlechter aufwerfen und beantworten. Kritik der bestehenden Gesellschaft in den vielfältigen Verästelungen ihres Wesens und ihrer Erscheinungsformen ist ein Springquell der Reform bestehender Verhältnisse. Ein Ferment dieses Prozesses kann eine neue Erziehungskultur sein, die den Samen einer besseren Gesellschaft, verbunden mit der Kritik der bestehenden, in die Köpfe und Herzen der Heranwachsenden legt.

Verstärkte Einbeziehung der Bürger/Beschäftigten in kommunale, betriebliche und gesamtstaatliche Entscheidungen, deren Vorbereitung und Durchführung, ist ein wesentlicher Faktor sukzessiven Formwandels der Gesellschaft mit der Tendenz, Verbesserungen der sozialen Lage und der ökonomischen Bedingungen zu bewirken und den Bürgern/Beschäftigten Sachkunde über die von ihnen mitgetragenen gesellschaftlichen Prozesse zu vermitteln. Das ist eine Voraussetzung dafür, daß sie über Entscheidungskompetenz auch Handlungskompetenz gewinnen und sie zum Zwecke der Reform der Gesellschaft nutzen. Doch ist die Erlangung dieser Kompetenzen selbst ein Ganzes von Reformschritten – die Reform der Gesellschaft bildet einen Komplex vielfältiger Maßnahmen und reicht von radikalen (Demokratisierung der Ökonomie) bis zu gemäßigten, etappenweise vor sich gehenden Reformen (Marktregulierung). Es besteht ein Unterschied und Gegensatz zwischen grundlegender und gemäßigter Gesellschaftsveränderung, da jene in die bestehenden Eigentums- und Machtverhältnisse eingreift, die diese weitestgehend bestehen läßt. Daher ist der Widerstand der Herrschenden gegen jene Veränderungen wesentlich forcierter als gegen diese. Ausgangspunkt kann eine Krise der Gesellschaft sein, die harte soziale Kämpfe und eine Labilisierung des gesamten Gesellschaftsgefüges einschließt. Reform kann in Revolution übergehen, sofern unter dieser eine grundlegende, qualitative Gesellschaftsveränderung verstanden wird, die allerdings nicht bewaffneten Aufstand einschließen muß, für den heute kaum Bedingungen gegeben sind.

Eine soziale Revolution ist eine Umgestaltung der sozialen Verhältnisse einer Gesellschaft auf der Stufe des Wesens. Damit ist nichts über deren Form ausgesagt, auch nicht darüber, ob sie in heftigen Klassenauseinandersetzungen oder ›friedlich‹, auf Basis von Konsens der beteiligten Kräfte vonstatten geht. Letzteres ist zwar eher unwahrscheinlich, da grundlegende soziale Interessen der durch Eigentumsbedingungen getrennten Kontrahenten einander entgegenstehen, doch ist die zumindest abstrakte Möglichkeit einer friedlichen, konsensuellen Umgestaltung der Gesellschaft, ihres Übergangs mittels Reformen in eine andere soziale Qualität, nicht ausgeschlossen. Sie setzt ein hohes Maß an Einsicht in die Unumgänglichkeit wesentlicher Veränderungen, die im allgemeinen Interesse liegen, voraus und ist an substantielle Interessenkonformität der Klassen und Schichten gebunden. Es kann nicht grundsätzlich verneint werden, daß in allgemein bedrängter Lage der Gesellschaft Vernunft Platz greift und um des Überlebens des Soziums willen privative Interessen hintangestellt werden. Möglicherweise kommt es zu einem Prozeß fortgesetzter kleiner Veränderungen, der von kritischer Reflexion begleitet ist und freien geistigen Meinungs- und Erfahrungsaustausch, eine stabile Demokratie zur Voraussetzung hat, die damit zugleich Mittel und Zweck ist.[11] Doch muß gründlich analysiert werden, wo Chancen und Grenzen der Reformierbarkeit der heutigen kapitalistischen Gesellschaft liegen und wo offene und verdeckte Klassenauseinandersetzungen stattfinden, deren Bedingungen und Ausgang indes ungewiß sind, da eine Mehrzahl der Bevölkerungangehörigen ihre Interessen im Kapitalismus am besten gesichert sieht. Dennoch gilt für die Veränderung menschlicher Gemeinwesen: »Einzig Erziehung, Mitsprache, ein gewisser Konsens und die Einsicht vieler Menschen, daß das, was dabei herauskommt, für sie persönlich von Bedeutung ist, kann dauerhaften und befriedigenden Wandel bewirken.«[12]

Das Mögliche und das Wirkliche

›Alles ist möglich‹ ist ein Satz, der das Mögliche aus der Perspektive des subjektiven Verstandes angeht: möglich ist, was sich nicht (logisch) widerspricht. Doch kann der Maßstab nicht bloß die Identität-mit-sich sein, denn das Mögliche steht in Beziehung zum Wirklichen, ist unentfaltete Wirklichkeit. Möglich ist alles nach Maßstäben der Vernunft Denkbare – dieser Satz läßt die Bedingungen außer Betracht und fragt nur nach der logischen Widerspruchsfreiheit. Da aber das Mögliche in Beziehung zu den äußeren Umständen des je Existierenden steht, ist keineswegs alles möglich, nur weil es widerspruchsfrei gedacht werden kann. Das Mögliche ist nicht ein Feld unübersehbar vieler potentieller Wirklichkeiten, sondern ein Geflecht realer Potenzen, die (noch) nicht entfaltetes Dasein besitzen. Für die Geschichtsbetrachtung ist das besonders belangvoll; es wehrt abstrakte Vorstellungen über ein mögliches Anderssein von Geschichtsverläufen ab und grenzt den Bereich des Möglichen dadurch ein, daß es das Mögliche in Beziehung setzt zu wirklichen, real gegebenen Umständen und zu den Aktionen und Aktionspotentialen realer Geschichtskräfte. Im Blick auf objektive Umstände und bestehende Kräftekonstellationen schrumpft das Möglichkeitsfeld auf ein relativ überschaubares Spektrum von Trends und Tendenzen zusammen, es ist ein Bereich von Alternativen, bei dem Eines und ein Anderes – mehrere Andere – zusammentreffen und von dem die reale Entwicklung ausweist, auf welcher Seite die größere Realpotenz vorhanden war bzw. ist.

Da nicht ›alles‹ möglich, weil denkbar, ist, gilt die Bestimmung der Möglichkeit nur für Prozesse und Tendenzen im Zustand potentieller Wirklichkeit. Das Mögliche ist objektiv gegeben, es ist Wirklichkeit in statu nascendi und kann real – und zwar nicht bloß im Denken – möglich sein. Dafür müssen objektive und subjektive Bedingungen vorhanden sein, die auf diese Potentialität mit dem Trend zur Wirklichkeit verweisen. Der Zusammenhang Möglichkeit – Wirklichkeit ist ein Bewegungs-, oft auch ein Entwicklungsgeschehen; er markiert einen Prozeß geschichtlicher Veränderung, in dem eine neue Qualität ins Dasein tritt. Reale Faktoren sind Voraussetzungen dafür, daß sich eine Triplizität von Bedingungen, Möglichkeit und Wirklichkeit ergibt. Die Bedingungen sind real vorhanden, doch sind sie von unterschiedlicher Wirklichkeitsmacht, sie favorisieren die eine oder die andere Möglichkeit, indem sie die objektiven und subjektiven Tendenzen in eine bestimmte Richtung drängen. In der Gesellschaft, in der Geschichte entscheidet der Ausgang der Auseinandersetzungen, der Kämpfe zwischen den gesellschaftlichen Kräften über die Wirklichkeitsmacht einer Möglichkeit, einer Tendenz: der Übergang des Möglichen in das Wirkliche ist subjektvermittelt, ist mehr oder minder subjektgeprägt.

Für Hegel ist die Möglichkeit die formelle Wirklichkeit, die bloßes Sein oder Existenz überhaupt ist.[13] Sie ist nicht bloß das widerspruchsfrei Denkbare, sondern ein real existierendes Sein. Doch hat sie zunächst den Charakter der

2. Möglichkeitsräume

Zufälligkeit: »Das Zufällige ist ein Wirkliches, das zugleich nur als möglich bestimmt, dessen Anderes oder Gegenteil ebensosehr ist.«[14] Das Mögliche ist objektive Realität, aber nicht als entfaltetes Dasein, da darüber erst der Prozeß seiner Bewegung und Entwicklung entscheidet. Das Feld von Möglichkeiten ist zugleich ein Raum des Zufälligen; in Relation zu dem schließlich hervorgehenden Resultat sind die in die Bedingungen eingeschlossenen Möglichkeiten zufällig: es ist zufällig, welche der vorhandenen Möglichkeiten schließlich zur Wirklichkeit wird und die anderen Möglichkeiten ausgrenzt. Andererseits wohnt der ›siegenden‹ Möglichkeit insofern Notwendigkeit inne, als die Bedingungen objektiv vorrangig in deren Richtung drängen. Daraus scheint sich die Vorstellung ergeben zu haben, in der Geschichte existiere strenge Notwendigkeit, da die Prozesse und Ereignisse den Bedingungen gemäß so ablaufen mußten, wie sie abgelaufen sind. Diese eindimensionale Betrachtungsweise klammert das Feld der Möglichkeiten und Zufälligkeiten aus, sie folgt einem starren Denkschema von Ursache und Wirkung, bringt nicht die Vorstellung unterschiedlicher Wahrscheinlichkeitsverteilungen in geschichtlichen Prozessen und Ereignisfolgen in die Analyse ein. Die Wahrscheinlichkeit ist ein Signum der Möglichkeit, und zwar gestuft nach den objektiv vorhandenen Bedingungen, die sich im Prozeß ihrer Bewegung verändern, woran die handelnden Subjekte maßgeblich beteiligt sind.

In einem geschichtlichen Zustand ist nicht alles möglich, sondern nur das, wofür es reale Bedingungen gibt. Der Zusammenhang von Möglichkeit und Wirklichkeit ist ein solcher der Bewegung, ein Prozeßzusammenhang. Das Mögliche ist in ihm ein Konstrukt treibender Kräfte, deren Bewegung offen ist, da sich in der Bewegung die Beziehungen zwischen den Bedingungen ändern. Zwar ist das Wirken subjektiver Agentien bedeutsam, doch spielen auch rasche oder allmähliche Veränderungen objektiver Umstände eine wesentliche Rolle. Das Mögliche ist eine Vielheit von Tendenzen und Trends, es existiert nicht im Singular, sondern im Plural. Das einzelne Mögliche steht anderen einzelnen Möglichkeiten gegenüber, und diese zusammen bilden ein Charakteristikum einer gesellschaftlich-geschichtlichen Situation, die daher ein Raum von Möglichkeiten ist. Das Sein der Möglichkeit ist Tendenz, ein Sein in der Schwebe, wie überhaupt Dasein nicht als feste Bestimmtheit zu denken ist, sondern als offener Prozeß, als ein Fließen mit verschwimmenden Konturen. Bewegung ist Kennzeichen der Dinge selbst, nicht bloßes Übergehen einer Sache in eine andere. In dieser Tatsache gründet die Offenheit der Geschichte, ihre Tendenzialität, der probalistische Aspekt historischen Geschehens. In der realen Geschichte lassen sich stets Möglichkeiten angeben, die von dem Faktischen des Geschehens differieren. Geschichtliches Sein ist Sein im Werden, es ist veränderlich, zu unterschiedlichen Bewegungen disponiert. Die aus ihm hervorgehende Wirklichkeit, die Verwandlung der Möglichkeit in das reale Dasein resultiert aus der Dynamik der Bedingungen und der Sache selbst und ist dieser Dynamik selbst unterworfen.

Im Verlauf der geschichtlichen Bewegung einer Gesellschaft treten immer wieder Möglichkeiten der Veränderung des Charakters dieser Gesellschaft und ihrer Entwicklungstendenzen auf. Sie bestehen im Wechsel der Umstände, aus denen Impulse zu veränderndem Handeln auf die Aktoren hervorgehen. Neue Kräftekonstellationen treten ein, die an menschliche Fähigkeiten – Einsicht, Erkenntnis, Wille, Entschlußfreude, Durchsetzungsvermögen, Moral – spezifische Anforderungen stellen.In der SU war der Zusammenbruch von Wirtschaft und Gesellschaft kein geradliniger, schicksalhafter Prozeß; in den letzten Jahren des Wirkens Gorbatschows bestanden noch Möglichkeiten, die Gesellschaft positiv zu verändern. 1990 hätte die Wirtschaft bei Vorhandensein tragfähiger Konzepte und einer entschlossenen Führung gerettet werden können, danach jedoch war es zu spät. Zwischen Reformern und Hardlinern gab es heftige Auseinandersetzungen, denen unausgereifte, vielfach substanzlose Konzepte zugrundelagen. Gorbatschow ging zukunftsträchtigen Entscheidungen aus dem Wege und tendierte zu künstlicher Versöhnung widerstreitender Gruppierungen. Erste grundlegende Reformversuche waren in der SU Anfang der 60er Jahre unternommen worden, sie brachten einen gewissen wirtschaftlichen Aufschwung. Doch wurden sie von der überwiegend konservativen Partei- und Staatsbürokratie gebremst und schließlich mit Billigung Breschnews zu Grabe getragen. Die Folge war ein sich vergrößernder wissenschaftlichtechnischer Rückstand zu den entwickelten kapitalistischen Ländern. Möglichkeiten, den wirtschaftlichen und gesellschaftlichen Niedergang aufzuhalten, existierten auch in der DDR, es gab konzeptionelle Ansätze, selbst Protagonisten in der politischen Führung. Doch die Verkettung objektiver und subjektiver, innerer und äußerer Umstände – vor allem die fehlende Freiheit kritischer und selbstkritischer öffentlicher Debatten und der politische Druck der SU – ließ innovative Potenzen nicht zur Entfaltung kommen und bewirkte schließlich den Zusammenbruch der Gesellschaft. Die positiven Möglichkeiten waren keine bloßen Denkfiguren, sondern objektive und subjektive rea-

2. Möglichkeitsräume 91

le Tendenzen und Chancen, die sich aber als zu schwach gegenüber den konservativen, letztlich destruktiven Möglichkeiten und Kräften erwiesen. Allgemein sind neben den realisierten stets auch die nicht-realisierten Möglichkeiten zu bedenken: die Geschichte ist ein Feld von Möglichkeiten, von unterschiedlichen und gegenwirkenden Tendenzen und Trends.

»Die reale Möglichkeit einer Sache«, sagt Hegel, »ist ... die daseiende Mannigfaltigkeit von Umständen, die sich auf sie beziehen.«[15] Das Bedingungsgefüge, in dem Objektives und Subjektives sich mischen, begründet die Möglichkeiten in der Geschichte, sofern sie zum Dasein, zur realisierten Möglichkeit drängen. Denn: »Wenn alle Bedingungen einer Sache vorhanden sind, so tritt sie in die Existenz. Die Sache ist, eh‹ sie existiert ...«[16] Darin liegt die Dialektik des Möglichen und des Wirklichen, sie gründet in dem Unterschied zwischen (potentiellem) Sein und Existenz. Um die Existenz gruppieren sich in der Geschichte die vielfältigen Bedingungen, deren Dasein unentfaltete Existenz des Wirklichen, des Resultats der Bewegung der Bedingungen ist. Wenn »eine einzelne historische Tatsache in einem Komplex von historischen Bedingungen« fehlt oder sich ändert, kann der ganze Verlauf der historischen Ereignisse sich ändern, kann eine andere faktische Geschichte resultieren.[17] Das zeigt die Bedeutung und Geschichtsmächtigkeit des Einzelnen im Verbund des Mannigfaltigen an: Nicht-Linearität wird partiell und tendenziell zu Linearität. Allerdings sind für das Hervortreten der einzelnen Bedingungen wieder andere Bedingungen maßgeblich, darunter das Ensemble der Bedingungen, die dem Ereignis – der Ereignisfolge – zugrundeliegen. Die abstrakte Möglichkeit geht in die konkrete Möglichkeit und diese in das Dasein, die Existenz über, was sich z.B. an der abstrakten Möglichkeit der Wirtschaftskrisen im Kapitalismus, die in der Metamorphose der Waren gründen, studieren läßt.[18]

Anmerkungen:
1   H. Ernst: Psychotrends. Das Ich im 21. Jh., München/Zürich 1996, S. 89
2   R. Ornstein: Die Wurzeln der Persönlichkeit. Das Geheimnis der Individualität und ihrer Entfaltung, Bern, München, Wien 1994, S. 75
3   M. Csikszentmihalyi: Dem Sinn des Lebens eine Zukunft geben. Eine Psychologie für das 3. Jahrtausend, Stuttgart 1995, S. 74
4   H. D. Duhm: Angst im Kapitalismus, Lambertsheim 1972, S. 50. Zit. bei: F. Schulz von Thun: Miteinander reden 1., Reinbek 1996, S. 106
5   Siehe H.-P. Dürr: Das Netz des Pysikers, München, Wien 1988, S. 84

6   Siehe M. Weber in: Schriften zur Wissenschaftslehre, Stuttgart 1991, S. 102, 105, 108f.
7   E. Laszlo: Global denken, Rosenheim 1989, S. 37
8   R. Badstübner ist der Ansicht, »daß das Scheitern des Realsozialismus ökonomisch nicht völlig vorprogrammiert war und es auch andere Entwicklungen hätte geben können.«(R. Badstübner: DDR- gescheiterte Epochenalternative ...?, in: Hefte zur DDR Geschichte, Nr. 19, Berlin 1994, S. 14, s. auch S. 34)
9   E. Baltrusch: Sparta. Geschichte, Gesellschaft, Kultur, München 1998, S. 110f.
10 Siehe G. Stiehler: Werden und Sein, Köln 1997, S. 279f.
11 Siehe auch: E. Bernstein: Die Voraussetzungen des Sozialismus und die Aufgaben der Sozialdemokratie, Stuttgart 1928 (Berlin 1991), S. 143. Dagegen E. Lieberam: Opposition als Gegenmacht, in: Marxistische Blätter 1/96, S. 68
12 M. Gell-Mann: Das Quark und der Jaguar. Vom Einfachen zum Komplexen. Die Suche nach einer neuen Erklärung der Welt. München, Zürich 1996, S. 456
13 G. W. F. Hegel: Wissenschaft der Logik. Zweiter Teil, Leipzig 1951, S. 173
14 Ebd.
15 Ebd. S. 176
16 Ebd. S. 99
17 M. Weber, a.a.O., S. 105
18 Vgl. K. Marx: Theorien über den Mehrwert, Tl. 2, Berlin 1959, S. 506, 510.

Kapitel III

1. Sinn und Sinnleere in der Geschichte

Die Geschichte der menschlichen Gattung ist reich an Fortschritten in der Gestaltung und Bereicherung des Daseins der Menschen, zugleich aber ist sie belastet mit Rückschritten und Zerstörungen, mit Gefährdung und Vernichtung individuellen und gemeinschaftlichen Lebens. Ihr liegt eine funktionelle Ordnung des menschlichen Zusammenlebens, der wechselseitigen Beziehungen zwischen Individuen und Gemeinwesen zugrunde, jedoch enthält sie auch Unordnung und Chaos, die das Dasein der Menschen bedrohen. Eine höhere Zweckbezogenheit, ein kosmischer Sinn ist in diesem Geschehen nicht zu erkennen, sofern man nicht den spekulativ-metaphysischen Standpunkt vertritt, das Sein überhaupt, der Kosmos, das Universum seien Verwirklichung eines transmundanen Sinns. Gewiß ist die Existenz des Menschen nicht auf ein Endziel hingeordnet, sondern sie wird aller Voraussicht nach dereinst enden. Daher gilt es, das Leben der Menschen so rational wie möglich zu gestalten, was die Leistung des vergesellschafteten Menschen selbst sein muß, jedoch nicht auf eine höhere Zielbestimmung oder Sinnhaftigkeit verweist.

Inadäquanz von ›Sinn‹

Die Sinnvorstellung ist ein Anthropomorphismus, eine Extrapolation des auf je partikulare Zwecke gerichteten Handelns von Menschen und seine Ausdehnung auf das Sein überhaupt. Als sinnvoll erscheint auf den ersten Blick die Beschaffenheit der Organismen, ihre Fähigkeit, sich unter gegebenen Umweltbedingungen zu erhalten und fortzupflanzen. Sinnhaft ist bei diesem Herangehen die Ordnung der Glieder des Organismus als Systemganzes, ihre erhaltende Beziehung auf dieses Ganze und dessen auf jene. Indessen liegt darin kein teleologisches Moment des Lebens überhaupt, der Welt im Ganzen. Existenz, Struktur und Funktionsweise der Organismen lassen sich kausalgenetisch aus objektiven Bedingungen innerer und äußerer Art in evolutiver Perspektive erklären. Freilich ist die funktionelle Ordnung von Dasein und Entwicklung der Organismen keineswegs so bruchlos, wie sie sich darzustellen scheint. »Offenkundig unlogische Merkmale zeigen sich in allen Bereichen.«[1] Andererseits gibt es erstaunliche Zeugnisse systemhafter Ordnung in großen Gemeinschaften von Insekten, bei denen jedes einzelne Tier gleichsam arbeitsteilig einer ihm zugeordneten Tätigkeit nachgeht, als sei sie von einer zentralen steuernden Instanz ihm zugewiesen.[2] Sinnanaloges liegt in dem funktionellen Zusammenhang, der zwischen dem einzelnen Tier und der Population besteht, sowie in dem Komplex von Eigenschaften der Individuen, der diese Funktionsweise bedingt, ermöglicht und erfordert. Die systemische Ordnung ergibt sich aus der Evolution der Organismen, die von einfachen zu komplexen und komplizierten Formen fortschreitet, bei denen das Einzelne gleichsam sinnhaft auf das Komplexe verweist wie dieses auf jenes. System und Zufall, Chaos und Ordnung sind die Wegmarkierungen des Entwicklungsgangs der lebenden Natur, der aus sich selbst Sinnbezüge hervorbringt, die das Da-Sein begründen. Die Evolution ist eigenbestimmt und nicht durch einen transmundanen Regler geordnet. Vergangenheit und Gegenwart determinieren als Komplexe von Bedingungen Bewegung und Ordnung; die Bewegung ist Selbstbewegung aus internen Faktoren unter dem Einfluß äußerer Bedingungen. Daraus resultiert Fitness als die Übereinstimmung von innerer und äußerer Ordnung. Zielgerichtetheit der Entwicklung besteht nicht, Fortschritt, Evolution entsteht durch Eliminierung der weniger Geeigneten, Kernpunkt ist die Zufälligkeit der Variation. »Es gibt nichts Zweckgerichtetes, und die Organismen passen sich genetisch ausschließlich durch ihren Erfolg oder Mißerfolg in der Reproduktion an.«[3] Schon der einzellige Organismus ist ein Wunderwerk: die winzige Menge Nukleinsäure enthält Instruktionen zur Verdoppelung wie auch zum Aufbau einer komplexen Zelle. In vielzelligen Organismen sind dem kleinen Teil, der das Erbgut trägt, auch die Instruktionen für die Differenzierung anderer Zellgruppen und deren Aufbau zu einem Gesamtorganismus eingegeben. Der Weg der Ontogenese liegt freilich weithin im Dunkeln[4], doch kann die Postulierung eines transzendenten Sinns keine Lösung dieser schwierigen Frage sein. Möglicherweise ist eine durch Instinkte geleitete Verhaltensänderung des Tiers unter veränderten Umweltbedingungen Auslöser evolutiven Wandels. »Die Evolution ist das Resultat aus mindestens vier bedeutenden Faktoren: Umwelt, Auslese, zufällig-chaotische Entwicklung und innere Lenkung ...«[5] Ein ›höherer

1. Sinn und Sinnleere in der Geschichte

Sinn‹, ein ›geistiges Prinzip‹ sind keine Erklärung, sondern unbegründete Behauptungen. Trotzdem bleiben Dasein und Entwicklung der Organismen ein ›Wunder‹, und dem menschlichen Geist fällt es schwer, dieses Wunder zu enträtseln.

Eine Erklärung bietet die natürliche Selektion, die an der genetischen Variabilität ansetzt und, als statistischer Prozeß, die Individuen mit günstigen Eigenschaften bevorzugt. Selektion und Selektionsbedingungen bilden kausalgenetische Zusammenhänge, die an unterschiedlichem Verhalten unter gegebenen Umweltressourcen anknüpfen (Erschließung neuer Nahrungsquellen, Widerstandsfähigkeit gegen Krankheiten, Brutpflege, Abwehr von Freßfeinden usw.). Ein teleologisches, auf Sinngebung bezogenes Moment ist hierin nicht enthalten; Sinnähnliches inhäriert der funktionellen Beziehung auf das Überleben; aber auch diese Beziehung erklärt sich aus natürlichen Verhaltensabläufen und -antrieben, nicht aus einem transzendenten ›Lebenstrieb‹. »Mutationen haben keinen Plan, keine Zielrichtung hinter sich; ihre Zufälligkeit scheint erschreckend; und der Fortschritt, falls er überhaupt eintritt, ist quälend langsam.«[6] Zweckmäßigkeit, ohne die ein komplexer Organismus nicht existieren könnte, ist nicht mit Zielrichtung identisch, sofern man darunter eine Endursache, einen Endzweck versteht. ›Teleonomie‹ ist eine Kategorie zur Beschreibung von Zweckbeziehungen in komplexen Systemen, der gegenseitigen Abhängigkeit und wechselseitigen Funktionsbestimmtheit der Teile und Glieder.[7] Ein objektiver Kausalzusammenhang besteht darin, daß unter den Mutanten, die – plötzlich oder summativ – durch Veränderungen der DNS-Kettenmoleküle entstehen, diejenigen sich auf Dauer durchsetzen, die den größten Reproduktionserfolg haben (Fitness). Man könnte diesem Kausalnexus einen höheren Daseinssinn beilegen, doch würde das nichts erklären und letztlich auf die Frage, die nicht rational beantwortet werden kann, hinauslaufen, warum überhaupt etwas (Sein, Leben, Gesellschaft) ist. Die kausalgenetische Betrachtung ist das angemessene Verfahren zum Verständnis von Entstehung und Entwicklung der menschlichen Gesellschaft.[8] »Die menschliche Gesellschaft trägt, wie die Realität überhaupt, ihren ›Sinn‹ in sich selbst – sie ist zweckmäßig geordnet, aber nicht Element einer übergreifenden Zweckrationalität. Darum ist die Frage; Warum existiert die menschliche Gesellschaft?, nur kausal, aber keinesfalls teleologisch zu beantworten, und die Frage: Warum gibt es eine Realität?, ist gänzlich sinnlos.«[9]

Die Kausalität ist dialektisch, nicht linear zu fassen. Diesem Verständnis gemäß besteht eine wechselseitige Determination von Ursache und Wirkung; die Wirkung wird zur Ursache, indem diese einen komplexen Zusammenhang begründet, der richtend auf die Kausalgenese einwirkt. Ursache und Wirkung bilden eine Totalität, ein komplexes System, welches das Ganze, dem es inhäriert, organisiert und reguliert. Dadurch ist die Wirkung nicht bloß Folge, sondern geht der Bewegung des Ganzen zugleich vorher, was man als ›Sinn‹ interpretieren kann. Die von der Ursache mit-begründeten Merkmale des Systems wirken auf jene zurück, so daß das System ein Komplex von Wechselwirkungen ist. Daraus leitet sich die Vorstellung von innerer Zweckmäßigkeit her. Letztere ist Integral von Selbstorganisation, die als Kategorie die dialektische Aufhebung der Disjunktion von causa materia und causa formalis ist.

Daseinssinn

Der Terminus ›Sinn‹ hat Doppelbedeutung; er drückt menschliches Vermögen – praktischen und geistigen Sinn, Sinnlichkeit – und die Valenz in sprachlichen und nicht-sprachlichen Zusammenhängen aus. Es sind zwei Aspekte des Menschseins unter dem Gesichtspunkt der Welterschließung, sie handeln beide von der Aneignung und Gestaltung der Welt durch den Menschen. Sinn ist mehr als funktioneller Zusammenhang und wechselseitige Verweisung von Elementen eines Ganzen und als die Zweck-Mittel-Relation innerhalb einer Handlungssequenz. In verkürzter Deutung erscheint er als einfacher Ursache-Wirkungs-Nexus und als Bedingungszusammenhang, in dem ein Element eine Funktion für ein anderes Element ausübt. Diese Engfassung von Sinn leitet zu der das Empirische transzendierenden Frage nach der Funktion von Leben, Gesellschaft, Dasein überhaupt für etwas Anderes, ein Höheres, das Einzelne und Besondere in sich Integrierende über. Dabei wird jedoch nicht bedacht, daß eine lineare funktionale Beziehung des Besonderen zu einem Allgemeinen nicht besteht, daß das Besondere, obwohl Allgemeines einschließend, (auch) in sich beruht und seine Erklärung in eigenen objektiven Bedingungskonstellationen findet.

Mit dem Term ›Sinn‹ wird ein die Kausal- und die Zweck-Mittel-Beziehung überschreitender thematischer Komplex bezeichnet, der auf eine gesellschaftlich-geschichtliche Gesamtsituation historischer Subjekte abstellt. Sinn ist eine Form der Selbst- und Fremdbestimmung, eine Auslegung geschichtlichen

1. Sinn und Sinnleere in der Geschichte 97

Handelns in übergreifenden Kontexten. Diese Erscheinung eines Welthorizonts ist an eine Fülle von Kausal- und Zweck-Mittel-Relationen geknüpft, geht jedoch in ihr nicht auf. Ihr allgemeiner Inhalt ist das Menschliche überhaupt, das Humanum, an dem sich Sinn und Nicht-Sinn, Sinnnähe und Sinnferne messen. Kausal- und Zweckbeziehungen können ihrem äußeren Dasein nach sinnhaft sein, bezogen auf den Wesensgrund des Menschseins aber sich als sinnwidrig, sinnverfehlend erweisen. Sinn ist mehr als das Verfolgen von Zwecken und Zielen, er bettet zielesuchendes und -verfolgendes Handeln in übergreifende Komplexe ein, die auf die soziale und geschichtliche Stellung handelnder Subjekte verweisen. Insofern diese auf Selbsterhaltung und -entwicklung in humanistischem Verständnis zielt, dem Mensch-Sein dienstbar ist, wird sie zum Träger und Exekutor von Sinn. Geistiger Ausdruck sind Weltbilder, Werte, Normen, die eine heilsgeschichtliche Selbstgenerierung historischer Subjekte begleiten und fundieren. Sinnwidrig sind Weltbilder und Wertesysteme, die eine progressive Selbsterzeugung sozialer Aktoren verunmöglichen, letztlich auf Gefährdung oder Zerstörung des humanen Wesensgehalts menschlichen Daseins hinauslaufen, wie es in reaktionären, menschenfeindlichen geschichtlichen Bewegungen und sozialen Systemen geschieht. In einem von dem humanen Bedeutungsgehalt abgeleiteten Verständnis ist Sinn Attribut menschlicher Kommunikation, praktischen Handelns mittels sprachlicher Gebilde und geistiger Ausdrucksformen. Sinn ist das, was menschliches Dasein und Wirken vermittelt und ermöglicht, indem es auf die Grundfiguren von Praxis, Sprache und ideellem Austausch abzielt. Sinnwidrig oder auch sinnlos sind praktische und geistige Aktivitäten, die menschliche Existenz beschädigen oder auch verfehlen, indem sie soziale Kommunikation untergraben. Anti-humane Wertesysteme und sprachliche Gebilde mögen zwar in sich Sinn haben, soweit sie logisch stimmig formuliert und verstanden werden können, doch entbehren sie historischen Sinngehalt, der auf Bewahrung und Entfaltung des Menschlichen abzielt. Sie sind denk- und verstehbar und insoweit ihrer Semantik nach sinnvoll, doch gefährden sie die (menschliche) Welt als Grundlage der Ermöglichung des Denkens über die Welt.

Insofern reale (oder auch abstrakte) Möglichkeiten denkbar sind, ist deren begriffliche Exposition sinnvoll, da sie sich auf die existierende Welt und deren Verständnis richtet. Das gilt selbst dann, wenn die Möglichkeiten solche der Bedrohung sozialer Existenz sind. Der Wirksamkeit praktischen Handelns obliegt es, historisch fördernde Alternativen zum Zuge kommen zu lassen.

Sprachlicher und historischer Sinn müssen nicht kompatibel sein, das zeigt das Derivative von Sinn, der in sprachlichen Gebilden situiert ist. Geschichtlicher Sinn vermittelt sich mit praktischem menschlichen Handeln, er kommt nicht der Welt unabhängig von menschlicher Tätigkeit zu; es gibt keinen ›weltimmanenten‹ Sinn. Heideggers Frage nach dem Sinn als solchem kann nicht rationell beantwortet werden, sie ist schlecht-metaphysisch. Die Welt ›hat keinen Sinn‹ meint, sie ist nicht um etwas anderen willen da, sondern beruht in sich selbst, existiert aus eigenen Gesetzen und Bedingungen, die auf die Welt hingeordnet sind. Die Welt und ihre Gesetze verweisen wechselseitig aufeinander, doch ist damit eine Sinnbeziehung nicht gegeben. Sinn steht in Beziehung zum Menschen, der ihn der sozialen Welt, der Geschichte appliziert, die insofern einen funktionellen Zusammenhang mit menschlichen Interessen, Werten, Normen, Handlungen bildet. Sinnvoll sind praktische und geistige Tätigkeiten, die auf diesen Funktionszusammenhang abstellen, und zwar in einer dem menschlichen Dasein, der durch Menschen explizierten humanistischen Dimension gemäßen Weise. Sinn ist eine komplexe Kategorie, die das Menschsein überhaupt und nicht nur technisch-operationale Tätigkeiten und Beziehungen artikuliert, wenn sie auch an sie gebunden ist.

Der globale, übergreifende Sinn des Menschseins kommt in kommunikativen Aktivitäten und Strukturen zum Tragen, die ihn als Selbstzweck der Gattung im Kleinen und Besonderen wirksam machen. Das Leben des Einzelmenschen ist sinnvoll, wenn und insofern es fördernd auf Lebenslagen und Verhalten anderer einzelner und die Naturerhaltung bezogen ist. Doch ist dieses Wesenskennzeichen sozial und historisch variabel; es schließt Aktivitäten ein, die die Bewegungsformen und -gesetze konkreter Gesellschaften und Formationen zur Wirkung bringen. Hierbei nimmt das Menschliche als übergreifende Form einen widerprüchlichen Inhalt an, indem aus der jeweiligen Gesellschaft Tätigkeiten hervorgehen können, die humanen Werten und Normen widersprechen. Sie machen Sinn als Formen der Existenz und Bewegung der konkreten (z.B. kapitalistischen) Gesellschaft, der Inhalt ihrer politischen und moralischen Zielsetzung kann jedoch konträr zu Würde und Wohlergehen des Menschen als Gattungswesen und Gesamtheit von Individuen sein.

Sinn kommt nicht nur in großen geschichtlichen Bewegungen zum Tragen, sondern auch im Alltagsleben der persönlichen Individuen. Er steht unter ethischen Maximen, die spezieller Ausdruck des Gattungswesens sind. Der Mensch gibt als einzelner seinem Leben Sinn, wenn er Bestrebungen verfolgt,

1. Sinn und Sinnleere in der Geschichte 99

die das Dasein der Mitmenschen im Einklang mit positiven sozialen Werten fördern. Sinn verbindet das Allgemein-Gesellschaftliche mit dem Singulär-Persönlichen, das die Existenz- und Bewegungsform des Allgemeinen ist. Zu der extrinsischen kommt eine intrinsische Dimension, insofern der einzelne seinem Leben durch selbstgetroffene moralisch-praktische Entscheidungen gesellschaftlich fördernden Wert als Ableitung aus allgemein-menschlichen Gattungsbestrebungen verleiht. Daseinssinn legt sich in die Aspekte des Allgemeinen, Besonderen und Einzelnen auseinander, sein Wesenskern ist die soziale und geschichtliche Förderung des Menschen in der Gesamtheit seiner ›Sinne‹, und zwar in geschichtlich konkret bestimmter Form, die auch a-humane Gehalte einschließen kann und häufig auch einschließt.

Doch verkehrt sich das, was als rationalisierte Zweck-Mittel-Beziehung Sinn macht, in Sinnferne und Sinnleere, wenn es im Dienste menschenfeindlicher Aktivitäten von Klassen, Nationen, Ethnien, Staaten, Parteien steht. Technische Leistungen, aufopferungsvolles militärisches Handeln, angestrengtes Verfolgen politischer Ziele mögen in sich sinnvoll, rational, erfolgsorientiert sein, doch wenn sie auf Unterdrückung, Aggression, Menschenvernichtung zielen, sind sie sinnwidrig. Die Reduzierung von Sinn auf instrumentelles rationales Handeln ist inhaltsleer, formal, insoweit sie das Handeln nicht in gesellschaftliche Kontexte einbindet, die ihm in höherem Verständnis erst einen Sinn verleihen. Sinn hat über die funktionale Beziehung zwischen Ziel, Handeln und Resultat hinaus einen auf die menschliche Gattungsexistenz bezogenen Gehalt.

Sinn der Geschichte

Welt, Natur, Gesellschaft sind in sich gegründete, auf sich bezogene Entitäten, die nicht auf Anderes verweisen, durch das sie erst ihren Daseinswert erhalten. Das involviert systemhafte Ordnungsbeziehungen, in denen diese Entitäten als sich selbst bewegende und organisierende Komplexe zu Existenz und Wirkung kommen. Die Geschichte ist die Gesellschaft als sich reproduzierendes funktionelles Ganzes, das sich durch das Handeln großer und kleiner Gruppen von Menschen, letztlich der Individuen, erzeugt und entwickelt. So wie die Gesellschaft ein System wechselseitiger Interdependenzen, funktioneller Abhängigkeiten ist, so bildet auch die Geschichte ein Kontinuum und Diskontinuum der Tätigkeiten sozialer Gruppen, mit Einschluß ›historischer

Persönlichkeiten‹, die einen evoluierenden inneren Zusammenhang herstellen. Der geschichtliche Sinn dieses Entwicklungsganzen liegt in der Selbstreproduktion der Menschengattung und der einzelnen Gesellschaften, in ihrer Überlebenssicherung als in sich selbst beruhendem Zweck und als Selbstwert. Mit der Entstehung von Gesellschaft und Geschichte wird kein ›höherer Zweck‹ eines transzendenten Wesens realisiert, denn die Gesellschaft ist aus objektiven, naturverwurzelten Bedingungen durch progressive Negationen entstanden und ihr Daseinszweck besteht in einer solchen Reproduktion ihrer Existenzbedingungen, die Dasein, Bewegung und Entwicklung der Gattung in einem sich selbst erhaltenden und vervollkommnenden Prozeß gewährleistet.

Dies ist der Sinn von Geschichte; er schließt eine unübersehbare Fülle von Zweck-Mittel- sowie Kausalbeziehungen und individuellen Handlungssequenzen ein, die partikuläre, relative Sinnoptionen darstellen und zu dem historischen Sinn als der Emanation des Humanen in seiner geistigen und ›sinnlichen‹ Existenz in vielfach vermittelter Beziehung stehen. Sinn der Geschichte ist die selbstbezügliche Existenz und Entwicklung der Menschengattung, die Rationales und Emotionales einschließt und auf die Nutzung aller Sinne des Menschen zielt. Sinn kommt in seiner doppelten Bedeutung als menschliches Vermögen und als Ordnungsfaktor zum Tragen. Sinnlichkeit ist mit Geschichtssinn eng verbunden; die menschlichen Sinne in ihrer Gesamtheit erschließen das, was philosophisch ›Sinn der Geschichte‹ heißt. Sinn ist eine reflexive Beziehung menschlicher Subjektivität und transportiert einen Wertekanon, der seine Begründung in materiellen Voraussetzungen findet. Da die Geschichte als historisches Konkretum in Epochen, Formationen, Produktionsweisen, Entwicklungsetappen existiert, sind diese die unmittelbaren Existenzformen des Geschichtssinns, und ihr Maßstab ist der Zweck der Menschengattung, sich zu erhalten, zu reproduzieren und progressiv zu entwickeln nach Kriterien, die der Druck objektiver und subjektiver Bedingungen und Triebkräfte bewirkt. So ist die jeweilige konkrete Gesellschaft Trägerin von Sinn in dem Maße, wie sie ein kulturvolles und menschenwürdiges Leben der Individuen, die Entfaltung der »geistigen und praktischen Sinne« der Menschen ermöglicht.[10] Dabei ist allerdings zu berücksichtigen, daß auf Ausbeutung und Unterdrückung der Mehrzahl der Individuen beruhende Gesellschaften ebenfalls Glieder des progressiven Entwicklungsgangs der Gattung sind oder sein können und insoweit an dem Geschichtssinn partizipieren, wenn sie ihm in anderer Beziehung auch widerstreiten. Der Sinn der Geschichte ist nicht-teleologisch, was ein Moment seiner Widersprüchlichkeit und oft entfremdeten Existenzweise ist. Sinn wird in die Geschichte hineingetragen durch das Handeln von Menschen, die um eines gesicherten Daseins willen die Chancen bestehender Gesellschaften zu nutzen und Inhumanes zurückzudrängen suchen. Damit wird der in der Existenz der Menschengattung vorhandene apokryphe Sinn durch das Tun von Individuen und Gruppen aktualisiert und die Geschichte erhält einen Sinn, der etwas anderes ist als die Verwirklichung eines ›höheren‹, ›göttlichen‹ Auftrags.

Die Sinnfrage kann in rationaler Weise als Maßstab an das Verständnis großer geschichtlicher Prozesse und Aktivitäten angelegt werden. Sie wird auf die Lebenssicherung und humane Perspektive der Gattung in der geschichtlichen Konkretheit ihrer Existenz bezogen. Die jeweiligen historischen Strukturformen und Handlungskomplexe finden ihre Begründung in realen Widersprüchen, aus denen Perspektiven menschlichen Daseins hervorgehen. Das im Konkreten festzustellen, bedarf historischer Untersuchung und solcher normativer Kriterien, die den humanen Daseinssinn der Menschheit in spezifizierte Aktivitätsmuster ausdifferenzieren. Es kann nicht bei der äußerlichen Beschreibung von Wirkungsabläufen, bei empirischer Deskription stehengeblieben werden, sondern es gilt das innere geschichtliche Wesen eines Prozesses aufzudecken, um seine Bedeutung für die Menschheitsentwicklung kenntlich zu machen.

Eine Analyse des Staatssozialismus, die bei der Zusammenstellung seiner Defizite und Fehlentwicklungen (oder auch seiner Positiva) verharrt, kann seinem geschichtlichen Wesen nicht gerecht werden, sie verfehlt seinen historischen Sinn und ist unfähig zu seinem Verstehen als hermeneutische Aufgabe. Sinnanalyse ist eng mit verstehendem Nachvollzug historischen Geschehens verknüpft, sie fragt nach den Beweggründen und den Perspektiven des Handelns von Persönlichkeiten und Massen in der Geschichte unter dem Kriterium geschichtlichen Progresses. Der Sinn des staatssozialistischen Vorhabens bestand in der historischen Aufgabe der Menschengattung, ihre eigene Vergesellschaftung zu kontrollieren, zu regulieren, zu beherrschen. Die mit unkontrollierter Marktdynamik verbundene Dominanz des Privaten bewirkt Diversifikation der Gesellschaft in sich befehdende Konglomerate und gefährdet, auch durch Naturzerstörung, die Existenz der Gattung. Daher ist es historisch unabweisbar und macht geschichtlichen Sinn, die marktwirtschaftlichen Prozesse unter gemeinschaftliche Kontrolle zu nehmen, was gesamtgesellschaftliche Regulierungen erfordert. Der Staatssozialismus war seinem objektiven Sinngehalt nach dieser Zielstellung verpflichtet, wenn seine Methoden ihr auch in vielen Aspekten zuwiderliefen. Der Sinn in der Geschichte ist einerseits eine allgemeine Daseinsfiguration der Menschheit, andererseits verwirklicht er sich in konkreten geschichtlichen Wirkungsabläufen, die dieser Bestimmung angepaßt sind.

Damit ist geschichtlichen Prozessen, die dem übergreifenden Sinngehalt menschlichen Daseins widerstreiten, Sinnferne oder Sinnleere zu attestieren. Gewaltsame Versuche, das Rad der Geschichte zurückzudrehen, mit räuberischen Methoden aggressive Ziele zu verfolgen, mögen in sich rational und funktional sein, dennoch verfehlen sie historischen Sinn, da sie die Existenzgrundlagen der jeweiligen Gesellschaft oder auch der Menschheit überhaupt gefährden oder zerstören. Das gilt allerdings nicht in gleicher Weise von Prozessen, die mit a-humanen Methoden – wie in der Genese des Kapitalismus – Progression bewußt oder auch unbewußt zu bewirken trachten. Sinn ist ein historischer Bewertungsmaßstab, aber kein äußerlicher Funktionszusammenhang der Menschheit, deren Existenz für sich betrachtet ohne Sinn ist wie die der Natur und des Universums überhaupt. Sinn kommt durch Menschen, durch ihr Dasein und Handeln in die Geschichte und seine objektive Existenzweise ist die Selbstgesetzgebung menschlicher Vernunft, die der Menschengattung um ihrer selbst willen Sinngehalte zuordnet. Es kommt auf den Bezug zu einer friedlichen und gesicherten Existenz der Menschheit in konkreten einzelnen Gesellschaften, an sozialem Handeln Sinn oder Sinnwidrigkeit zugesprochen werden kann. Sinn ist mehr als die funktionale Architektur menschlicher Aktivitäten in systemisch strukturierten Gemeinschaften, er ist ein Merkzeichen historischer Entwicklung der menschlichen Gattung in der Daseinsperspektive, die Menschen sich selbst eröffnen.

Anmerkungen:
1   R. Wesson: Die unberechenbare Ordnung. Chaos, Zufall und Auslese in der Natur, München, S. 123. S. auch S. 125f.
2   P. Baumann, D. Kaiser: Die Sprache der Tiere, Stuttgart 1992, S. 50f.
3   R. Wesson: a.a.O. S. 31
4   ebd., S. 83
5   ebd., S. 347
6   C. Sagan, A. Dryan: Schöpfung auf Raten. Neue Erkenntnisse zur Entwicklungsgeschichte des Menschen, München 1993, S. 118

7   B. -O. Küppers: Der Ursprung biologischer Information. Zur Naturphilosophie der Lebensentstehung, München 1990, S. 33f. - 172
8   Vgl. G. Stiehler: »Sinn der Geschichte«, »Sinn des Daseins«, in: M. Leske u.a. (Hg.): Warum es sich lohnt, um Begriffe zu streiten, Berlin 1982, S. 152, 187f.
9   ebd. S. 150f.
10 K. Marx: Ökon.-philos. Manuskripte, in: MEW, Erg. Bd., 1. Tl. Berlin 1968, S. 541

2. Gesellschaft – ein sinngebundenes bewegliches Gefüge

Individuen und soziale Gruppen legen in ihr Dasein und Wirken Sinn, indem sie Ziele verfolgen, die ihre Existenz gewährleisten und eine wert- und normorientierte Selbstentwicklung ermöglichen sollen. Individuen treten in Gemeinschaften, weil ihre körperliche und geistige Beschaffenheit sie dazu zwingen, nicht um abstrakter Sozialkontrakte willen. Der Sinn ihres Tuns liegt in der Selbsterhaltung mit Einschluß der Reproduktion der Gattung und der Erhaltung der Natur. Das ist keine Selbstgesetzgebung der Vernunft, sondern die Verwirklichung eines naturbedingten und -vermittelten objektiven Zwangs. Der Sinn menschlichen Tuns ist Reflex von Umständen, in denen sich Menschen außerhalb ihres Wollens und Beliebens befinden. Es ›macht Sinn‹, gemeinschaftlich die Lebenssicherung in Angriff zu nehmen und zu bewerkstelligen, weil damit das dem Menschen Gemäße und Erforderliche zur Existenz gebracht wird. Die Sinngebundenheit des gesellschaftlichen Lebens nimmt ihren Ausgang in objektiven Verhältnissen und Bedingungen, nicht in einer Autonomie der menschlichen Vernunft.

Menschliches Wesen – objektive Verhältnisse

Sinngebungen gegenüber primär ist die Existenz des Menschen in konkreten Systemen gesellschaftlicher Verhältnisse, welche die geistige und praktische Beziehung zur Natur als Voraussetzung und allgemeinen Inhalt haben. Daher sind theoretische Bestrebungen abwegig, den Zusammenschluß von Individuen zu Gemeinschaften, als soziale Ordnung, aus sinnhaften freien Entscheidungen oder aus rational eingegangenen vertraglichen Vereinbarungen zu erklären. Die Ordnung des gesellschaftlichen Lebens hat nach Ansicht einiger Autoren die Sprache zu ihrem Fundament, die doch in die Erzeugung lebensnotwendiger Existenzmittel eingeflochten und durch sie determiniert ist. »Die übersubjektiven Sprachstrukturen bieten sich also an, um die klassische Frage, wie soziale Ordnung möglich ist, aus der Perspektive der Handlungstheorie zu beantworten.«[1]

Diese Behauptung liegt auf der Linie des ›linguistic turn‹, der sprachwissenschaftlichen Wende, die die Philosophie aus dem ›Bewußtseinsparadigma‹, der abstrakten Subjekt-Objekt-Dualität, herausführen soll. Indessen besteht das die menschlichen Subjekte Verbindende primär nicht in der Sprache, sondern in dem ›Übersubjektiven‹ der objektiven gesellschaftlichen Verhältnisse. Sie sind an sprachlich vermitteltes soziales Handeln gebunden, das die Verhältnisse reproduziert, wie es auch von ihnen beeinflußt und determiniert wird. Der Mensch ist das gesellschaftliche Wesen seinem objektiven, materiellen Sein nach, und die Sprache ist ein Integral und Reflex dieser kommunikativen Gebundenheit. ›Stabile Ordnungen‹, wie Habermas sie nennt, gehen nicht aus ›Interaktionszusammenhängen‹ hervor, sondern sind diesen eingeschrieben, weil nur so Menschen in praktische und geistige Beziehungen treten können. Den Beziehungen wohnt relative Stabilität inne, ohne welche gemeinschaftliche Naturaneignung und soziales Wirken nicht möglich sind. In diesen Daseinsformen kristallisiert sich die Auseinandersetzung des Menschen mit der Umwelt, die sich geschichtlich reproduziert und erneuert, was eine objektive Bedingung menschlichen Daseins ist.

Die soziale Ordnung, das systemisch organisierte gesellschaftliche Dasein gründet in der materiell gebundenen Existenz des Menschen, die ein Gefüge durch Arbeit verbundener, in konkreten Gemeinschaften lebender Individuen ist. Der Weg, die soziale Ordnung aus sprachlicher Kommunikation herzuleiten, ist ein Aus- und Umweg, letztlich ein Holzweg, denn die Sprache ist mit der praktischen Naturaneignung und -veränderung gleichexistent, Arbeit ohne Sprache ist ebenso ein Unding wie Sprache ohne Arbeit in ihren vielfältigen Formen. Sprachentstehung und -verbreitung waren geschichtlich ursprünglich an Jagd und Ackerbau gebunden, sie waren unerläßliche Voraussetzung kollektiver Naturnutzung und Gemeinschaftspflege zwecks Existenzsicherung.[2]

2. Gesellschaft – ein sinngebundenes bewegliches Gefüge

Das schließt nicht aus, daß die Anlage für Sprache angeboren und biologisch-anatomisch verankert ist. Die Aktualisierung dieser Anlage war aller Wahrscheinlichkeit nach Folge tiefgreifender sozialer Veränderungen, die mit der Schaffung von Werkzeugen und Kunstgegenständen sowie mit gemeinschaftlichem Leben und Arbeiten verbunden waren.

Der Ausdruck ›Gesellschaft‹ ist eine attributive Kennzeichnung; er macht ein fundamentales Wesensmerkmal in Gemeinschaft lebender Menschen deutlich, ist jedoch nicht Benennung eines für sich bestehenden Subjekts. Ontologisch gesehen, ist Gesellschaft die Gesamtheit der innerhalb ökonomischer und politischer Grenzen real existierenden Gesamtheit von Individuen in ihren verschiedenen Gesellungsformen und den materiellen und ideellen Elementen ihres Daseins, wie Naturumwelt, Produktions- und Konsumtionsmittel, technische Geräte, Wohnungen, Straßen u.a. Dies ist ein empirisch verifizierbares, dinghaft-körperliches Sein. Der Begriff ›Gesellschaft‹ als Attribut der Gemeinschaften von Individuen ist kein Abbild dieses realen Seins nach dem Korrespondenzprinzip, sondern ein geistiges Konstrukt, eine Idealisierung, die aus der Fülle empirisch feststellbarer Tatbestände ein Wesensmerkmal hervorhebt, nämlich jenes, daß die zur Gesellschaft verbundenen Individuen und Gruppen koexistierende Verhältnisse bilden, die mit materiellen und ideellen Substraten, Prozessen und Tätigkeiten verknüpft sind. Wenn gesagt wird, daß die Gesellschaft etwas tut, bewirkt usw., so ist das eine eine Kurzfassung, die gedanklich ein Attribut in ein Subjekt verwandelt und daher zu theoretischen Täuschungen führen kann.[3] Die philosophische Sprache bringt ständig solche abstraktiven Vereinfachungen hervor und kann zu Mißverständnissen Anlaß geben, die hinter den Abstraktionen die handelnden Menschen aus dem Blick lassen. ›Soziale Ordnung‹ ist keine für sich bestehende Entität, sondern ein Rahmen und Determinationsgefüge, innerhalb deren Menschen existieren und wirken. Ihr Handeln kann sich nur in relativ stabilen Verknüpfungen vollziehen, da sonst die Individuen beziehungslos nebeneinander existierten und ein sozialer Zusammenhang und damit auch die Gesellschaft nicht möglich wären. Die Wurzel dessen ist die Produktion der Existenzmittel (mit Einschluß geistiger Werke). Im menschlichen Handeln und in der Sprache kommt diese notwendige Daseinsvoraussetzung zur Geltung, sie sind die Existenzialien, die das soziale Gefüge bedingen und erzeugen. Das Fundament ist nicht, wie Habermas geltend machen möchte, die »symbolisch strukturierte Lebenswelt«[4], sondern die Arbeitswelt als wesentlicher Inhalt der Lebensweise, ohne die die Menschen nicht existieren könnten. Die Arbeitswelt ist in menschlichen Bedürfnissen fundiert, deren Befriedigung materielle und ideelle Tätigkeit erfordert, und der Zusammenhang von Bedürfnissen, Tätigkeit, Resultaten und materieller sowie geistiger Konsumtion bewirkt das, was die Theorie als ›soziale Ordnung‹ untersucht. Gesellschaftliche Ordnung ist menschlichem Handeln stets vorgegeben; die Individuen werden in ein System real existierender gesellschaftlicher Verhältnisse hineingeboren und bewirken durch ihr Handeln deren Fortexistenz, Bewegung, Entwicklung und Veränderung/Aufhebung. Die Ordnung der Gesellschaft wird den Individuen durch ideologische und politische Kanäle sowie durch symbolische Medien vermittelt, woran das Handeln gesellschaftlicher Kräfte in unterschiedlicher, ihnen jeweils entsprechender Weise beteiligt ist. Die Verhältnisse sind ein Geflecht bewußter oder auch unbewußter Handlungen mit ihnen eigentümlicher Geltungsmacht und Wirkungsweise und getragen von unterschiedlich situierten gesellschaftlichen Aktoren. Die soziale Ordnung ist nicht Produkt freischwebender Individualität, sondern Erzeugnis und Regulierungsform identifizierbarer sozialer Gruppen, die in ihr Tun Interessen einbringen, die aus ihrer allgemeinen und besonderen Lage hervorgehen.

Die Gesellschaft als reale Abstraktion, als Wesensbestimmtheit konkreter ökonomischer, politischer und sozialer Gemeinschaften »besteht nicht aus Individuen, sondern drückt die Summe der Beziehungen, Verhältnisse aus, worin diese Individuen zueinander stehen.«[5] Die Gesellschaft ist nicht diese Summe von Beziehungen, sondern »drückt sie aus«, ist als Begriff ihre abstraktgeistige Form; sie ist nicht Subjekt, sondern Akzidens. Die materiellen Verhältnisse sind, nach einem Wort von Marx, die Grundlage aller gesellschaftlichen Verhältnisse, sie sind notwendige Formen, in denen die materielle Tätigkeit der Individuen sich realisiert. Als Formbestimmtheiten sind sie Eigenschaften unmittelbar gegenständlicher Tätigkeit, durch welche die Individuen die Mittel ihrer Lebenssicherung erzeugen.

Feuerbach suchte das religiöse Wesen – das Wesen der Religion – zu fassen, indem er als seinen irdischen Ursprung das menschliche Wesen bloßlegte. Jedoch blieb er bei der Abstraktion des einzelnen Individuums stehen. Aber das menschliche Wesen ist keine abstrakt-allgemeine Eigenschaft von Individuen. »In seiner Wirklichkeit ist es das ensemble der gesellschaftlichen Verhältnisse.«[6] Es ist nicht, wie Feuerbach annahm, Gattungsallgemeines, sondern ein historisch bestimmtes System von Beziehungen, in denen die Individuen miteinander kommunizieren. Diese Kennzeichnung ist real-abstrakt, da sie eine Seite des Verkehrs der Menschen hervorhebt und von der Gegenständlichkeit der Beziehungen, von dem dinglichen Dasein absieht. Sie löst die Gesellschaft nicht in Individuen und deren Gattungsbestimmtheit auf, sondern macht stofflich gebundene historisch variable soziale Beziehungen zum Thema. Das abstrakte Individuum Feuerbachs ist nicht anthropologisches Gattungsindividuum, sondern historisch bestimmte Persönlichkeit, die »einer bestimmten Gesellschaftsform angehört.«[7]

Fragwürdig sind Konzepte, denen zufolge die Gesellschaft ihre Grundlage in Werten und Normen besitzt,[8] da diese selbst von abgeleiteter Bedeutung und Wirkungsweise sind und keine eigenständigen Determinanten des sozialen Prozesses bilden. Andererseits ist die Hervorhebung des Verhältnisaspekts der Gesellschaft eine Vereinfachung, eine Verkürzung real bestehender Konstituenten der Gesellschaftlichkeit des Menschen. Zu unterscheiden sind eine Gesellschaft und die Gesellschaft. Die einzelne Gesellschaft prägt allgemeine Elemente der Gesellschaft differenziert aus und fügt der Gesellschaft als allgemeine Form konkrete materielle und ideelle Bestimmungen in historischer und ökonomisch-politischer sowie geopolitischer Daseinsweise hinzu. Die Gesellschaft bildet ein Systemganzes, einen Funktions- und Aktionszusammenhang von Individuen, der in ökonomischen Voraussetzungen gründet und zu seiner Existenzsicherung symbolische Medien aufbietet, wie Sprache, geistige Kultur, Werte, Normen, Weltanschauungen sowie politische und juristische Herrschaftsformen.

Wenn von einer einzelnen Gesellschaft zu einem bestimmten historischen Zeitpunkt die Rede ist, so sind diese Generalia mitgedacht, was in verallgemeinerter Form auch für die Gesellschaft schlechthin gilt. Wesentlich für die Betonung des Verhältnisaspekts ist, die Reduzierung der Gesellschaft auf eine Summe von Individuen zu vermeiden, und die Hervorhebung des Systemcharakters der gesellschaftlichen Verhältnisse mit der besonderen Wirkungspotenz der materiellen Verhältnisse. Diese sind an produktiv tätige Individuen und ihre gegenständlichen/nichtgegenständlichen Mittel sowie die darin eingebundenen vielfältigen begleitenden Faktoren ökonomischen Wirkens gebunden. Die theoretische Bestimmung der Gesellschaft ist eine Abstraktion und kann, wie alle Abstraktionen, das reale Dasein nur in der Annäherung, der Tendenz, mehr oder minder vergröbert erfassen. Soziale Ordnung ist nicht durch die Produktion der Existenzmittel mit Notwendigkeit determiniert, sie wird auch realisiert durch ein System abgeleiteter Formen, die auf die Struktur und Bewegung der Gesellschaft zurückwirken, sie mit-konstituieren.

Nach Ansicht der Begründer des Marxismus sind Produktion und Austausch Grundlage jeder gesellschaftlichen Ordnung; die letzten Ursachen aller gesellschaftlichen Veränderungen seien nicht im Bewußtsein der Menschen, sondern in Veränderungen der Produktions- und Austauschweise gegeben. So treffend dieser gedankliche Ansatz ist, geht er doch mit nicht genügender Beachtung der formierenden Rolle des Bewußtseins einher, das keineswegs bloßer Abklatsch ökonomischer Verhältnisse, sondern eine aktive Geschichtspotenz ist, derzufolge gesellschaftliche Veränderungen auch Resultate von Umwälzungen im Bereich der Ideen sind. Das gesellschaftliche Bewußtsein ist kein einfaches Abbild des gesellschaftlichen Seins, vielmehr gilt auch der umgekehrte Zusammenhang: das Denken ist ebenso Realpotenz wie das Sein. »Das Bewußtsein kann nie etwas anderes sein als das bewußte Sein, und das Sein der Menschen ist ihr wirklicher Lebensprozeß.«[9] Dies ist ein ökonomistischer, mechanisch-materialistischer Denkansatz, den Engels später kritisierte.

Das Bewußtsein erzeugt sich auch aus sich selbst heraus, indem es seine eigenen Bedingungen und Resultate eigenständig verarbeitet und daraus Neues gewinnt. Und zum ›wirklichen Lebensprozeß‹ gehört mehr als die materielle Tätigkeit und der materielle Verkehr der Menschen; er ist wesentlich auch der Prozeß der Erarbeitung und Verbreitung ideeller Schöpfungen, der Werte, Normen, Ideen, des gesamten geistig-kulturellen Lebens. Der Gedanke der Vermittlung des Ideellen mit dem Materiellen und die darin eingeschlossene wechselseitige Determination fehlt bei Marx und Engels, die damit eine vollgültige Analyse der Gesellschaft und ihres realen Lebensprozesses nicht liefern. Jedoch spielen die materielle Tätigkeit und der materielle Verkehr der Menschen eine herausgehobene Rolle für Existenz, Struktur und Entwicklung der Gesellschaft. Das hängt einerseits damit zusammen, daß hier die Lebensgrundlagen, die materiellen Existenzbedingungen der Menschen, die ihre naturgegebenen organischen – und den Komplex kultureller – Bedürfnisse befriedigen, geschaffen werden. Andererseits damit, daß zufolge dieser lebensnotwendigen Prozesse und Tätigkeiten Machtstrukturen entstehen, die auf Grund gegebener Eigentumsverhältnisse über Sein und Bewegung der Gesellschaft maßgeblich entscheiden.

Wer an den Hebeln ökonomischer Macht sitzt, bestimmt wesentlich auch über das gesellschaftliche Leben insgesamt. Somit ist die fundamentale Bedeutung der Ökonomie nicht bloß existentiell, sondern auch substantiell hinsichtlich des Seins, des Wesens und der Entwicklung der Gesellschaft gegeben. Eine direkte Determination besteht nicht, da sich über der Ökonomie vielfältige Bereiche des gesellschaftlichen Lebens erheben, die ihren eigenen Bewegungsgesetzen folgen und eigenständigen Einfluß auf Dasein und Bewegung der Gesellschaft ausüben, wobei die Ökonomie als abhängige Größe der mannigfaltigen Formen und Prozesse des Überbaus erscheint.

Soziale Ordnung und Komplexität

Die Gesellschaft existiert als geordnetes System; sie ist Subjekt ihrer Lebensvollzüge und ermöglicht so den sie bildenden Individuen die Fristung ihres Daseins. Das kann nur in geordneter, bestimmter Weise geschehen, was in dem objektiv gesetzten, naturbedingten Zusammenhang von Bedürfnissen, Tätigkeit (Arbeit) und Konsumtion gründet. Auf der Ordnung der Reproduktion des materiellen Lebens ruht die Ordnung des politischen, geistigen kulturellen Verkehrs der Menschen; sie ist in analoger Weise auf die Sicherung des Daseins der Individuen – das auch einen Komplex kultureller Prozesse einschließt – und der über der Ökonomie sich erhebenden Lebenstätigkeiten gerichtet. Menschliche gesellschaftliche Tätigkeit ist nur als eine geordnete, als stimmiger Zusammenhang von Zweck, Mittel und Resultat erfolgreich. Das begründet die soziale Ordnung als einen Komplex ineineinander verschränkter, miteinander vernetzter Tätigkeiten der Lebenssicherung. Aus den materiell-gesellschaftlichen Bedingungen der Arbeit geht die strukturale soziale Ordnung hervor, die insoweit natur-notwendig ist, als sie das je historisch entstandene Beziehungsganze differenter sozialer Gebilde wie Klassen, Produktionssphären, Berufszweige usf. bedingt und bestimmt. Die soziale Ordnung ist nicht Resultat freier Entscheidung der sie eingehenden Individuen, wenn deren Wollen auch von Bedeutung ist, sondern notwendige Form des Verkehrs der Menschen bei der Produktion ihres Lebens in einem allgemeinen, komplexen Sinne. Es sind die objektiven Umstände ihres Daseins, die, teils überliefert, teils neu geschaffen, den geordneten Zusammenhang ihres Handelns und die ihm zugrundeliegende gesellschaftliche Struktur bedingen.

Die Menschen bringen diese Ordnung durch sinngestütztes und -vermitteltes Handeln hervor. In den Sinngebungen reflektieren sich die Bedingungen der Existenz von Individuen und Gruppen, und das Handeln hat die Funktion, die Bedingungen zu reproduzieren, zu variieren oder auch aufzuheben. Insoweit ist Sinn ein Konstituens von sozialer Ordnung, doch nicht als autonome Größe, sondern als Reflex von Lebensumständen der Individuen und Integral gesellschaftlicher Praxis. Er ist abgeleitet aus tätigem Wirken und seinen objektiven Voraussetzungen, zugleich determiniert er die Tätigkeit, gibt ihr Inhalt und Richtung. Sinn ist die Bedeutung, die Aktoren ihrem Handeln zugrundelegen, und da differente Subjekte in den Verflechtungen ihrer Handlungsprogramme und -sequenzen unterschiedliche Bedeutungsgehalte zum Tragen bringen, ist die Vielfalt der gesellschaftlichen Beziehungen in ihren Widersprüchen auch ein Feld differentieller und konfliktueller Sinngebungen.

Sinn ist Anzeiger, Inhalt und Bewegungsform gesellschaftlicher Widersprüche. Widersprüche und die mit ihnen verbundene Destabilisierung und Labilität sind dynamische Elemente gesellschaftlicher Ordnung. Diese ist kein festgefügtes, starres System, was aus dem Voranschreiten objektiver Bedingungen menschlicher Existenz und der damit verknüpften Vielfalt, Unterschiedlichkeit und Gegensätzlichkeit sinnvermittelter Handlungen herrührt. Eine geschichtliche Tendenz zu wachsender Komplexität der Gesellschaft, zur Vermannigfaltigung ihrer Formen und Sphären steht eine Tendenz zu sozialer Disfunktionalität gegenüber, die sich aus schwieriger werdenden Chancen beherrschter Vergesellschaftung ergibt – auch angesichts von Schädigungen der Natur, die nicht unwesentlich auf kapitalistisches Profitstreben zurückgehen. Andererseits geht Komplexität auch mit De-Konstruktion, mit Vereinfachung einher, was eine Notwendigkeit dafür ist, die Vielfalt gesellschaftlicher Prozesse, Strukturen und sinnhafter Handlungen durch zentrale Medien zu steuern. »Unter dem Blickwinkel der evolutiven Systemwissenschaft bildet die Gleichzeitigkeit von Differenzierung und Integration, von Mannigfaltigkeit und Einheit das Kennzeichen der Gesellschaft der Zukunft.«[10]

Diese widersprüchliche Einheit hängt auch mit der Diversifikation von Lebenslagen, mit wachsender Individualisierung zufolge moderner Bedingungen des Arbeitens und Lebens zusammen. Es treten individuelle Sinngebungen als Gegeninstanz zu gesellschaftlichen Ordnungsmustern verstärkt in Erscheinung, Komplexität hat die Präsenz individueller Lebensentwürfe und Verhaltenspraktiken zur Grundlage. Die theoretische und praktische Schwierigkeit besteht darin, dieses Element der Desintegration mit dem Streben nach Gemein-

2. Gesellschaft – ein sinngebundenes bewegliches Gefüge

samkeit gesellschaftlich wirksamer Aktionen zu verknüpfen, weil nur so Komplexität gesichert werden kann. Demokratie in Staat und Wirtschaft sowie Engagement sozialer Bewegungen ermöglichen dies. Dadurch ist die Gesellschaft ein strukturiertes Ganzes von unterschiedlichen Praxen, Instanzen, Logiken und Sinngebungen; Komplexität wird reduziert nach innen und nach außen, gerade um die Möglichkeit sich vertiefender Ganzheitlichkeit unter modernen Bedingungen zu nutzen.

Die Komplexität setzt sich im Verhalten der Individuen fort; Fühlen, Denken, Wollen sind komplexe Vorgänge, die teils aus biologischen Voraussetzungen der Individuen herrühren. Damit der einzelne nicht in innerer und äußerer Mannigfaltigkeit personale Ordnung verfehlt, muß er Strategien des Verhaltens entwickeln, die seinen Platz im gesellschaftlichen Leben und seine individuellen Chancen sichern helfen: er operiert als komplexes adaptives System, das unterschiedliche Anpassungen realisiert – zur äußeren Welt und zu seiner Persönlichkeitsstruktur. Einen eigenen wohlbegründeten Weg zu gehen, fällt manchem schwer, doch ist das eine Chance für progressive Veränderung, für Humanisierung der gesellschaftlichen Verhältnisse. Einfachheit und Komplexität sind die Pole gesellschaftlicher Ordnung und individueller Selbstverwirklichung.

Dem steht ›regressive Anpassung‹ (Mitscherlich) entgegen, die die Individualitätsform geschlossener Massengesellschaften bildet, in der die soziale Ordnung zentral reguliert und reglementiert wird. Statt schöpferischer, eigenständiger Persönlichkeitsentwicklung dominiert ein Verhalten mit sozialpathologischen Merkmalen und der Weg der Gesellschaft wird weniger von produktiven Bedürfnissen der Individuen, als von Herrschaftsinteressen ökonomisch Mächtiger bestimmt. Unterwerfung und Gehorsam sind Verhaltensweisen, die mit der Glorie positiver Gesellschaftlichkeit umgeben und als moralische Werte der Individuen ausgegeben werden. Doch kann gerade Widerständigkeit ein Faktor sein, der gesellschaftliche Ordnung in eine entwicklungsoffene Bewegung mit Sicherung natürlicher und gesellschaftlicher Existenz zu führen vermag. Davon differiert Vermassung: willfährige Anpassung an Trends, sei es in der Sprache, der Mode, in Freizeitbetätigungen der verschiedensten Art, also in dem, was ›in‹ ist, was ›man‹ denkt, sagt, tut. Kritisches Denken ist in der Massengesellschaft nicht gefragt, die gerade dadurch ihren Fortbestand und damit die Konstanz ökonomischer, politischer und kultureller Herrschaftsverhältnisse sichert.

Ordnung in Bewegung

Die Gesellschaft als Ordnungssystem ist ein variables, dynamisches Gebilde, ihre Struktur ist Prozeß, ist ständige Bewegung durch Handlungen der sie bildenden Individuen und Gruppen. Die Herrschenden nehmen darauf Bedacht, daß die grundlegenden Ordnungsverhältnisse bei aller Bewegung und Dynamik erhalten bleiben, aber auch die Massen sind daran interessiert, daß ihnen zuträgliche gesellschaftliche Verhältnisse Bestand haben, sich ihren Belangen gemäß entwickeln. Die Schwierigkeit besteht darin, daß Ordnung eine potentiell statische Struktur verkörpert, während das Dasein der Gesellschaft zufolge steter Reproduktion notwendiger Existenzbedingungen stets im Fluß ist. Die Bedürfnisse der Individuen setzen vielfältige unterschiedliche Handlungssequenzen in Gang, denen Momente der Labilisierung institutionalisierter sozialer Ordnung innewohnen. Daher werden Regelungssysteme geschaffen, die das auseinanderdriftende Handeln auf die Schiene der Erhaltung und Reproduktion der bestehenden sozialen Ordnung setzen. Die Regelungssysteme sind ökonomischer, politischer, juristischer und kultureller Art, hohe Wirksamkeit besitzt die Ideologie, die durch Formierung des Bewußtseins Handlungen auslöst, die die gesellschaftliche Ordnung sichern sollen und dabei vorwiegend Interessen der Herrschenden bedienen. Da in der ökonomischen und kulturellen Entwicklung der Gesellschaft neue Bedürfnisse der Individuen entstehen, bilden sich Potenziale der Untergrabung bestehender sowie Tendenzen neuer Ordnung heraus. Diese Tendenzen entstehen im allgemeinen nicht spontan, durch Selbstgenerierung, sondern durch Handlungen interessierter Gruppen, die mit den bestehenden institutionellen Formen der gesellschaftlichen Verhältnisse in Konflikt geraten. Es sind Handlungskomplexe, die mit- und gegeneinander wirken und Subjekte sozialer Ordnung verkörpern – oder auch gegen sie wirken. Ohne festgefügte Ordnung kann eine Gesellschaft nicht bestehen, doch ist sie an Ordnung im Prozeß gebunden, die die Reaktion auf sich wandelnde objektive und subjektive Umstände darstellt.

Reproduktion und Regeneration sind die Schlüsselprozesse der Ordnung als flexibler Zusammenhang: die Gesellschaft reproduziert ihre von Handlungen getragene Grundstruktur, die sie ebenso beständig erneuert, was im Rahmen der bestehenden Ordnung oder durch ihre Negation geschieht. Daher ist die Gesellschaft auf die Ausarbeitung und Durchsetzung spezieller Reproduk-

2. Gesellschaft – ein sinngebundenes bewegliches Gefüge

tionsstrategien konservativen oder reformorientierten Charakters angewiesen, die auch auf die Regelung des Verhältnisses von Mensch und Natur zum Zwecke der Lebenssicherung abzielen. Gesellschaftliche Arbeit bildet die emergente Substanz dieser Strategien, Regeneration ist die Form, durch welche die Reproduktion als entwicklungsoffener und zukunftsfähiger Prozeß gestaltet wird. Sie ist Replikation der Generationen durch demographische (biologische) Prozesse sowie durch Weitergabe und Dynamisierung der materiellen und ideellen Produktivkräfte der Gesellschaft, durch Produktivitätsfortschritte. Soziale Ordnung ist ein relativ stabiles Gerüst interdependenter Handlungen mit dem Kern der Naturaneignung durch Arbeit. Die Steuerung der Handlungen durch endogene und exogene Medien bewahrt den Charakter der bestehenden Ordnung und bedingt zugleich das Entstehen von Potentialen der Erneuerung, der Resurrektion der Ordnung vermittels darauf abzielenden Handelns. Obwohl die Aktivitäten selbstreflexiver Subjekte sich einem strengen Determinismus entziehen, gibt es doch gewisse Regelhaftigkeiten im Ablauf von Handlungs- und Erlebenssequenzen, die das Resultat der Übereinstimmungen in Lebenslagen von Individuen und Gruppen sind, Gemeinsamkeiten von Zielen, Interessen, Wertungen und Sinngebungen begründen.

Damit ist die Gesellschaft die bewegliche Form und das Resultat von Vergesellschaftung: die Menschen treten in Gesellschaft, indem sie aktiv miteinander kommunizieren, soziale Interaktion verwirklichen. Es entstehen eine subjektive und eine objektive Form; subjektive Vergesellschaftung ist der tätige Prozeß, in dem Menschen miteinander in Beziehung treten und ihr soziales Wesen ausbilden; objektive Vergesellschaftung ist das Resultat und die determinierende Voraussetzung dieses Vorgangs, der von elementaren Bedürfnissen der Individuen angetrieben wird. Die Dialektik von subjektiver und objektiver Vergesellschaftung ist der Modus, durch den soziale Ordnung als Prozeßgeschehen in Aktion tritt. Mit dem Entstehen des Menschen war auch seine Vergesellschaftung indiziert, – zufolge seiner körperlichen Beschaffenheit war der Mensch von Anfang an darauf angewiesen, in Gemeinschaft zu produzieren und zu leben. Gemeinschaft ging in Gesellschaft über, indem das lokale Zusammenwirken in Kleingruppen sich durch Austausch materieller und kultureller Güter zu überlokalen, gesellschaftlichen Kontakten entwickelte und ihn an Institutionen ökonomisch-politischen Charakters band. Vergemeinschaftlichung wurde zu Vergesellschaftung, bei der das Gemeinschaftsleben in seinen unterschiedlichen Formen weiterhin die personale Grundlage blieb. Die subjektive Vergesellschaftung ist die Sozialisation der Heranwachsenden wie der Erwachsenen – ein nie abgeschlossener Vorgang –, sie ist die fortschreitende Einbindung der Individuen in das gesellschaftlichen Leben in allen seinen materiellen und symbolischen Formen, die durch Sprache, geistige Kultur, Ideologie, Politik und Recht gestützt wird. Die Vergesellschaftung ist nicht Herstellung von Geselligkeit – diese ist an besondere gesellschaftliche und personale Voraussetzungen gebunden –, sie geht häufig in konträren, antagonistischen Formen vonstatten, und die Schaffung einer Gesellschaft, die ökonomisch, politisch, kulturell und moralisch durch fördernde Geselligkeit gekennzeichnet ist, ist eine Aufgabe von Zukunftsbedeutung für die Menschheit. Die Bewegung der Gesellschaft ist kein gleichmäßiges Fließen, keine harmonische Evolution, sondern mit Entwicklungsbrüchen, Krisen, chaotischen Zwischenetappen verbunden. Das Sozium ist sensibel gegenüber inneren und äußeren Störungen, die aus der Vielfalt der Handlungskomplexe unterschiedlicher Subjekte herrühren und auf Probleme der Regelung des Gesellschaftslebens, auf wechselnde Anforderungen der Ressourcenverarbeitung zurückgehen. Partielle chaotische Etappen sind Ergebnisse akkumulierter Widersprüche in Basis und Überbau der Gesellschaft und zugleich Eingangstore für neue Zustands- und Bewegungsformen gesellschaftlicher Widersprüche, für eine Neuformierung der Gesellschaft. Diese Übergänge sind mit innovativen Potenzen der Mitglieder der jeweiligen Gesellschaft verflochten, an Avantgarden im geistigen, politischen, ökonomischen Leben geknüpft. Gesellschaftliche Krisen sind Impulsgeber solcher exzeptionellen Gruppen und Aktivitäten, die größere Massen beeinflussen und organisieren. Es entstehen neue Wert- und Normensysteme, neue Ideologien und Moralen, ein neuer historischer Typ der Gesellschaft. Damit stellt sich die soziale Ordnung auf veränderte Anforderungen der Selbsterhaltung menschlicher Lebewesen ein, womit sie ihren Charakter – unter Beibehaltung wesentlicher allgemein-menschlicher Daseinsvoraussetzungen – historisch verändert, einen neuen Typ sozialer Ordnung entstehen läßt.

Anmerkungen:
1   J. Habermas: Nachmetaphysisches Denken. Philosophische Aufsätze, Frankfurt/M. 1989, S. 82
2   Vgl. St. Pinker: Der Sprachinstinkt. Wie der Geist die Sprache bildet, München 1998, S. 293f.

2. Gesellschaft – ein sinngebundenes bewegliches Gefüge

3   Vgl. G. Stiehler: Dialektik der Gesellschaft, Berlin 1981, Kap. 2, insbes. S. 29f.
4   J. Habermas: a.a.O., S. 97
5   K. Marx: Grundrisse der Kritik der politischen Ökonomie (Rohentwurf 1857-1858), Berlin 1953, S. 176
6   K. Marx: (Thesen über Feuerbach). In: MEW, Bd. 3, S. 6
7   ebd. S. 7
8   Denkweisen und Grundbegriffe der Soziologie. Eine Einführung, Frankfurt/M./New York 1992, S. 39f.
9   K. Marx/F. Engels: Die deutsche Ideologie. In: MEW, Bd. 3, S. 22
10 E. Laszlo: Global denken, Rosenheim 1989, S. 117.

Kapitel IV

1. Wege zur Freiheit

Die Gesellschaft bildet ein Geflecht von Tätigkeiten, welche Verhältnisse begründen und realisieren, die menschlicher Existenz zugrundeliegen. Während im Tierreich Instinkte das Verhalten regeln und so auf naturhafte, weitgehend unbewußte Weise Zusammenhang und funktionierende Ordnung zwischen den Lebewesen hervorbringen, löst in der menschlichen Gesellschaft absichtsvolles Tun instinkthaftes Verhalten ab. Doch bleibt ein objektiver äußerer Zusammenhang bestehen, der aus der Tätigkeit hervorgeht und als soziale Ordnung das Tun und Lassen der Menschen beeinflußt, es determiniert. So wie die Tiere der Natur als dem äußeren Gesetz ihres Daseins unterworfen sind, ist der Mensch den Notwendigkeiten subordiniert, die seinem gesellschaftlichen Zusammenleben innewohnen und das individuelle sowie gemeinschaftliche Dasein bedingen und begründen.

Da das Bewußtsein zwischen Handeln und Ergebnis vermittelt, ist die gedankliche Aneignung der äußeren Gegebenheiten Voraussetzung für erfolgreiches Handeln. Das gilt gleichermaßen für Individuen wie für Gemeinschaften, für die Gesellschaft im Besonderen und im Allgemeinen.

Indem der Mensch sich geistig und praktisch über den Zwang erhebt, der seiner Gesellschaftlichkeit innewohnt, gelangt er zur Freiheit als bewußter Gestaltung der Prozesse, die sein soziales Leben bedingen und vermag sie in eine Richtung zu lenken, die allgemeinen und spezifischen Interessen gemäß ist. Freiheit ist, abstrakt-allgemein gesprochen, die zweckvolle Erhebung des Menschen über die Umstände seines Daseins, sie hat die Beherrschung des gesellschaftlichen Lebens, der menschlichen Vergesellschaftung zum Inhalt und zur Voraussetzung. Im Zustand der Freiheit ist der Mensch nicht mehr (lediglich) Objekt seiner Gesellschaftlichkeit, sondern deren Subjekt, er regelt sein gesellschaftliches Leben nach Plan, Einsicht und Willen und hat damit tendenziell die Entfremdung, die sein Leben in naturbestimmten Epochen kennzeichnet, überwunden.

Freiheit und Gesellschaft

Freiheit reduziert sich nicht auf subjektive Freiheit, auf Entscheidungs- und Wahlfreiheit, so wichtig sie für die Verwirklichung der Freiheit sind. Freiheit ist vorab eine gesellschaftliche Verfaßtheit von Individuen und sozialen Gruppen, sie fußt auf deren Stellung und Wirkungsmöglichkeiten innerhalb des Gesellschaftsganzen, drückt die soziale Situation aus, in der sich die Gesellschaftsglieder befinden. Aus der Situation gesellschaftlicher Freiheit gehen Chancen und Impulse selbstbestimmten Handelns hervor, werden Entscheidungs- und Wahlfreiheit wirksam. Die Stellung in der Gesellschaft ist eine objektive Tatsache und begründet und begrenzt die Freiheit, die durch selbstbestimmtes Handeln errungen und zum Nutzen des jeweiligen Aktors verwirklicht wird. Von hier spannt sich der Bogen freier Subjektivität, und es wird der Anteil praktischen und geistigen Einsatzes des Menschen zur Realisierung individueller und gesellschaftlicher Freiheit erkennbar. Der Primat der objektiven gesellschaftlichen Verhältnisse hebt nicht die potentielle subjektive Macht der Individuen über die objektive gesellschaftliche Welt auf, sondern ist eine Bedingung ihrer positiven Nutzbarmachung.

Voraussetzung ist ein solcher Zustand der Gesellschaft, in dem ein Mindestmaß an sozialer Gleichheit und Gerechtigkeit besteht, in dem politische Verhältnisse herrschen, die den Individuen, unabhängig von ihrer sozialen Stellung in der Gesellschaft, demokratische Mitsprache und Mitentscheidung über gesellschaftliche Belange ermöglichen. Freiheit ist solange nicht gegeben, wie ein Großteil der Bevölkerung in Armut und Rechtlosigkeit lebt, wie ihm Bildungs- und Aufstiegschancen versagt sind, Solidarität und Mitmenschlichkeit außen vor bleiben. Dies ist an materielle Bedingungen gebunden und keine bloße durch den Überbau vermittelte Selbstregulierung der gesellschaftlichen Individuen. Denn Freiheit ist ein Problem gesellschaftlicher Macht; unabhängig von Kräfteverhältnissen lassen sich positive soziale Werte und Normen nicht durchsetzen. Doch besteht keine einlinige Beziehung zwischen ökonomisch-gesellschaftlichen Verhältnissen und moralisch-politischen sowie kulturellen Chancen der Individuen, Gruppen und Klassen. Sofern keine gewaltsame Unterdrückung freier Selbstbestimmung der Angehörigen abhängiger Gesellschaftsschichten existiert, also ein Spielraum gesellschaftlicher Freiheit vorhanden ist, lassen sich Gerechtigkeit und Solidarität, Elemente politischer und sozialer Gleichheit als reale Möglichkeiten gestalten. Das ist eine Frage subjektiver Selbstgesetzgebung der Individuen und sozialen Gruppen im Handeln, der Verwirklichung progressiver Moral auch gegen sie einengende Verhältnisse. Doch ist das stets mit Unsicherheit und Unwägbarkeit verbunden, und gesicherte gesellschaftliche Freiheit, die auf die Lage der Individuen durchschlägt, ist an objektive Gesellschaftszustände gebunden, die ökonomische, politische, juristische und kulturelle Seiten umfassen. Sie zu erreichen, ist ein langwährender Prozeß gesellschaftlicher Gestaltung und Umgestaltung, erfordert den Einsatz engagierter sozialer Kräfte.

Herrschaft der Gesellschaft über ihren Lebensprozeß ist gehaltlos, sofern sie sich nicht in den Lebenslagen der Individuen niederschlägt; gesellschaftliche und individuelle Freiheit hängen eng zusammen. Was nutzt den Individuen Herrschaft der Gesellschaft über ihr soziales Leben, wenn ihre persönliche Existenz durch Arbeitslosigkeit, Existenzunsicherheit, Bildungsnotstand, mangelnde medizinische Versorgung usw. belastet ist? Kontrolle der Gesellschaft über ihre Vergesellschaftung setzt aktive Mitwirkung der Individuen voraus, und das schließt Möglichkeiten sinnvoller Regulierung und Gestaltung der persönlichen Lebensumstände ein. Sie hängt zwar von gesellschaftlichen Bedingungen ab, kommt jedoch erst im individuellen Schicksal der Menschen zum Tragen. Ökonomische, politische und kulturelle Voraussetzungen müssen gegeben sein, und die Individuen aktualisieren sie vermittels partizipativer Demokratie, aktiver Teilnahme an gesellschaftlicher Leitung und Kontrolle. Ohne Eigentumsverhältnisse, die eine Ausgrenzung der abhängig Beschäftigten von gesellschaftlicher Mitwirkung verhindern, ist das nicht zu erreichen. Reale Demokratie, die sich auf ökonomisches und politisches Engagement der Beschäftigten stützt, läßt Freiheit als gesellschaftliche Kontrolle hervorgehen. Das beinhaltet keinen direkten Zusammenhang zwischen gesellschaftlicher und persönlicher Freiheit, wohl aber ein Ganzes objektiver Möglichkeiten der Individuen, Freiheit für sich als reale Tatsache erlebbar zu machen.

Auf dieser Grundlage entsteht Selbstbestimmung als wesentliche Seite individueller Freiheit. Sie kann auch bei widrigen Gesellschaftszuständen stattfinden, da sie Selbstmacht des Individuums auf Grundlage rationalisierter gesellschaftlicher und individueller Erfahrungen zum Inhalt hat. Gewiß kann dadurch allein keine Veränderung disfunktionaler sozialer Verhältnisse bewirkt werden, doch ist Selbstbestimmung Voraussetzung für persönliches Engagement, um mit den Verhältnissen zurecht zu kommen und sich ihnen nicht nur anzupassen. Maß und Inhalt der Selbstbestimmung hängen auch von geneti-

1. Wege zur Freiheit

schen Dispositionen der Persönlichkeit ab, und nicht jeder ist in der Lage, sein Verhalten, seine Denk- und Gefühlswelt, seine Beziehungen zu anderen selbstkritisch zu reflektieren und sie u.U. zu verändern. Impulse, die aus dem Mit- und Gegeneinander mit anderen entstehen, können stimulierend wirken. Freiheit ist gesellschaftlich, gemeinschaftlich und individuell bestimmt, die Selbstkontrolle des einzelnen, wie auch immer ausgeprägt, spielt eine maßgebliche Rolle.

Freiheit hat eine moralische Dimension, insofern sie die Beziehungen zwischen den Individuen unter solidarische, humanistische Kriterien stellt. Ihre moralische Komponente zeigt sich in solchen zwischenmenschlichen Beziehungen, in denen der einzelne bei Verfolgung eigener Belange auch diejenigen näher und ferner Stehender berücksichtigt. Selbstkontrolle, Selbstbemächtigung sind Formen moralischen Verkehrs zwischen Menschen. Freiheit berührt sich mit Freiwilligkeit, denn moralisches Verhalten ist an arbiträre Übernahme moralischer Verpflichtungen in zwischenmenschlichen Beziehungen gebunden. Hier kommt Verantwortung ins Spiel; Freiheit schließt Verantwortung des Individuums sich selbst und anderen gegenüber ein, sie geht nicht in Selbstbezüglichkeit auf. Selbstkontrolle erwächst auf dem Boden von Verantwortung in der und für die Gesellschaft. Freiheit des sittlichen Handelns als moralische Autonomie ist durch Verantwortung gegenüber den Folgen des Tuns, soweit sie in den Lebenskreis anderer Menschen eingreifen, bestimmt und begrenzt. In der Verantwortung kommt der gesellschaftliche Charakter der Freiheit zur Geltung, die Einbettung selbstbestimmten Handelns in gesellschaftliche Notwendigkeiten, in die Rechte und Lebenschancen anderer, der ›Mitmenschen‹. Freiheit ist, als moralische Instanz, an das rationalisierte Ausbilden moralischer Praxen gebunden. Erst auf dieser Grundlage wird Verantwortung wirksam, instinkthaftes Verhalten – wie bei Tieren – ist jenseits moralischer Normen, jenseits von Freiheit.

Für Marx verkörpert das Reich der Freiheit die auf Verantwortung gegenüber der Gesellschaft gegründete individuelle menschliche Kraftentwicklung, die sich als Selbstzweck gilt. Im Unterschied zu der traditionellen Gegenüberstellung von Freiheit und Notwendigkeit, die diese Kategorien dem individuellen Handeln zuordnet, sind für Marx Freiheit und Notwendigkeit Kategorien zur Beschreibung komplexer gesellschaftlicher Wirklichkeit (Kapital, 3. Bd.) Das Reich der Notwendigkeit ist durch Arbeit zwecks Befriedigung existentieller Bedürfnisse, wurzelnd in Not und äußerer Zweckmässigkeit, bestimmt. Wie auch immer Form und Inhalt der Naturaneignung sich wandeln, bleibt ihre Notwendigkeit stets bestehen, da der Mensch als leibliches Wesen sich materiell reproduzieren und regenerieren muß. Doch fällt die gesellschaftliche Regulierung dieser Notwendigkeit verschieden aus, was durch die Stellung des arbeitenden Menschen in den gesellschaftlichen Produktions- und Aneignungsverhältnissen sowie in den politischen Machtinstitutionen bestimmt ist. Als freier gesellschaftlicher Prozeß wird das Reich der Notwendigkeit dann gestaltet, wenn die Herrschaft sachlicher Mächte, die Entfremdung, weitgehend überwunden ist und der gesellschaftliche Mensch in der Arbeit allgemeine Zwecke realisiert, die zugleich seinem individuellen materiellen und kulturellen Wohlergehen dienen und ihn als freie Persönlichkeit zur Existenz bringen. Das kann kaum bei Dominanz kapitalistischen Privaeigentums und des ihm zugehörigen Geld- und Profitsystems geschehen, es erfordert Gemeineigentum, das von den Produzenten selbstbewußt und selbstentscheidend gemeinschaftlich gestaltet und genutzt wird. Auf diesem Wege geht Notwendigkeit in Freiheit über, Freiheit und Notwendigkeit durchdringen sich im historisch-gesellschaftlichen Prozeß.

Das Reich der Freiheit ist, nach Marx' Worten, eine Sphäre der gesellschaftlichen Wirklichkeit jenseits der materiellen Produktion. Diese These muß konkretisiert und differenziert werden, weil sie sonst den Vorrang der Experten, der Eliten unterstellt. Da stets in der materiellen Produktion, dem Reich der Notwendigkeit, in welchen Formen auch, gearbeitet werden muß, um die Gesellschaft am Leben zu erhalten, muß es hinreichend große Gruppen von Menschen geben, die im Reich der Notwendigkeit tätig sind und damit die Basis des Reichs der Freiheit schaffen. Wenn die assoziierten Produzenten ihren Stoffwechsel mit der Natur rationell regeln, ihn unter ihre gemeinschaftliche Kontrolle bringen, praktizieren sie innerhalb des Reichs der Notwendigkeit Elemente des Reichs der Freiheit. Voraussetzung sind schöpferische, mit Eigenverantwortung der Produzenten ausgestattete Arbeitsabläufe und eine umfassende Demokratisierung des Arbeitslebens, was progressive Eigentums- und politische Machtverhältnisse bedingt. Die Unterscheidung von Reich der Notwendigkeit und Reich der Freiheit ist dann eine solche nicht nach Klassen- und anderen sozialen Unterschieden, sondern nach Funktionen innerhalb der gesellschaftlichen Arbeitsteilung. Es können nicht alle das gleiche tun, nicht alle repetitiv oder innovativ arbeiten. Nach personalen Voraussetzungen sind die Gewichte dieser Tätigkeiten verschieden verteilt, was der Persönlichkeitsent-

1. WEGE ZUR FREIHEIT

wicklung der einzelnen keinen Abbruch tun muß – gesellschaftliche Verhältnisse vorausgesetzt, in denen die Herrschaft ökonomischer und politischer Minderheiten über den Großteil der arbeitenden Bevölkerung überwunden ist. Engels nannte das den Sprung aus dem Reich der Notwendigkeit in das Reich der Freiheit, was eine andere Akzentsetzung als bei Marx ist. Während dieser Notwendigkeit und Freiheit als strukturelle Sphären der Gesellschaft faßt, versteht Engels sie als Wesensbestimmtheiten historischer Epochen – des Kapitalismus und des Sozialismus.

Freiheit als praktizierte Form des Reichs der Freiheit ist an geistige Autonomie der Individuen geknüpft, und zwar sowohl in intellektueller Arbeit als auch als geistige Verfaßtheit der Bürger eines Gemeinwesens. Freiheit ist ein Sein und Tun jenseits rigider Steuerung des Denkens und Handelns durch gesellschaftliche Machtinstanzen. Zwar kann der Mensch als Gesellschaftswesen nie tun und lassen, was er will, sondern unterliegt gesellschaftlichen Zwängen und Notwendigkeiten, die schon durch Arbeitsabläufe und Arbeitsteilung gesetzt sind. Auch sein Denken ist durch Inhalte des gesellschaftlichen Bewußtseins geprägt und keine freie Schöpfung des Individuums. Doch ist geistige Freiheit wesentlich das gesellschaftlich verbürgte Vermögen, sich nach eigenen Bedürfnissen Informationen zu verschaffen, soweit zugänglich, und eigene Ideen und Vorstellungen ungehindert bekanntzumachen – soweit das sinnvoll ist und materielle Bedingungen vorhanden sind. Im verflossenen Sozialismus waren geistige Gängelei und ideologische Manipulierung herrschende Praxis, die Individuen waren den Zielen der ›Oberen‹ sklavisch unterworfen, mochten deren Meinungen auch oft wenig schlüssig sein. Freiheit des Denkens, Redens und der Information sind unabdingbar für die Wahrung menschlicher Würde. Toleranz und freimütige Diskussion von Standpunkten sind Bedingung freien geistigen Lebens und damit einer ersprießlichen Entwicklung der Gesellschaft. Die bürgerliche Gesellschaft enthält beachtliche Voraussetzungen dafür, doch ist auch ihr die Gängelung geistigen Schaffens, die Ausgrenzung nicht genehmer Meinungen nicht fremd – ein Ergebnis dessen, daß in dieser Gesellschaft die ökonomisch Mächtigen, die Kapitaleigner das Sagen haben.

Das Reich der Freiheit ist nicht bloß als ein Überbau der Gesellschaft über der Basis, als ein Struktursegment zu verstehen, sondern es gilt seine konkreten gesellschaftlichen Inhalte ins Kalkül zu ziehen. Frei ist nicht eo ipso eine bestimmte – die geistige – Tätigkeit, sondern sind – oder sind nicht – die sozialen Bedingungen, unter denen sie ausgeübt wird, womit sich Freiheit zu einer Eigenschaft des gesamten gesellschaftlichen Lebens erweitert.

Für die sozialistische Bewegung sahen Marx und Engels Freiheit des geistigen Schaffens als unabdingbar an. Die sozialistische Wissenschaft könne wie jede Wissenschaft nicht leben ohne Freiheit der Bewegung, ohne unantastbare Freiheit der Diskussion, die auch die ungehinderte Freiheit der Kritik an führenden Personen einschließe. Die ›realsozialistische‹ Gesellschaft hat aufs gröblichste gegen diese Grundsätze verstoßen, weil die Führenden von geistiger Freiheit Gefahren für ihr Herrschaftssystem befürchteten. Aber gerade dadurch wurden Triebkräfte, innovative Potenzen der Gesellschaftsentwicklung verschüttet. Freiheit als Aktion, als gesellschaftlicher Prozeß ist einziges Mittel der Erlangung von Freiheit als gesellschaftlichem Zustand, ohne Freiheit stirbt alles gesellschaftliche Leben. Emanzipation des Handelns ist der Weg, eine emanzipierte Gesellschaft, die sich allem Progressiv-Neuen öffnet, zu erringen. Emanzipation ist das Mittel, Freiheit zu verallgemeinern und zu stabilisieren; indem um Emanzipation in der Gesellschaft gerungen wird, werden Schritte zu einer freiheitlich organisierten Gesellschaft getan. Emanzipation als Prozeß bedingt und fundiert Emanzipation als gesellschaftlichen Zustand.

Dieser Vorgang ist zugleich das Werden der Kultur und deren Verallgemeinerung als gesellschaftliche Lebensform. Kultur bedeutet bewußte Gestaltung von Naturvorgängen, soweit sie das Dasein der Menschen berühren, und Kontrolle des sozialen Lebens. Sie ist Pflege, Erhaltung und Förderung des gesellschaftlichen Lebens mit dem Ziel emanzipativer, humanisierter Beziehungen zwischen den Menschen. Die geschichtliche Entwicklung der Freiheit, die Abschüttelung der Herrschaft sachlicher Mächte und deren planvolle Regulierung durch gemeinschaftliches Handeln ist zugleich der Entwicklungsprozeß der Kultur und das Streben nach Kultur als allgemeiner Gesellschaftszustand. Kultur ist gemeinschaftliche und individuelle Selbstbestimmung und deren Ausstrahlung auf die allgemeinen und besonderen gesellschaftlichen Verhältnisse. Das ist auch der Inhalt und die Form gesellschaftlicher Freiheit. In dem Maße wie in einer Gesellschaft kulturvolle Verhältnisse bestehen, verwirklichen sie soziale Freiheit. Darum ist jedes von progressiven Kräften getragene Bemühen, kulturfeindliche und -abträgliche Zustände, Prozesse und Aktivitäten zurückzudrängen und ein hohes Niveau materieller und geistiger Kultur zu erreichen, eine schrittweise Realisierung der Freiheit, wie auch immer das gesellschaftliche Umfeld beschaffen sein mag. Die »allgemeine Kultur der Gesellschaft muß so verwirklicht werden, daß für den einzelnen ein hohes Maß persönlicher Freiheit, autonomer Entscheidung resultiert.«[1] Das kann nicht unabhängig von den gesellschaftlichen Umständen geschehen, und so durchdringen sich individuelle und gesellschaftliche Kultur und Freiheit und bilden wechselseitig Bedingungen füreinander. Resultat dieser Vorgänge ist die schließliche »Aufhebung der Naturgeschichte des Menschen durch seine Kulturgeschichte.«[2]

Freiheit des Wollens

Freiheit als Autonomie des Denkens und Handelns ist in hohem Maße von sozialen Bedingungen abhängig. Doch ist der Mensch kein bloßes Produkt gesellschaftlicher Determinanten, sondern verfügt über körperliche, geistige und psychische Voraussetzungen, sein Leben nach eigenem Entschluß und Willen zu gestalten. Das ist bei den einzelnen unterschiedlich: die einen neigen stärker zu Anpassung und Unterwerfung, andere zu Selbstbehauptung und Eigenständigkeit. Abstrakt gesehen, sind Wille und Handeln frei, doch ist die Freiheit gattungsspezifische Realpotenz, die die Individuen und Gruppen verschieden realisieren. In der Geschichte der Philosophie wurde Freiheit häufig auf Willensfreiheit reduziert oder, wie im mechanischen Materialismus, direkt geleugnet und statt ihrer die Allmacht der Umstände proklamiert. Das Werden der Freiheit als Prozeß der Entfaltung der Kultur hat zu einer Seite seines Inhalts, daß der Mensch sich als Individuum wie als Gruppe über die Bedingungen seines Daseins erhebt, daß er Willens- und Handlungsfreiheit im Einklang mit eigenen Bedürfnissen und Interessen zur Wirkung bringt. Das schließt Selbstmacht – Selbstkontrolle, Selbstregulierung des Handelns – ein, bedeutet Freiheit den Umständen wie sich selbst gegenüber. Es ist ein individueller wie ein gesellschaftlicher Entwicklungsprozeß, bei dem das Hauptgewicht allerdings auf den gesellschaftlichen Bedingungen persönlicher Freiheit liegt.

»Willensfreiheit bedeutet in erster Linie: Unser Verhalten ist nicht nur durch Außeneinflüsse, sondern wesentlich durch Vorgänge in uns selbst – Denken und Fühlen eingeschlossen – bestimmt.«[3] Doch besteht ein objektiver Determinismus von Gehirnvorgängen; der einzelne fühlt sich frei, doch sind seine Entscheidungen (auch) durch seinen jeweiligen Gehirnzustand festgelegt. Das hebt Verantwortung nicht auf, da das Verhalten, wenn auch physiologisch beeinflußt, durch kulturelle, soziale Faktoren geprägt wird, unter denen der Handelnde in gewissem Umfang wählen und darauf Entscheidungen gründen kann. Jedoch nicht in absoluter Autonomie, da mikro- und makrosoziale Bedingungen, Traditionen, herrschende Werte und Normen sein Denken, Fühlen und Handeln beeinflussen. Die sozialen treten zu den hirnphysiologischen Faktoren hinzu, die ihrerseits objektiv-›physikalisch‹ die individuell-menschliche Freiheit des Wählens und Entscheidens begründen.»Der Wille erscheint als eine nicht vollständig und finitistisch aus dem physikalischen Gehirnzustand deduzierbare Eigenschaft des Individuums.«[4] Die Inhalte des Wählens und Entscheidens sind sozial vermittelt und bedingt; die formelle Seite des Vorgangs ist sowohl natur- wie sozialbedingt. Der Mensch ist für sein Tun verantwortlich, mag auch die ihm gegebene Spanne der Selbstbestimmung mehr oder minder eng gezogen sein.

Vertreter des mechanischen Determinismus betrachten ein lineares Kausalgesetz als universelle Ordnungskonstante des Seins, eine Auffassung, der auch Kant nahestand. Da alle natürlichen Vorgänge der Ursache-Wirkung-Verknüpfung unterliegen, gilt das scheinbar auch vom menschlichen Denken und Handeln, insofern es physikalische Vorgänge sind. Jedem Handeln liegen äußere und innere Bedingungen zugrunde, aus denen es mit Notwendigkeit folgt, was aus der Universalität des Kausalgesetzes hervorgeht. In diesem gedanklichen Beziehungsgeflecht ist das Individuum zu einer physikalischen Größe geschrumpft, kritische Selbstreflexion, Selbstmacht sind getilgt. Doch sind diese subjektiven Potenzen ihrerseits durch etwas ihnen voraus und zugrunde Liegendes bedingt, und die Frage ist, wo die Autonomie des Wollens unabhängig von äußerer Determination zu verorten ist. Sie liegt im Selbst-Denken, das den Willen regiert: Ursache und Wirkung fallen zusammen, das Individuum ist sein eigener Produzent und sein eigenes Produkt. Wenn an diesem Geschehen auch Faktoren teilhaben, die nicht dem freien Entschluß des Individuums unterliegen (physiologische und soziale Bedingungen), so ist der Mensch als geistbestimmtes Wesen doch in der Lage, sich selbst als Objekt seines Urteilens zu definieren und zu behandeln. Der scheinbare circulus vitiosus findet seine Auflösung in der Selbstreflexivität des Handelnden, der die ihm zugehörigen Bedingungen seines Tuns analysieren und daraus Veränderungen seiner Einstellung, seines Fühlens, Denkens und Wollens gewinnen kann. Er ist Ursache und Wirkung in einem, und die Kausalität ist ein nichtlinearer systemischer Prozeß. Dieser Zusammenhang läßt sich auch auf das Verhalten sozialer Gruppen verallgemeinern, bei dem die Vielfalt innerer und äußerer Determinanten erheblich größer ist, was jedoch an der Grundfigur nicht-linearer Kausalität nichts ändert. Freiheit und Determinismus sind bei einer dialektischen Wirklichkeitsauffassung miteinander vereinbar. Sie ist die Grundlage für das Verständnis moralischen Handelns, das keinem Diktat äußerer Faktoren unterliegt, sondern Erzeugnis der Selbstmacht und Selbstverantwortung des Handelnden ist. Der Mensch ist für sein Tun verantwortlich, weil er die Fähigkeit der Kontrolle der Antriebe, Bedingungen und Folgen seines Tuns besitzt, Ursache und Wirkung von sich selbst ist. Allerdings sind die nerval-physiologischen und intellektuellen Voraussetzungen bei den einzelnen verschieden, und das bringt die Theorie in eine gewisse Nähe zum Determinismus, der ja keineswegs eine sensu stricto falsche Lehre ist. Er ist einseitig, weil er die gegenläufige Determination, die vom handelnden Subjekt auf seine intrinsischen Faktoren ausgeht, nicht hinreichend berücksichtigt.

In der Philosophie der Aufklärung wurde Freiheit an das Denken, die Vernunft des Menschen geknüpft und mit der Fähigkeit zu rationalen Entscheidungen assoziiert. Doch verkannte man nicht, daß die materielle Beschaffenheit des Gehirns auf die Entscheidungen Einfluß hat. »Die Freiheit ist umso vollkommener, je besser das Organ des Gehirns gebaut ist und je mehr die Veranlagungen gebändigt sind.«[5] Eine durchgängige direkte Kausalität wirke letztlich auf die Handlungen ein, die deren notwendige Folge seien. Der Ausgangspunkt dieser Kette aber, versicherte Diderot, sind wir selbst, womit die Autonomie des Individuums angedacht war. Für Holbach hingegen war der Mensch ein ausschließlich physisches Wesen, er sei den strengen Gesetzen der Natur unterworfen. Daher müsse die Idee der menschlichen Freiheit abgelehnt werden.[6] Um frei zu sein, müsse der Mensch außerhalb der Natur stehen und stärker als sie sein: mechanischer, metaphysischer Materialismus, der die Gesellschaft auf die Natur abbildet. Wir handeln, behauptet Holbach, auf notwendige Weise, unter den Antrieben äußerer Umstände. Der Mensch erscheint als völlig passiv, den Bedingungen ausgeliefert. Auch das geistige Leben könne nicht als frei angesehen werden, da es von der körperlichen Verfassung des Menschen abhänge: das gesamte rationale und emotionale Dasein des Menschen sei weder willkürlich noch frei. Auch Spinoza leugnete den freien Willen, da der Handelnde von einer Ursache zum Handeln bestimmt werde, die die Wirkung einer anderen Ursache sei und so fort.»So lehrt also die Erfahrung, ebenso klar als die Vernunft, daß die Menschen sich allein aus der Ursache für frei halten, weil sie sich ihrer Handlungen bewußt und der Ursachen, von denen sie bestimmt werden, unkundig sind ...«[7] Dieser Auffassung entsprach die Verabsolutierung der äußeren Einwirkung, der externen Ursache und das Verkennen der Selbstbestimmung des Individuums, da sie das notwendige Resultat personaler Determinanten sei. Dem hatte schon Montaigne mit der These widersprochen, die wahre Freiheit bestehe darin, daß man Herr seiner selbst sei; Mut, Entschlossenheit und Geduld waren für ihn Garanten der Freiheit des Individuums. Auch Leibniz machte einen Unterschied zwischen den die Bewegung der Körper bewirkenden materiellen Ursachen und den finalen Ursachen, den Endzwecken, die sich der Mensch in seinem Handeln setzt; allein er sei frei, da er unter den Einflüssen, die sein Handeln bestimmen, selbständig wählen und entscheiden könne. Die vom Materialismus behauptete Determination des Willens durch dem Körper eigene Faktoren blieb außer Betracht.

Bei allen Erörterungen über die Freiheit des Wollens muß eingeräumt werden, daß der Handelnde nie voraussetzungslos agiert, daß der Startpunkt seines Tuns intrinsischen und extrinsischen Bedingungen vielfältigster Art unterliegt, die auf das Handeln mit relativer Notwendigkeit einwirken. Der Schlüssel zur Klärung dieser Probleme liegt, wie maßgebliche Denker der Aufklärung und des deutschen Idealismus erkannten, letztlich in der Vernunft des Menschen, der sich zu sich selbst kritisch ins Verhältnis setzt und vermittels Selbstkontrolle sein Handeln zu optimieren strebt. Dabei sind unterschiedliche individuelle Voraussetzungen in Rechnung zu stellen; von ihnen kann sich der einzelne nur schwer freimachen, weshalb von Freiheit des Willens nur eingeschränkt die Rede sein kann.

Kant sah die wahre moralische Freiheit als Selbstzwang an, wobei physische Voraussetzungen unerörtert blieben. Er versuchte die Gegensätze Notwendigkeit und Freiheit mit der problematischen Ansicht zu vermitteln, Handlungen der Erscheinungswelt unterlägen der Naturnotwendigkeit, Handlungen vernünftiger Subjekte seien frei. Eine nur scheinbare Lösung des Problems machte Schelling mit der These geltend, Freiheit sei das absolut Indemonstrable, das sich nur durch sich selbst beweise.[8] Das Wollen sei an sich, seiner Natur nach frei, da es sonst aufhöre, ein Willensakt zu sein – ein fragwürdiger Beweisgang, der das zu Beweisende als bewiesen voraussetzt. Handeln erfolge

1. Wege zur Freiheit

nicht nach Naturgesetzen, sondern nur durch freie Selbstbestimmung; soziale Determinanten waren dabei kein Thema.

Das gilt auch für Hegel, der allerdings hervorhob, die echte Freiheit stehe dem Notwendigen nicht als eine fremde, drückende und unterdrückende Macht gegenüber, sondern habe dessen Substantielles in sich aufgenommen. Allerdings hätte es einer genauer differenzierenden Kennzeichnung des Substantiellen der Notwendigkeit bedurft. Wenn der Wille subjektiven Trieben und Neigungen folge, sei er nur formell, in zufälliger Weise frei. Hegel betonte, der Determinismus habe mit Recht der abstrakten Freiheit der Willkür den Inhalt als einen von außen kommenden entgegengehalten. Die Freiheit in der Interpretation Kants sei daher nur eine formelle, den von außen kommenden Inhalt aber vermochte Hegel nicht aufzuschließen. Er erklärte, nur als denkende Intelligenz sei der Wille wahrhaft frei – das ist das Höchste, wozu es der Idealismus bringen konnte. Nach Hegels Worten ist der Mensch frei, wenn er sich selbst weiß, nur das Sich-Wissen mache den Menschen frei. Diesen Gedanken kann man als das Vermögen der Selbstkontrolle und Selbstkorrektur des handelnden Menschen dechiffrieren, was im Grunde die eigentliche Substanz der Freiheit des Wollens bildet. »Nur das Denken ist die Sphäre, wo alle Fremdheit verschwunden und so der Geist absolut frei, bei sich selbst ist.«[9] Notwendigkeit und Freiheit sind in diesen Worten dialektisch vermittelt: der Geist ist in seiner Notwendigkeit frei, wie seine Notwendigkeit in seiner Freiheit besteht.[10]

Schopenhauer hingegen sah die Freiheit als die Negation der Notwendigkeit an. Die Synthese suchte er mit dem Konzept der Welt als Wille und Vorstellung zu gewinnen, wo Freiheit und Notwendigkeit abstrakt-idealistisch in Einheit gedacht wurden. Aus dem Charakter des Individuums gehen angeblich die Motive des Handelns mit Notwendigkeit hervor, in dieser Sicht ist der Mensch ein Geworfener, ein Abhängiger, und die von Hegel erreichte gedanklich Höhe wird wieder zurückgenommen. Wenn der Mensch auch von seinen natürlichen und gesellschaftlichen Voraussetzungen abhängt, so ist darin doch die Fähigkeit der Selbstreflexion eingeschlossen, wie verschieden beim einzelnen auch ausgeprägt. Der Notwendigkeit kann die Freiheit nicht entraten, es gibt keine Sphäre absoluter Freiheit, denn in seinen natürlichen und gesellschaftlichen Bedingungen ist der Mensch niemals frei, und das Höchste, wozu er es bringen kann, ist, daß er denkend, kritisch prüfend diese Bedingungen analysiert und danach ein für ihn günstiges Handeln vollzieht.

Prozeß subjektiver und objektiver Freiheit

Frei ist der Mensch als Individuum, wenn er Herr seiner selbst, seiner Entschlüsse, seines Gefühlslebens, seiner Einstellungen zu anderen, seines Verhaltens, Denkens, Fühlens und Handelns ist. Das ist ein hoher Anspruch, der schwer zu erfüllen ist. Er zielt auf Selbstkontrolle, bei der der Mensch mit seinen individuellen Voraussetzungen und Mitteln sein Tun und damit sich selbst kritischer Prüfung unterzieht: der Mensch ist das seine Widersprüche auslebende und gestaltende Subjekt seiner selbst. Erfahrungen mit der gesellschaftlichen Umwelt, durch Fremd- und Selbstkritik gefiltert, sind der Nährboden, auf dem die persönliche Freiheit erwächst. Sie wird von den Lebensumständen des Individuums in seiner Entwicklung von der Kindheit bis zum und im Erwachsenenalter beeinflußt, ist folglich mit inneren und äußeren Notwendigkeiten verknüpft. Absolute Freiheit durch Ausschluß jeglicher Notwendigkeit gibt es nicht, da der Mensch ein gesellschaftliches, ein geselliges Wesen ist und anderer Menschen zu seiner Existenz bedarf. Der Weg zu subjektiver Freiheit ist ein Prozeß ständiger konfliktreicher Gestaltung der Beziehungen des Menschen zu sich und zu seiner Umwelt, und nur wenigen ist es gegeben, sich von inneren und äußeren Zwängen relativ frei zu halten, wozu gerade jene Dispositionen erforderlich sind, über die der Mensch nicht frei gebietet.

Der Widerspruch von Freiheit und Notwendigkeit im persönlichen Leben und Handeln kann so gestaltet und bewältigt werden, daß der Mensch sein Tun den sozialen und individuellen Lebensbedingungen einfügt oder danach strebt, sie in seinem Sinne zu verändern. Im ersten Fall dominiert Notwendigkeit über die Freiheit, im zweiten Fall ist es umgekehrt. Der Mensch kann seine ihm eigenen biologischen und sozialen Dispositionen nicht ad hoc verändern, wohl aber in einem Prozeß des Arbeitens an sich selbst aus diesen Dispositionen unterschiedliche Verhaltensweisen hervorgehen lassen. Die biologisch und sozial induzierten Anlagen sind nicht starr, sondern plastisch, beweglich, flexibel: auf ihre Nutzung wirken persönlicher Wille, Einsicht und Entschluß bestimmend ein. Nur in selbstgestalteter Freiheit des Denkens und Handelns kann der Mensch sich verwirklichen und das ihm mögliche Feld von Verhaltensweisen alternativ zur Wirkung bringen. Nur so aber kann er auch in Übereinstimmung mit sich selbst, mit seinem Gewissen leben.[11] Die subjektive Freiheit ergänzt und vollendet sich zu objektiver, gesellschaftlicher Freiheit in dem Maße, wie der einzelne an der gesellschaftlichen Verfügung über

1. Wege zur Freiheit

die Lebensbedingungen des größeren Ganzen teilhat, wie er nach Freiheit aller strebt und dieses Streben in seinem Handeln wirksam werden läßt. Doch sind Anpassung und Unterwerfung wesentliche Züge des modernen Menschen, vorherrschende Einstellungen, Denk- und Verhaltensweisen, was eine Amputierung persönlicher Freiheit bedeutet: der Mensch ist den objektiven Umständen seines Daseins weitgehend ausgeliefert. Ich-Stärke und Autonomie sind in der Gesellschaft weniger gefragt, Fremdbestimmtheit wird von den herrschenden Verhältnissen und ihren Willensvollstreckern favorisiert. Die meisten Menschen finden ihre Interessen am besten gesichert, wenn sie sich im Beruf wie in der Gesellschaft systemkonform verhalten. Selbstverleugnung und Verlust des eigenen Selbstwertgefühls sind Bedingungen und Folgen eines solchen Einstellungssyndroms. Das aber ist der Würde des Individuums als Person und als Staatsbürger abträglich und die äußere Notwendigkeit wird zu einer verhaltensprägenden Macht.

»In solchen Zeiten muß man sich unterwerfen. Es ist Übungssache«, sagt Brechts Schweyk.[12] Die Unterwerfungshaltung ergänzt sich durch Auftrumpfen gegenüber Gleichgestellten, was seine Erscheinung in der Konkurrenz zwischen Lohnabhängigen findet. Das gesellschaftlich herrschende Verhaltensmodell schlägt auf alle Klassen und Schichten durch und führt zur Isolation der Menschen voneinander. Den Beschäftigten in den Betrieben wird ein Verhalten aufgenötigt, das als scheinbares selbständiges Management die Untergebenen auf die Linie des Unternehmerinteresses bringen soll: der Abhängige genießt eine Pseudofreiheit, indem er die Interessen des Betriebs angeblich freiwillig zu den seinen macht.

Zu subjektiver Freiheit gelangt der in die Verhältnisse eingebundene einzelne durch Selbstbehauptung, die sich auf Selbsterkenntnis und die Einsicht in die Veränderbarkeit der sozialen Bedingungen gründet. Ich-Stärke bekundet sich in der Fähigkeit, nein zu sagen und sein Verhalten entsprechend zu modifizieren, so schwierig das in repressiven Gesellschafts- und Arbeitsregimen ist. Selbstlosigkeit, Bescheidenheit kann zu Ich-Aufgabe führen und ist in den bestehenden Verhältnissen durchaus gefragt. Aber schon im alltäglichen Leben ist Neinsagenkönnen ein Aspekt der Selbstbehauptung und kann Freiheit gegenüber Zwängen der Umwelt bedeuten. Eigen-Sinn mag negativ oder positiv sein; positiv ist er, wenn er Treue zu sich selbst, zu dem eigenen Urteil und Gewissen höher stellt als Nachgeben gegenüber Konformitätsdruck.[13] Dazu gehört die Selbstakzeptanz, das Annehmen seiner selbst mit seinen

Vorzügen und Schwächen, was Autonomie ermöglicht. Diese begründet ein Selbstkonzept der Verarbeitung individueller Erfahrungen und den Vorsatz, sich den Umständen nicht willenlos auszuliefern, sondern ihnen bewußt gegenüberzutreten. Doch kann das Selbstkonzept auch auf die bewußte Hinnahme gesellschaftlicher Verhaltenszwänge hinauslaufen und Rechtfertigung von Anpassung zum Inhalt haben. Persönlichkeitsbildung ist nur durch Selbstgestaltung zu erreichen, die einen von Seiten des Individuums aktiven Prozeß darstellt.

Die hierbei errungene Freiheit muß die Achtung der Freiheit anderer, also Toleranz im geistigen und praktischen Leben, einschließen. Damit kann eine wechselseitige Förderung personaler Freiheit stattfinden, die in der Regel mit Selbsterkenntnis, Selbstachtung, Selbstkonzeptionalisierung verbunden ist. Subjektive Freiheit ist ohne Erkenntnis seiner selbst nicht zu gewinnen, sie gründet in der oft schwierigen Selbstkritik, verbunden mit Selbstakzeptanz, und ist mit permanenter Versagensangst und Selbstanklage kaum zu vereinbaren. Freilich ist vielen Menschen ihre Innenwelt nur spärlich zugänglich,[14] da die Selbstakzeptanz häufig zum Ausschluß selbstkritischen Verhaltens führt. Auch ist zu berücksichtigen, daß die Persönlichkeit ein dynamisches System und kein starres Gefüge, keine Konstante ist, was die Selbsterkenntnis erschwert, die sich jedoch auf Bekundungen von Mitmenschen stützen kann und sollte.

Als komplexes Ganzes verfügt die Persönlichkeit über Alternativen der Selbstfindung und ist den genetischen und sozialen Determinanten, so beträchtlich ihr Einfluß ist, nicht passiv ausgeliefert. Bezüglich der neuronalen Grundlagen des Selbst stellte A. Damasio fest, es sei kein Homunculus, sondern »ein ständig neuerzeugter neurobiotischer Zustand.«[15] Diese Dynamik bildet eine physiologische Grundlage der Flexibilisierung des Selbst, die zu variablen Einstellungen auf innere und äußere Einflüsse führt. Jeder Mensch ist ein komplexes adaptives System, was subjektive Freiheit durch Selbstreferenz ermöglicht. Grundlage für den Aufbau des Selbstbildes sind menschliche Beziehungen, in denen und durch die sich der einzelne nach Maßgabe seiner individuellen Voraussetzungen verwirklicht. Freiheit der Person ist daher nicht lediglich Beziehung zu sich, sondern auch zu anderen und dadurch vermittelt Beziehung zu sich selbst, soweit der einzelne sich in den äußeren Beziehungen behauptet und zur Geltung bringt. Dazu tragen auch persönlichkeitseigene Faktoren bei, die das Individuum nur schwer unter seine Kontrolle bringen und verändern kann. Introversion und Extroversion, die auf genetische Anlagen zurückgehen – aber auch sozial induziert sein können –, sind bemerkenswert beständig und färben auf das gesamte Verhalten des Menschen zu seinen Mitmenschen ab, beeinflussen seine Selbständigkeit und Freiheit im Umgang mit anderen. Freiheit zeigt sich in dem Vermögen, das Ererbte durch konstruktive Verarbeitung persönlicher Erfahrungen zu modifizieren und sich davon weniger abhängig zu machen. Das gilt auch für das Gefühlsleben, bei dem ein relativ hoher Anteil angeborener Einstellungen festgestellt werden konnte. Doch wirken auch hier soziale Einflüsse prägend mit, und das befördert, da die äußeren Einflüsse Handlungszusammenhänge darstellen, in die das Individuum verflochten ist, die Regulierung gefühlsmäßiger Einstellungen und die Verstärkung solcher emotionaler Seiten der Persönlichkeit, die in deren eigenem Interesse und dem Interesse der Mitwelt liegen. Anerkennung und das Erlebnis sozialer Geborgenheit sind Elemente der Bildung einer offenen, in Zufriedenheit mit sich und der Umwelt lebenden Persönlichkeit. Indes sind diese positiven Faktoren knapp in einer Gesellschaft, die weitgehend durch Kommunikationslosigkeit, Bindungsdefizienz und Kult des Individualinteresses bestimmt ist. Persönliche Freiheit diesen devianten Einflüssen gegenüber zu erringen, setzt geistige und praktische Autonomie voraus und kann nur in Gemeinschaft mit anderen errungen und gefestigt werden.

Freiheit ist eine Konstellation des Subjekts, sie ist ihrem Grundcharakter nach subjektive Freiheit. Da sie aber von objektiven – biologischen und sozialen – Bedingungen beeinflußt wird, muß sie auch als objektive Freiheit verstanden werden. Objektive Freiheit meint einen Gesellschaftszustand, der der Entwicklung der Persönlichkeit förderlich ist, die Entfaltung ihrer Potenzen im Rahmen selbstgewählter Strategien ermöglicht sowie materielles und kulturell-geistiges Wohlergehen der Individuen fördert. Dazu kommen biologisch-persönliche Voraussetzungen; körperliche und geistige Konstellationen sind ebenfalls von Einfluß darauf, wie weit der einzelne positive Denk- und Verhaltensweisen erreicht. Frei ist der Mensch, wenn er objektiven Umständen seines Daseins nicht sklavisch unterworfen ist und es vermag, sich von ihrem Druck freizumachen. Dazu müssen die objektiven genetischen und sozialen Umstände selbst Möglichkeiten eröffnen, sie müssen potentielle Freiräume persönlicher Entwicklung enthalten. Das gilt namentlich für die gesellschaftlichen Verhältnisse, für die sozialen Lebensumstände der Menschen. Sie sind zwar für die einzelnen mit ihrem Eintritt in die Gesellschaft gegeben, vorgefunden, doch unterliegen sie der wie auch immer entwickelten Aktivität der Individuen, da sie Handlungssequenzen bilden, in die der einzelne verflochten ist. Das besagt nichts über den sozialen Charakter der Verhältnisse, der durch ökonomische, politische, juristische und kulturelle Macht geprägt ist, objektive gesellschaftliche (Klassen-)Kräfteverhältnisse bildet, denen der einzelne subordiniert ist. Seine potentiellen Chancen, dem Druck der Verhältnisse zu widerstehen, kann er durch Selbstbehauptung gegen äußere Einwirkung begrenzt wahrnehmen. Die eigentliche Möglichkeit dazu aber liegt in gemeinschaftlichen Aktionen begründet, die auf die Humanisierung der Umstände, die Vermenschlichung der Verhältnisse zielen, so daß individuelle Freiheit zu gesellschaftlicher Freiheit wird. Ziel ist die Überwindung der Entfremdung, die nicht begriffenen und beherrschten gesellschaftlichen Verhältnissen innewohnt. Sie muß die materiellen Grundlagen dieser objektiven Gesellschaftsmacht angreifen, da aus ihnen sich die gesamte Gesellschaftsstruktur in ihren wesentlichen Charakteristika herleitet.

Objektive Freiheit ist einerseits Zustand, gesellschaftliche Realität, andererseits Prozeß, Weg zu ihr. Das ist eine allgemeine Bestimmtheit, da die Verhältnisse stets die Tendenz ihrer Verfestigung aufweisen und institutionelle Prägungen besitzen, die dem Wesen der Institution gemäß zu Stabilisierung neigen. Freiheit ist Werden und Sein und letzteres wiederum ist Werden – eine ständige Aufgabe der in den einzelnen Gesellschaften existierenden Menschen. Nach Hegel ist die Geschichte der Fortschritt im Bewußtsein der Freiheit, nach Marx ist der Fortschritt der Freiheit eine Abfolge geschichtlicher Epochen, in denen es nicht allein um das Bewußtsein, sondern vorrangig um das Sein der Freiheit geht. Für Hegel wissen es in der christlichbürgerlichen Gesellschaft alle, daß der Mensch frei ist, nachdem dieses Wissen vorher auf einen bzw. einige Menschen beschränkt war. Für Marx ist Freiheit ein gesellschaftliches Entwicklungsverhältnis aus den Zuständen persönlicher und sachlicher Abhängigkeit heraus. Im Tauschwert ist die gesellschaftliche Beziehung der Personen in ein gesellschaftliches Verhältnis der Sachen verwandelt.[16] Doch ist dieses Verhältnis ursprünglich nur wenig entwickelt, der selbstreproduktiven Kraft der Gemeinwesen untergeordnet. Daher dominieren persönliche Abhängigkeitsverhältnisse, sie sind die erste historische Entwicklungsstufe auf dem Weg der Freiheit, was allerdings eine verkürzende, schematisierende Betrachtung ist. Der geschichtliche Fortschritt besteht in der Überwindung persönlicher Abhängigkeit, in der Herstellung persönlicher Unabhängigkeit, die im Kapitalismus mit sachlicher Abhängigkeit gekoppelt ist. Es ist politische und juri-

1. Wege zur Freiheit

stische Freiheit innerhalb der Schranken des Kapitalverhältnisses gegeben. Die dritte Entwicklungsstufe der Freiheit, um die die Menschen der Gegenwart ringen, ist die Abschüttelung der sachlichen Abhängigkeit in ihren bedrückenden Formen, die Schaffung freier Individualität, gegründet auf universelle Entwicklung der Individuen und die planmäßige Regulierung ihres gesellschaftlichen Lebens. Das ist die Vision einer von der Herrschaft des Geldes und des Profitstrebens befreiten nachkapitalistischen Gesellschaft.

Der kennzeichnende Gesichtspunkt ist bei Marx der Gedanke einer strukturellen Evolution, der Entwicklung gesellschaftlicher Strukturen. Doch der opfer- und kampfreiche Prozeß subjektiver Aktionen, der erst dahin führt, bleibt relativ ausgespart. Die gesellschaftliche Freiheit ist nur vage bestimmt, sie kann ebenso als demokratisch organisierter Kapitalismus wie als planmäßig gestaltete sozialistische Gesellschaft interpretiert werden. Nach Marx‹ Worten können die Individuen die Abhängigkeitsverhältnisse nicht überwinden, ohne sie aufzuheben. Der einzelne mag zufällig durch seine besondere Lebenssituation mit ihnen fertig werden, die Masse der von ihnen Beherrschten aber nicht.[17] In der kapitalistischen Gesellschaft gestalten nicht wenige ihr Leben relativ unabhängig von dem Druck der äußeren Verhältnisse, die Masse jedoch bleibt unfrei, den Verhältnissen unterworfen, deren subjektiver Ausdruck ökonomische und politische Herrschaft von Minoritäten ist. Die sachliche Abhängigkeit erscheint im Kapitalismus so, daß die Individuen von Abstraktionen, von Ideen beherrscht werden. Daher die Vorstellung von Philosophen, mit dem Sturz der Ideenherrschaft sei die freie Individualität geschaffen. Indessen geht es um die Verwirklichung materieller Verhältnisse, die erst eine freie Individualität ermöglichen, weil sie die Herrschaft sachlicher Mächte überwinden, ein Prozeß, der allerdings bei Marx genauerer begrifflicher Erfassung ermangelt.

Im Kapitalismus findet, wie Marx feststellt, freie Entwicklung der Individuen auf bornierter Grundlage – der Herrschaft des Kapitals – statt. Diese Entwicklung ist Resultat der Konkurrenz, die keineswegs die letzte und höchste Stufe der menschlichen Freiheit ist.[18] Vielmehr ist hier die ökonomische Freiheit zugleich die Begrenzung jeder individuellen Freiheit, weil die Individuen von sachlichen Mächten unterjocht werden. Die Freiheit ist Gesetz der Zirkulation, nicht der Produktion: dies ist das Reich der bürgerlichen Freiheit und Gleichheit. Der Weg zu objektiver Freiheit ist der geschichtliche Prozeß der Überwindung der Entfremdung, der die Herrschaft sachlicher Mächte aufhebt.

Doch bleiben ökonomische und soziale Notwendigkeiten, auch institutionell fixiert, weiter bestehen, so daß die Abschaffung der Entfremdung, der Unterordnung unter sachliche Mächte des objektiven Gesellschaftszusammenhangs eine beständige Aufgabe ist. Nach den Vorstellungen von Marx und Engels sind Warenaustausch und Geld mediale Formen der sachlichen Abhängigkeit, die die Freiheit blockieren. Doch hat sich das Konzept der Abschaffung von Warenproduktion und Geld – im Staatssozialismus – als irreal erwiesen, so daß es sich nur darum handeln kann, auf reformerischem Wege die negativen Wirkungen der Marktwirtschaft unter Kontrolle zu nehmen, was eine äußerst schwierige Aufgabe ist. Denn die Marktwirtschaft basiert auf der freien Bewegung der Kapitale, der Anbieter und Nutzer, und schließt darin neben gefährdenden auch fördernde, innovative Potenzen ein.

Die Regulierung ökonomischer und sozialer Prozesse muß die freie Aktion der Aktoren sichern, sie aber zugleich im übergeordneten Interesse des Gesellschaftsganzen, mit Einschluß der Naturerhaltung, prospektiv gestalten, ihre destruktiven Wirkungen begrenzen. Dazu bedarf es sozialer Bewegungen, die sich auf Einsicht und Engagement vieler Individuen stützen. Reform und Revolution bilden in diesem Prozeß eine Einheit sich bedingender und ergänzender Vorgänge: ohne grundlegende Umgestaltung der Gesellschaft kann objektive Freiheit als überwundene Zwangsherrschaft sachlicher Gewalten nicht errungen werden, aber ohne schrittweise Reform ist ein Herankommen an die Umwälzung der Gesellschaft aussichtslos. Ziel kann nicht die Abschaffung des Marktes, des freien Austauschs und des Geldes sein, sondern ihre Beherrschung durch die vergesellschafteten Produzenten und Gesellschaftsglieder. Somit schließt eine vernünftig organisierte Gesellschaft Freiheit und Zwang, freie und geregelte Bewegung handelnder Subjekte ein. Um ihres Überlebens willen kommt die Gesellschaft nicht umhin, dieses ambivalente Programm in Angriff zu nehmen und erfolgreich zu verwirklichen.

Anmerkungen:
1   G. Stiehler: Worauf unsere Freiheit beruht, Berlin 1984, S. 104
2   ebenda, S. 114
3   A. Gierer: Im Spiegel der Natur erkennen wir uns selbst, Hamburg 1998, S. 172f.
4   ebenda, S. 173f.
5   D. Diderot: Philosophische Schriften, I, Berlin 1961, S. 319f.

6   P. Th. D'Holbach: System der Natur, Berlin 1960, S. 140f.
7   B. de Spinoza: Ethik, Meiner/Leipzig, S. 115
8   F. W. J. Schelling: System des transzendentalen Idealismus, Hamburg 1957, S. 44
9   G. W. F. Hegel: Geschichte der Philosophie, 1. Bd., Leipzig 1944, S. 111
10 ebenda, S. 116
11 N. Chomsky: Arbeit, Sprache, Freiheit, Mühlheim/Ruhr 1987, S. 93
12 R. Baumgart: Deutsche Literatur der Gegenwart, München 1995, S. 73
13 F. Schulz von Thun: Miteinander reden. Stile, Werte und Persönlichkeitsentwicklung Bd. 2, 1996, S. 224
14 ebenda
15 A. Damasio: Descartes‹ Irrtum. Fühlen, Denken und das menschli che Gehirn, München, Leipzig, 1997, S. 144
16 K. Marx: Grundrisse der Kritik der politischen Ökonomie, Berlin 1953, S. 75
17 ebenda S. 81
18 ebenda S. 545

2. Macht – ein Subjekt-Verhältnis

Die Machtfrage spielt in der Geschichte der Gesellschaft eine herausragende Rolle. Sie zielt darauf ab, wer in der Gesellschaft über Charakter, Zustand und Entwicklung der sozialen Verhältnisse entscheidet, seinen Willen und seine Interessen gegenüber anderen durchsetzen kann. Macht ist ein vielschichtiges Verhältnis; in ihm steht nicht schlechthin ein Subjekt, das die Macht innehat, anderen Subjekten gegenüber, die von ihr ausgeschlossen sind. Die Ausübung von Macht, von Herrschaft ist nicht unmittelbar mit dem Innehaben von Macht identisch; die von ihr Ausgeschlossenen sind vielfältig in sie verwoben, sind als der Macht untergeordnet zugleich auch ihre subjektive Existenzbedingung. Macht ist ein allgemeines Verhältnis, insofern sie als organisierende und leitende Kraft funktional für jede komplexe, von mehreren Aktoren ausgeführte Tätigkeit ist und alles Handeln die Ausübung von – wie auch immer begrenzter – Macht des Subjekts über das Objekt des Handelns einschließt. Macht wird in unterschiedlichsten Formen, mit verschiedenartigen Mitteln und Methoden ausgeübt. Ihr wohnt ein erhaltendes Moment inne, insofern sie das Objekt ihres Wirkens zu perpetuieren trachtet, und zwar auch dann, wenn sie seine Überführung in andere Zustände bei gleicher Grundqualität betreibt. Ist das Objekt subjektiven Charakters, nimmt der Inhaber der Macht um eigener Interessen willen in der Regel Bedacht auf die Existenzerhaltung der abhängigen Subjekte. Macht ist mit Teilung der Arbeit verknüpft, bei der den einen das Kommando über die Arbeit, den anderen deren Ausführung zufällt, was vielfältige soziale Formen und Inhalte aufweist. Macht existiert als familiales Verhältnis, das sich in den Beziehungen der Eltern zu den Kindern und jener untereinander äußert, sowie in den Verhältnissen innerhalb der Kleingruppen der Gesellschaft.

Genese der Macht

Macht existierte geschichtlich zunächst in unentwickelter Form. Als begrenzte Herrschaft des Menschen über natürliche Bedingungen seiner Existenz und als Element zielgerichteter Naturaneignung durch Arbeit war sie anfangs in Keimform vorhanden; innerhalb sozialer Beziehungen knüpfte sie sich an urgemeinschaftliche frühdemokratische Wahl- und Entscheidungsprozeduren, in der Beziehung der Männer zu den Frauen, der Eltern zu den Kindern prägte sich vertrauensvolles Zusammenleben aus. Das hing mit dem niedrigen Entwicklungsstand der materiellen Naturbearbeitung zusammen, der noch keine separierten, auf eigene Vorteilsgewinnung ausgerichteten Interessen in größerem Maßstab entstehen ließ. Macht beschränkte sich auf die Leitung materieller und sozialer Prozesse, soweit diese eine komplexe gemeinschaftliche Zielsetzung und rationelle Koordination erforderten. Weitergabe von Produktionserfahrungen und traditionellen Mitteln und Methoden der Lebenssicherung machte Verallgemeinerung und Unterweisung notwendig und hob jene Personen aus der Gemeinschaft heraus, die Voraussetzungen für diese Tätigkeiten besaßen. Da die Leitung von Arbeiten zur Lebenserhaltung auf Akklamation, auf allgemeine Zustimmung gegründet war, existierte noch keine ausgeprägte Entgegensetzung von Inhabern und Adressaten der Macht. Eine gewisse Ausnahme bildeten die Leiter des Kultes, die Priester und Medizinmänner, deren Macht über die Gemeinde an die ihnen zugeschriebenen besonderen Fähigkeiten und ihnen zugewiesenen exklusiven

2. Macht – ein Subjekt-Verhältnis

Tätigkeiten gebunden war. Im Verhältnis der Männer zu den Frauen waren natürliche Voraussetzungen, bald aber auch sozial relevante Formen von Herrschaft an die körperliche Kraft der Männer und die damit verbundenen Arten der Naturbearbeitung geknüpft. Macht lag in Keimform dort vor, wo die Verwaltung und Verteilung von Vorräten bei einzelnen Personen (Häuptlingen, Priestern) konzentriert war,[1] die dadurch Verfügung über Existenzvoraussetzungen der Gemeinschaft erlangten. Macht zeigt sich schon in ihren frühesten Erscheinungsformen als eine objektvermittelte Beziehung zwischen sozialen Subjekten, sie ist ein Subjekt-Objekt-Subjekt-Verhältnis, bei dem die einen den primären Zugriff auf substantielle Bedingungen des Lebens der Gemeinschaft haben, während andere ihnen untergeordnet, von ihnen abhängig sind (was auch ein umgekehrtes Verhältnis ist). In dieser Form begründet Macht eine Beziehung von Herrschaft und Unterwerfung, die durch sachliche Faktoren vermittelt ist. Auch wo direkt Subjekt gegen Subjekt gesetzt ist (Sklaverei, Fronarbeit, Lohnarbeit), ist die Substanz des Verhältnisses sachlicher Natur, sind Gegenstand der Beziehung objektive Elemente sozialer Existenz.

Deutlich ausgeprägt ist das bei der militärischen Macht siegreicher über besiegte Stämme, Völker, Staaten. Hier ist zwar das Verhältnis vordergründig eine Subjekt-Subjekt-Beziehung, doch dient es objektiven, vorab materiellen Zwecken, indem die Beherrschten für die Herrschenden arbeiten, ihnen tributpflichtig oder in anderer Weise dienstbar sind. Macht wird in ihrer repressiven, eigensüchtige Interessen bedienenden Form ausgeübt und hat einstmalige frühdemokratische, auf gemeinsame Wohlfahrt gerichtete Züge abgestreift. Diese Veränderung der Substanz von Macht erfolgte im Ergebnis sozialer Spaltung der Gesellschaft in Wohlhabende und Arme, Besitzer und Nicht-Besitzer entscheidender Produktionsmittel sowie finanzieller Ressourcen. Macht wurde als die gewaltgestützte Durchsetzung eigener gegen fremde Interessen realisiert und war an eine exponierte soziale Stellung der Machtausübenden gebunden. Hierin kommt die objektive Grundlage der Macht zur Wirkung; es sind objektive, materielle Faktoren, die die Absicherung eigener gegen fremde Interessen ermöglichen.[2]

In dieser Konstellation unterliegt Macht als Selbstverhältnis einem inhaltlichen und Formwandel. Sie ist nicht nur Beziehung unterschiedlicher Subjekte aufeinander, sondern auch Beziehung eines Subjekts auf sich selbst, da Arbeit, Tätigkeit, sozialer Verkehr Selbst-Bemächtigung des Individuums erfordern.

Arbeit schließt Selbstkontrolle, gespannte Aufmerksamkeit auf eigenes Tun ein und führt ihrem allgemein-geschichtlichen Charakter nach zu Selbstentwicklung des Individuums. Im sozialen Verkehr der Individuen sind juristische und moralische Normen Regulative des Verhaltens, denen der einzelne zwanghaft, einsichtig oder freiwillig folgt. Kontrolle der Individuen über sich selbst ist eine Voraussetzung gemeinschaftlichen, gesellschaftlichen Zusammenlebens. Unter Bedingungen repressiver Macht in Klassengesellschaften und in ausbeuterischen Arbeitsverhältnissen nimmt die Selbstmacht abhängiger Individuen einen widerspruchsvollen Charakter an; sie reagiert auf äußere Disziplinierung mit veränderlicher Selbstreflexion, die in Widerstandshaltungen überleiten kann. Selbstdisziplinierung kann bewußte Gegen-Macht gegen zwanghaften Verhaltensdruck zur Konsequenz haben und Unterordnung durch Aufbegehren ersetzen bzw. sich mit ihm verbinden. Kampf gegen gesellschaftliche Unterdrückung schließt ein dynamisches Selbstverhältnis ein, das Macht des Individuums über sein Denken, Fühlen, Handeln bedingt und Potenzen einer Veränderung bestehender ökonomischer, politischer, kultureller Machtverhältnisse begründet.

Attribut gesellschaftlichen Zusammenlebens von Menschen ist zum einen die Macht der Individuen über sich selbst, wie sie dem einfachen Arbeitsprozeß und dem zwischenmenschlichen Verkehr innewohnt. Zum anderen existiert Macht als Selbst-Verhältnis der Gemeinschaft, der Population, in späterer geschichtlicher Entwicklung des Staates. Sie ist eine Grundlage individueller Selbstbemächtigung und tritt in unterschiedlichen sozialen Formen auf, abhängig von dem sozialökonomischen und sozialpolitischen Charakter des Gemeinwesens. Ohne eine wie auch immer bewirkte Integration der Individuen und sozialen Gruppen in das gesellschaftliche Ganze ist dessen Existenz nicht möglich. Dabei existiert Macht einerseits als Zusammenfassung und Leitung gemeinschaftlicher Aktivitäten und Beziehungen, andererseits als politisch-juristische Form der Durchsetzung der Interessen, des Willens tonangebender Gruppen, nachdem die Leitung zu einer klassengebundenen Institution wurde. Sie ist Kommando über körperliches und geistiges Verhalten von Individuen und bedient sich solcher Disziplinierungsorgane, die den mit äußerer Macht ausgestatteten Zwangsmechanismus exekutieren oder auch verschleiern. In einer wahrhaft demokratischen Gesellschaft, in der scharfe Gegensätze von Reichtum und Armut überwunden sind, würde sich Macht auf die Organisierung und Leitung kommunitärer Aktivitäten und Beziehungen beschränken, ihren staatlich-politischen Charakter abstreifen und zur einfachen Verwaltung von sachlich vermittelten individuellen und gemeinschaftlichen Tätigkeiten werden.

Eine spezifische Stufe der Evolution von Macht liegt vor, wenn die der Macht Subordinierten sie verinnerlicht haben, sich mit ihr mental und emotional identifizieren und die von ihr gesetzten Normen und Verhaltensstandards weitgehend ohne äußeren Zwang ihrem Handeln zugrundelegen. Das ist in entwickelten kapitalistischen Industrieländern mit verbrieften demokratischen Rechten und Freiheiten und einigermaßen gesichertem materiellen Lebensniveau der Bevölkerung der Fall. Doch ist ein solcher Zustand ambivalent, instabil, zu retardierenden Veränderungen offen, da die kapitalistische Produktionsweise zufolge ihres antagonistischen Charakters keine dauerhafte materielle Sicherheit und stabile Demokratie gewährleisten kann. Die Macht herrschender Minderheiten ist auf ökonomischen, politischen, juristischen, ideologischen Zwang gegründet, so sehr sie auch auf mentale und emotionale Identifikation der Bürger/innen mit den bestehenden Herrschaftsverhältnissen setzt – umso mehr, als deren Wesen von den meisten nicht erkannt wird, da sie empirisch den täuschenden Schein einer freien und gerechten Wohlstandsgesellschaft präsentieren. Damit wird Macht nicht als solche dechiffriert, sondern erscheint als Dienst, den Funktionsträger der Gemeinschaft und damit den ihr angehörenden Individuen leisten. Der antagonistische Charakter von Machtverhältnissen wird nicht dem unmittelbaren Augenschein präsentiert, er ist ein Verborgenes, das einem Geflecht diffuser Sozialbeziehungen als deren abstraktes Wesen innewohnt. Dem korrespondiert die ideologische Denkfigur einer auf Gleichheit und Freiheit beruhenden Gesellschaft, sie ist einer erfahrungsmäßigen Kritik kaum zugänglich und darin beruht ein geistiger Zement, der zur Stabilisierung der Gesellschaft mehr beiträgt als äußerer Zwang.

Machtformen

Macht ist ein widersprüchliches Beziehungsganzes zwischen Subjekten gleichen oder/und ungleichen sozialen Status. Sie verkörpert ein objektvermitteltes Verhältnis zwischen Inhabern und Adressaten der Macht. Die changierende Stellung der Individuen und Gruppen in diesem Beziehungsgeflecht schließt ein, daß die Kontrahenten in der Regel gleichzeitig Objekte und Subjekte von Macht sind, je nach dem gegebenen sozialen Verhältnis. Machtformen diffundieren aus dem ökonomischen in den politischen, juristischen, kulturellen, ideologischen Bereich und umgekehrt. Auch im Familialen findet eine relative Entsprechung mit ökonomischen und politischen Machtkonstellationen statt. Anzeiger dessen ist die patriarchale Verfaßtheit der kapitalistischen Gesellschaft, die Ausstrahlung der Macht der Männer von den ökonomischen und politischen Verhältnissen auf die Geschlechterbeziehungen im persönlichen Leben.

Die prägende Macht, die dem individuellen Handeln innewohnt, gewinnt vielfältig differenzierte Formen in dem sozialen Verhalten der Menschen in den mannigfachen gesellschaftlichen Bereichen und Lebenssphären. Bestimmende Machtform im politischen und ökonomischen Dasein ist die disziplinierende Organisierung des Verhaltens der Individuen und der durch sie gebildeten Gruppen mittels politischer Institutionen wie Staat, Recht, Bildungseinrichtungen usw. und die den Bedingungen gemeinschaftlichen Handelns innewohnende strukturelle Regulierung der Tätigkeit. Letztere kann auf äußerem Zwang oder auf ihm zugeordneter Selbstkonstitution der Individuen und Gemeinschaften beruhen. Ökonomische und politische Macht »ist eine zweistellige Relation mit ungleich verteilten Chancen, ein spannungsvolles Verhältnis, in dem die Kontrahenten nach Stabilisierung/Veränderung/Aufhebung der wechselseitigen Beziehungen trachten.«[3] Macht ist eine Form des Verhaltens von Akteuren zu anderen, und auch bei Selbstkonstitution kollektiver sozialer Subjekte sind Überordnung und Unterordnung durch die Sache selbst gefordert, wobei der soziale Charakter dieser Beziehung wesentlich durch die ökonomischen Verhältnisse geprägt wird.

Macht und Ökonomie bilden ein widerspruchsvolles Beziehungsgeflecht. In klassengespaltenen Gesellschaft ist die Ökonomie das Terrain, auf dem sich Konflikte zwischen Herrschenden und Beherrschten nachdrücklich geltend machen, denn der Besitzer der Produktionsmittel sucht seine Interessen durch Disziplinierung der abhängig Beschäftigten mit mehr oder minder starkem Druck durchzusetzen. Allerdings ist der Arbeitsprozeß als arbeitsteiliges Geschehen unter allen gesellschaftlichen Bedingungen an Direktion und Management gebunden, was mit ökonomischer, politischer, ideeller Macht den Erfolg des Arbeitsgeschehens sichern soll. In sozial gespaltenen Gesellschaften erwachsen aus den wirtschaftlichen, politischen, und kulturellen Verhältnissen Machtinstanzen, durch welche die ökonomisch Mächtigen dem Verhalten Dauerhaftigkeit zu verleihen trachten. Produktionsverhältnisse sind Machtverhältnisse und generieren Machtverhältnisse.

2. Macht – ein Subjekt-Verhältnis

Macht ist ein komplexes, in sich verzweigtes und differenziertes Ganzes, das an mannigfache vermittelnde Tätigkeiten und Institutionen geknüpft ist. Ökonomische Macht setzt sich in politischer Macht fort, die durch Recht, Ideologie, Verwaltung usw. wahrgenommen und von dafür eingesetzten Personen und Personengruppen ausgeübt wird, deren Handeln ebenfalls in spezifische Machtkonstellationen (Justizorgane, Parteien, Armee usw.) eingebunden ist. Über- und Unterordnung schlagen häufig ineinander um, und selbst die in der Gesellschaft Mächtigsten, die Eigentümer der entscheidenden Produktions- und Finanzmittel, sind letztlich Objekte der Zwangsgesetze der Ökonomik, der marktvermittelten Zirkulations- und Distributionsprozesse. Repressive Gesellschaftsmacht wird überwunden, wenn die Individuen ihren sozialen Lebensprozeß gemeinschaftlich planen, leiten und durchführen, was allerdings auch mit Macht ausgestattete Leitungsorgane bedingt. Auf diesem Wege wird die an privilegiertes Eigentum gebundene Entfremdung der Individuen von Prozeß und Produkt ihrer gemeinschaftlichen Tätigkeit aufgehoben.

Eine besonders wirkungsvolle Form von Macht ist die eher unauffällig wirkende Verhaltensorganisierung durch Ideologie, Bildung, Religion, Kunst, Kulturindustrie (Massenmedien). Sie involviert Verinnerlichung von Machtverhältnissen und wirkt stärker als jede direkte machtgestützte Disziplinierung von Menschen. In der ideologischen Macht verbinden sich zentrale mit dezentralen Prozessen und Tätigkeiten: das zentrale Moment ideologischer Verhaltensregulierung (staatliche und gesellschaftliche Institutionen) verquickt sich mit dezentralen Aktionen, in denen es erst zu eigentlicher Wirkung kommt: das alltagspraktische ideologische Leben ›vor Ort‹, in dem die Individuen – sei es selbstbestimmt, sei es traditional – im Einklang mit sozialen Normen und Werten denken und handeln. Das geschieht zumeist in rituellen Praktiken, die das Pendant und praktische Erscheinungsbild ökonomischer, politischer und ideologischer Herrschaftsverhältnisse versinnbildlichen.

Einflußreiche Akteure ökonomischer und politischer Macht sind die Intellektuellen, die mit den von ihnen geschaffenen wissenschaftlichen und künstlerischen Werken die bestehende Macht verteidigen, stabilisieren – oder auch in Frage stellen. Dabei sind sie sich häufig ihrer Vermittlungsrolle nicht bewußt, indem sie aus Traditionsbeständen, kritischen Standards, Erkenntnispools, individuellen Lebenserfahrungen und Daseinsansprüchen heraus das Bewußtsein von Rezipienten beeinflussen und durch Bewußtseins- und Verhaltensprägung vieler eine gesellschaftliche Macht verkörpern. Moderne Massenmedien, wie Fernsehen und Radio, Vermittler von Unterhaltung unterschiedlicher Qualität, tragen in den heutigen kapitalistisch-industriellen Gesellschaften in der Regel zur Befestigung der Machtverhältnisse bei, indem sie Scheinwelten – vorgeblich dem Massengeschmack gemäß – errichten, die vor das Wesen der bestehenden Gesellschaft und ihre Probleme einen Nebelschleier legen, der die Widersprüche und Konflikte der Gesellschaft verbirgt.

Da die Intellektuellen zumeist selbst in vielfältiger Weise von den Mächtigen abhängen, entspringt die Erzeugung von Schein durch sie entweder eigener Absicht oder ist Ergebnis unbewußter Verinnerlichung herrschender Interessen und Werte. Das zeigt, daß in kommunikativen Prozessen eine gleiche Stellung der Partner nur selten gegeben ist; vielfach ist der eine dominantes Subjekt, der andere Objekt von Beeinflussung, was Wechselseitigkeit nicht ausschließen muß. Doch ist im Falle medialer Kommunikation das Subjekt in anderer Weise auch Objekt, da es bewußt oder unbewußt die Macht herrschender Ideologien und dahinter stehender gesellschaftspolitischer Interessen zur Geltung bringt. Das Objekt dieses Vorgangs muß freilich nicht passiv sein; abgesehen davon, daß die Aneignung geistiger Werke und Werte stets Eigenaktivität des Rezipienten bedingt, kann sich im Rezeptionsvorgang auch sozial begründete Widerständigkeit aufbauen oder verstärken. Kommunikation als »herrschaftsfreier Diskurs« gehört in das Reich spekulativer Idealisierung, da stets soziale Machtbeziehungen mitschwingen. Selbst die Sprache ist nicht frei von Herrschaft; die dominanten Termini und Wendungen signalisieren Machtverhältnisse, die in Sprechakten häufig unbewußt transportiert werden. Die Sprache ist Anzeiger der in einer Gesellschaft bestehenden Herrschaftsverhältnisse, sie gehört zu den »verborgenen Mechanismen der Macht.«[4] Damit eng verbunden sind symbolische Machtformen, die sich in Körpersprache, in ritualisierter Gestik ausdrücken.

Wissen ist potentiell Macht über das Objekt und über jene, die vom Wissen ausgeschlossen bzw. erst auf dem Wege zu ihm sind. Die Überzeugung des fortschrittlichen Bürgertums von der gesellschaftlichen Kraft des Wissens, formuliert von F. Bacon, sprach die Macht der neuen Klasse in der Gesellschaft aus, die sich auf technikgestützte Naturaneignung gründete. Unkenntnis, Bewußtlosigkeit über natürliche und soziale Prozesse, die das Leben der Menschen beeinflussen, bedeuten Ohnmacht der Umwelt und sich selbst gegenüber. Doch ist Wissen Macht nur potentiell, denn es bedarf technisch-operationaler Mittel

2. Macht – ein Subjekt-Verhältnis

und sozialer, namentlich politischer sowie ökonomischer Institutionen und Aktivitäten, damit Wissen aus der Latenz von Macht in die Aktualität übertritt. Demokratie ist jene soziale Form, in der sich Wissen zu praktischer Aktion der Machtausübung durch die Bürgergesellschaft verdichten kann, wobei Bewußtsein sich praktisch-schöpferisch mit Sein, Geist mit Materie verknüpft. Sie ist die soziale Voraussetzung ungehinderter Erlangung von Wissen, von Wahrheit, die sowohl im Dienste der Wissenschaft selbst als auch der ihrer bedürfenden Gesellschaft steht. Undemokratische Einschränkung von Wissenserwerb und -verbreitung macht die Gesellschaft und die ihr angehörenden Individuen ohnmächtig gegenüber den Anforderungen der Innen- und Außenwelt des Menschen an ein humanes gesellschaftliches Leben. Macht ist ein psychisches Dispositiv, indem sie von den Abhängigen vermittels ihres Denkens und Fühlens, ihrer inneren Einstellung und äußeren Selbst-Darstellung Besitz ergreift und so das individuelle Verhalten prägt. Eine weitere Dimension der psychischen Existenz der Macht besteht in der Suggestivkraft und Attraktivität, die sie auf Personen ausübt, die für Machtausübung prädisponiert sind. Macht ist ein gesellschaftliches Faktum, das in ökonomischen und politischen Bedingungen gründet, aber zu einer gesellschaftlich bedeutsamen Kraft auch durch das Innenleben der Menschen wird, wo es – was die Regel ist – zur Befestigung oder – was seltener ist – zur Untergrabung bestehender Machtverhältnisse führt. Unterwerfung unter die Macht, billigende Hinnahme, die sich in Einstellungen und praktischem Verhalten äußert – und Verführung durch die Macht, die zu ihrem Ge- und Mißbrauch führt, offenbaren das Dasein der Macht als psychische Tatsache. Sie ist an ideologische Vermittlungen gebunden, die ein allgemeines gesellschaftliches Fluidum der Machtakzeptanz und -vergötzung, das in objektiven Interessen wurzelt, erzeugen. Individuelle Selbstunterwerfung wird »kapitalistischen Verwertungsinteressen konform instrumentalisiert«[5] und ist integraler Bestandteil der Alltagspraxis, muß also nicht, was im Realsozialismus die Regel war, auf ständigen äußeren Druck zurückgehen. Sinnvoll sind psychologische Analysen der Mächtigen und der Abhängigen[6], die die psychische Existenzweise der Macht erhellen. In der Schrift ›Das Unbehagen in der Kultur‹ (1930) machte S. Freud auf die Verflechtung von Macht und Kultur aufmerksam und zeigte, daß sie vor allem im Unterbewußtsein des Menschen existiert.

Im allgemein-menschlichen Interesse läge es, würde Macht nur von solchen Personen ausgeübt, die sie auf Grund ihrer psychischen, intellektuellen und charakterlichen Disposition zu Nutz und Frommen der Gesamtheit der Individuen anwenden. Doch ist das eine realitätsferne Wunschvorstellung, da die Interessen herrschender Klassen solche individuellen Charaktermerkmale maßgeblicher Personen begünstigen, die in besonderer Weise zur Absicherung und Befestigung der Herrschaft der ökonomisch und politisch Mächtigen geeignet sind. So bildet sich der Typ des Machtmenschen heraus, gekennzeichnet durch Imponiergehabe, forsches Auftreten, Aktionismus, Lust am Befehlen, der nicht nur in totalitären Regimes, sondern auch in demokratischen Gemeinwesen existiert. Dabei findet ein Mixtum positiver und negativer Selektion statt; die mit Herrschaftsausübung betrauten Personen sind zwar der Machterhaltung dienstbar, werden aber gleichzeitig durch den Dienst an der Macht korrumpiert und betreiben sie als ihr eigenes Geschäft, trachten – bei oft mäßiger Intelligenz – errungene Positionen und Pfründe zu behaupten (»Machtversessenheit« und »Machtvergessenheit« – R. v. Weizsäcker). Nach den Worten V. Falins ist nichts »mit dem demoralisierenden Einfluß der Macht zu vergleichen.«[7] Daher sind in demokratischen Verhältnissen strenge Kontrollen notwendig, die den bestimmenden Einfluß der Gesellschaft auf die Staatsgeschäfte sicherstellen und es verhindern, daß die Macht zum Privateigentum einiger weniger verkommt. Macht soll dem Gemeininteresse dienen; in diesem Fall besitzt die Auswahl der mit Leitungsaufgaben betrauten Personen einen für die Gesellschaft positiven Effekt, was allerdings maßgeblich von den in der Gesellschaft bestehenden Klassen- und/oder Machtverhältnissen abhängt. Verfassungsrechtliche Sicherungen gegen Machtmißbrauch sind unerläßlich. Macht ist nach den Worten M. Webers das unvermeidliche Mittel aller Politik und Machtstreben eine ihrer treibenden Kräfte. Verantwortungslos handele der Politiker, der die Macht lediglich um ihrer selbst willen genießt und den glänzenden Schein der Macht erstrebt.[8] »Der Mächtige sucht mit allen Mitteln Vermehrung des Glaubens an seine Macht[9] und übt »mit Wohltun und Wehetun« seine Herrschaft über andere aus.[10] In dem Glauben an Macht und Können der Herrschenden besteht eine Quelle ihrer Verankerung im Denken, Fühlen und Handeln der Gesellschaftsglieder. Das Wissen darum, daß die Macht auf der ausdrücklichen oder symbolischen Zustimmung der ihr Unterworfenen beruht, kann ein Treibsatz notwendiger Veränderung der Gesellschaft im Interesse der Mehrheit der Bevölkerung sein. Doch ist das Symbolische eng mit dem Materiellen der Machtausübung (politische und juristische Gewalt) verbunden, das ebenfalls von Personen wahrgenommen wird, die in

2. Macht – ein Subjekt-Verhältnis 145

ihrer Mehrzahl auf dem Wege über Machtverinnerlichung die Suprematie von Minoritäten garantieren. Das Bewußtsein, daß die Macht von der im alltagspraktischen Verhalten bekundeten Zustimmung der Massen abhängt, kann kritische Potentiale freisetzen und beflügeln. Von da rührt die Bedeutung der ideologischen Verhaltensregulierung, die immer auf jene Personen und Institutionen verweist, die die Macht innehaben. Die Sprache und andere symbolischen Expressionen verschleiern in der Regel diese Tatsache, und die Massenmedien tun ein übriges, eine (Schein-)Welt freier Entscheidungsmacht und Sachkompetenz den – realiter abhängigen – Individuen vorzuführen, die mit der wirklichen Welt oft wenig zu tun hat. Ritualisiertes Verhalten, dessen Funktion der Machtbefestigung nicht problematisiert wird – weil es allgemeine Praxis ist –, bedarf keiner mentalen Vergewisserung und ist dadurch wirkungsvoller Garant der Macht. Sprache und Gestik sind Machtformen von oft größerer Tiefen- und Breitenwirkung als direkte Supression. Die Wörter haben eine ideologiekonstituierende und -vermittelnde Funktion; durch bloße Umbenennung können analytische gedankliche Zugriffe scheinbar mühelos entschärft werden. Statt ›Kapitalismus‹ ›moderne Gesellschaft‹ oder ›Industriegesellschaft‹ zu sagen, ›Klassen‹ in ›soziale Gruppen‹ umzubenennen, ›Arbeiterklasse‹ als konturlose Mannigfaltigkeit personaler Segmente zu deuten, den Gegensatz von Kapital und Arbeit sozialpartnerschaftlich aufzulösen, die Beziehungen zwischen unterschiedlichen und gegensätzlichen sozialen Kräften in das Raster eines ›Gesellschaftsvertrages‹ einzubinden – alles das und mehr zeugt von der symbolischen Gewalt, die der Sprache eignet und die ein Mittel zum Vertuschen realer Machtverhältnisse sein kann.

Macht – ein Politikum

Macht ist ein gesellschaftliches Verhältnis zwischen Klassen, sozialen Gruppen, Individuen und hat die Funktion, die Interessen gesellschaftlicher Subjekte, institutional gebunden, gegen andere geltend zu machen. Sie dient dazu, das gesellschaftliche Zusammenleben zu regeln, es verbindlichen allgemeinen Normen und Verfahrensweisen zu subordinieren. In diesem Bezug ist Macht das Verhältnis der Gesellschaft zu sich selbst zum Zwecke der Lebenssicherung. Doch ist der Zustand geschichtlich noch längst nicht erreicht – falls das jemals der Fall sein sollte –, da diese Beziehung nicht an die Interessen besonderer sozialer Gruppen gebunden ist, die die Regelung des gesellschaftlichen Zusammenlebens zu ihren Zwecken vorzunehmen, ihre Belange zu den in der Gesellschaft maßgeblichen zu machen trachten. Darum ist Macht bis auf den heutigen Tag mit Herrschaft von Menschen über Menschen verbunden und damit ein Politikum, eine sozialpolitische Einrichtung. Der Vorteile wegen, die das Innehaben von Macht bietet, ist sie ein Feld gesellschaftlicher Auseinandersetzungen. Dies umso mehr, wenn die der Herrschaft Unterworfenen die mit diesem Zustand verbundene Schmälerung ihrer lebensnotwendigen Interessen nicht hinzunehmen bereit sind, sie um eigener Belange willen aufzuheben oder zumindest einzuschränken trachten. Das geschieht durch Kontrolle der Macht, der sich die Herrschenden zu entziehen suchen, und auch die Demokratie bietet den Mächtigen genügend Möglichkeiten, der Kontrolle zu entgehen und die eigene Herrschaft – in der Regel als Parteienherrschaft – zu befestigen.

Da die Demokratie eine besondere Form von Herrschaft ist, wenngleich totalitären Formen weit überlegen, ist sie ein Feld von Auseinandersetzungen um den Besitz der Schlüsselpositionen der Macht, in denen die ökonomisch Mächtigsten die günstigsten Positionen innehaben.

Macht durchdringt als politisches Verhältnis die ganze Gesellschaft, indem sie in ostensiblen oder subtilen Formen Hinnahme von Herrschafts- und Gewaltprozeduren bewirkt. Dabei schlägt Politisches in Moralisches und Persönliches um, indem die Macht ein Verhältnis begünstigt, bei dem die Individuen ihre Individualität hintansetzen, um sich den bestehenden Machtverhältnissen anzupassen. Im Wirtschaftsleben wird Identifizierung des einzelnen mit ›seinem‹ Unternehmen erwartet; das schließt bereitwillige Subsumption der Weisungsempfänger unter die Weisungsgeber ein. Die Persönlichkeit bleibt oft auf der Strecke, da die ›moderne‹ Gesellschaft zwar die Würde des Individuums proklamiert, in der Praxis aber den einzelnen häufig zu einem Rädchen in einem ihm fremden und gleichgültigen Getriebe herabsetzt. »Die Wahrheit der real existierenden Moderne ist ihre Heuchelei, die das Individuum preist und es gleichzeitig ignoriert.«[11] Die Einschränkung der Individualität ist geschlechtsspezifisch und sozial bestimmt: die Männer, die im alltäglichen Leben den Vorrang gegenüber den Frauen einfordern und erhalten (patriarchalische Struktur der Familie), sind zugleich den (meist männlichen) Vorgesetzten in Wirtschaft und Gesellschaft dort nachgeordnet, wo sie sich, auf welcher Stufe der Hierarchie auch, im Verhältnis der Weisungsgebundenheit befinden.

2. Macht – ein Subjekt-Verhältnis 147

Dazu kommen weitere Subordinierungen, z.B. nationaler, ethnischer, rassischer Art.

Macht ist ein vielschichtiges und vielgliedriges Kräfteverhältnis. Einerseits fordert die Konkurrenzgesellschaft Selbstbehauptung und Durchsetzungskraft, andererseits verwirft sie diese, sofern sie die bestehenden Autoritätsverhältnisse in Frage stellen. Die Höherbewertung von konkurrierendem gegenüber kooperativem Verhalten[12] ist Reflex der in der kapitalistischen Gesellschaft bestehenden ökonomischen und politischen Herrschaftsstrukturen, die auf das individuelle Verhalten prägend durchschlagen. In dieser Gesellschaft herrscht ein ›totes‹ Ding, das Geld, über das Tun und Lassen der Menschen, es regiert in Politik, Ökonomie, Recht, Kultur, Moral. Doch ist die Geld-Materie selbst subjektgebunden, etwas Subjektives; sie ist Produkt menschlicher Tätigkeit, der Arbeit, vor allem in der Produktion der materiellen und ideellen Existenzmittel, und wird von sozialen Gruppen, den Reichen, den ökonomisch Mächtigen, exklusiv angeeignet. Die Eigentümer sind jedoch ihrerseits den Zwängen des Geldfetischs unterworfen, und indem sie ihre Gruppen- und persönlichen Interessen verfolgen, halten sie diese Zwänge am Leben. Deren Umsetzung in politische Aktivitäten und Institutionen wird einerseits von der Allmacht des Geldes bewirkt, andererseits von den Eigentümern der maßgeblichen Produktions- und Finanzmittel gewollt und aktiv betrieben. Eine Stütze erhält die Geldmacht durch das in der Gesellschaft allgemeine Bestreben, an ihr teilzuhaben, selbst zu den Vermögenden, den Reichen aufzusteigen. So durchdringt die ökonomische und politische Macht das Verhalten der Masse der Individuen und erzeugt Unterwerfung unter die ökonomischen und politischen Verhältnisse durch Hinnahme und Ausführung der in sie eingeschriebenen Normen. Doch hindert das nicht, daß ökonomische Macht einen monopolistischen Charakter besitzt: in den entwickelten kapitalistischen Ländern befindet sich das weitaus größte Geldvermögen in den Händen einer kleinen Zahl Reicher, während mehr als die Hälfte der Bevölkerung maximal 10% des Wohlstandes der Nation ihr eigen nennt. Ökonomische Macht hat einen selbstreproduktiven Charakter, der durch die Mechanismen der bürgerlich-parlamentarischen Demokratie geschützt wird. Denn da die bestimmenden Institute politischer Macht in den Händen der Mandatare der großen Eigentümer liegen, sind deren prozeßhafte Formen auf den parlamentarisch verbrämten Ausschluß der großen Masse von der Verfügung über die maßgeblichen Produktionsbedingungen angelegt.

Der Umstand, daß in den Parteien eine Machtkonzentration bei einer kleinen Gruppe von Funktionären liegt, die mit dem großen Eigentum durch ihre Interessen verbunden sind, stellt eine zusätzliche politische Garantie der Perpetuierung der bestehenden Machtverhältnisse dar. Die Parteien und namentlich ihre Führungen entwickelten sich zu Aktoren ihrer Selbstreproduktion, des Strebens nach Erhalt der Macht um der Subjekte der Herrschaft selbst willen, hinter dem das Wohlergehen der Bevölkerung zurücktritt. »Nach meiner Überzeugung ist unser Parteienstaat ... machtversessen auf den Wahlsieg und machtvergessen bei der Wahrnehmung der inhaltlichen und konzeptionellen politischen Führungsaufgabe.«[13] Das ist ein Ausdruck der in der kapitalistischen Gesellschaft grassierenden Selbstbedienungsmentalität, der Überordnung des eigenen Vorteils über gemeinschaftliche Interessen und Aktivitäten.

Nach M. Webers Worten erstrebt jede Partei Macht und damit Einfluß auf die Ämterbesetzung, was die geschützte Stellung des Beamtentums festigt und einen Nährboden für Korruption und Mißwirtschaft abgibt. In der heutigen Gesellschaft »wird die Partei zum Selbstzweck. Sie kann nicht mehr das eine oder das andere vertreten, weil sie vor allem sich selbst und die eigene Zukunft im Auge hat.«[14] Exekutor dieser Amputation der Demokratie ist die Bürokratie, eine stabile Säule der ökonomischen und politischen Macht und mit ihr dadurch verfilzt, daß sie vorrangig ihre eigene Erhaltung bezweckt und alles das von der Macht fernhält, was sie gefährden könnte. Die Bürokratie ist einer der Garanten der Macht- und Herrschaftsverhältnisse, abgesichert durch Privilegien und ermächtigt zu autoritärem Schalten und Walten auf dem Rücken der Bevölkerung. Die Bürokraten sind Abbilder der Inhaber der Macht; die Macht, in deren Diensten sie stehen, ist ihnen heilig, und ein seelenloses Handeln ›nach Vorschrift‹ ist Basis der Machterhaltung. Damit werden die ›kleinen Leute‹ gegen sie selbst eingesetzt, denn das Heer kleiner und mittlerer Beamten und Angestellten ist ebenfalls Opfer einer langfristige Volksinteressen bedrohenden und beschädigenden Politik. Die bürokratische Herrschaftsform ist nicht auf den Kapitalismus beschränkt; ihre verhängnisvolle Wirkung zeigte sie gerade auch im Staatssozialismus, wo sie Ausdruck der generellen Entmündigung der Bevölkerung, der Unterdrückung einer machtkritischen Öffentlichkeit war. Die Bürokratie ist Zeugnis der Trennung des Staates von der Gesellschaft, seiner Entgegensetzung gegen diese, der Verselbständigung des Staatsapparates und namentlich seiner Spitze gegenüber dem

2. MACHT – EIN SUBJEKT-VERHÄLTNIS

Gesellschaftsganzen. Dennoch vertritt sie ein Klasseninteresse, und zwar das der ökonomisch und politisch herrschenden Klasse, das durch mannigfache Vermittlungen und Verkleidungen den Schein einer die Gesellschaft insgesamt fördernden Kraft erlangt.

Dieser relativ einschichtige Zusammenhang ist in autoritären und totalitären Regimes einer komplexen und komplizierten Struktur gewichen. In der Nazi-Diktatur waren zwar die grundlegenden Belange der Kapitalgewaltigen geschützt, doch führte die auf Völkermord gerichtete Politik der Nazi-Führer im Ergebnis ihres notwendigen Scheiterns zu schwerwiegenden Beeinträchtigungen dieser Belange. Im Staatssozialismus war formal das Volk Eigentümer der entscheidenden Produktionsmittel, doch da dieses Eigentum staatliches Eigentum war und der Staat der direkten Weisung der Führung der herrschenden Partei unterstand, lag die Verfügung über das Eigentum und damit letztlich dieses selbst in den Händen der Politbürokratie. Damit hingen erhebliche Einschränkungen von Eigenständigkeit und Entscheidungskompetenz der Produzenten zusammen, die das undemokratische Wesen der Macht- und Herrschaftsverhältnisse dieser Gesellschaft kennzeichneten.[15]

Im staatssozialistischen Gesellschaftssystem hatte eine kleine Schicht von Funktionären – letztlich der Generalsekretär – die Macht an sich gerissen, öffentliche Rechenschaftslegung und Kritik an der Führung fanden nicht statt und es existierte, entgegen den Vorstellungen von Marx und Engels, keine Befristung der Amtszeit der maßgeblichen Funktionäre. Der bürokratische Sozialismus war, geschichtlich gesehen, ein Versuch, die auseinanderstrebenden Kräfte des Marktes und der Gesellschaft aufzuheben, die Anarchie des Marktes und die Diversifikation der Gesellschaft durch zentrale Leitung und Planung abzulösen und so auch der Bedrohung des Sozialismus durch das kapitalistische Umfeld (vorgeblich) gegenzusteuern. Doch waren Weg und Mittel dem Ziel nicht angemessen, da sie die schöpferischen Potenzen, die Freiheit und Selbstorganisation der Gesellschaft, der Massen nicht zur Entfaltung kommen ließen. Die Entfremdung des Staates von der Gesellschaft war auf die Spitze getrieben, seine Rückkehr in die Gesellschaft, das von Marx und Engels verheißene Absterben des Staates fanden nicht statt.

Die Beherrschung der Vergesellschaftung der Individuen durch ihren assoziierten planenden Verstand und Willen kann erfolgreich nur in demokratischen Formen vor sich gehen, mit allen Unwägbarkeiten und Unsicherheiten, die damit verbunden sind. In der SED-Propaganda wurde die entscheidende Bedeutung der politischen Macht hervorgehoben, doch erwies sich, daß damit die autoritäre Macht des Politbüros und des Generalsekretärs gemeint war. Diese Macht maßte sich, im Widerspruch zur Verfassung, an, sämtliche Fragen des gesellschaftlichen Lebens autoritativ zu entscheiden und das Wirken des Volkes auf die Ausführung zentral erlassener Weisungen zu reduzieren. Damit erfolgte eine verhängnisvolle beständige Reproduktion der autoritären Macht, die sie stützende Denk- und Verhaltensweisen der Funktionäre und großer Teile der Bevölkerung nach sich zog und ein allgemeines Subordinationsverhalten erzeugte, in dem Anpassung an die Macht als höchste Tugend galt. Das von Marx und Engels gewiesene Ziel der Selbstkonstituierung des arbeitenden Volkes, seiner Erhebung zu eigenständigen Geschichtssubjekten war damit verfehlt; freilich waren auch bei Marx und Engels notwendige Schritte zu dieser gesellschaftlich-geschichtlichen Subjektwerdung verzeichnet, was sich an dem Konzept der ›Diktatur des Proletariats‹ offenbarte. Die notwendige geschichtliche Tendenz des Verhältnisses von staatlicher Macht und Gesellschaft kann indes nur – das gerade war eine prophetische Annahme von Marx und Engels – durch Umwandlung der staatlich-politischen Macht in einfache Verwaltungstätigkeit, die sich auf dezentrale Entscheidungskompetenz und Selbstorganisation der Kommunen stützt, erfolgen. Dann ist Macht eine Leitungsaufgabe jenseits aller zwangsförmigen, klassenbestimmten Repression. Doch wie dies erreicht werden soll, bleibt weitgehend offen.

Anmerkungen:
1 Vgl. M. Tjaden-Steinhauer: Urgeschichtliche Reproduktionsfunktionen ..., in: Z. Nr. 22 (Juni 95), S. 47f.
2 Vgl. G. Stiehler: Werden und Sein, Köln 1997, S. 167f.
3 ebd., S. 169
4 Siehe P. Bourdieu: Die verborgenen Mechanismen der Macht, Hamburg 1992, bes. S. 81f.
5 W. Seppmann: Zur Theorie ideologischer Herrschaftsproduktion: L. Kofler, in: Hintergrund II-96, S. 35
6 E. Jaeggi: Psychologie und Alltag, München 1988, S. 132 – 225 -
7 V. Falin: Politische Erinnerungen, München 1993, S. 290. Vgl. auch R. Lay: Die Macht der Unmoral, Düsseldorf 1993, S. 160f. 8 M. Weber: Politik als Beruf, in: Politisches Denken im 20. Jh., Hrsg. H. Münkler, München 1990, S. 28

9   F. Nietzsche: Menschliches, Allzumenschliches, in: Das Hauptwerk I, München 1990, S. 615
10 ders.: Die fröhliche Wissenschaft, in: ebd, II, S. 369
11 P. F. d'Arcais: Die Linke und das Individuum, Berlin 1997, S. 44 12 F. Capra: Wendezeit, München 1991, S. 43
13 R. v. Weizsäcker im Gespräch, Frankfurt/M. 1992, S. 164
14 P. F. d'Arcais a.a.O. S. 24f
15 Siehe G. Lozek: Totalitarismus ..., in: Hintergrund IV-95, S. 31f. H. Krauss: Faschismus und Fundamentalismus ..., in: Hintergrund III-96, S. 32-42.

3. Fortschritt zum Humanum

Die menschliche Gesellschaft ist in ihrer Entwicklung durch erhebliche Devianzen gekennzeichnet. Während in der Natur eine objektive Ordnung der Selbstorganisation und Selbstreproduktion waltet, deren Funktion in der lebenden Natur die Daseinssicherung der Lebewesen als einzelne und als Gattung ist, existieren in der Geschichte der Menschheit, spezifisch in Formationen und Epochen, Tendenzen der Vernichtung von Leben zum Nutzen privilegierter Klassen, sozialer Gruppen und Individuen. Diese Tendenzen – häufig in mörderischen Kriegen eskalierend – sind mit Not und Leid des einfachen Volkes, mit der Zerstörung des in friedlicher Arbeit Geschaffenen und dem Tod unzähliger Menschen verbunden. Das ist keineswegs naturgegeben, denn die Natur ist im Ganzen auf Erhaltung des Lebens ausgerichtet (wenn auch in spezifischer Weise mit der Vernichtung lebender Wesen verknüpft). In der Natur walten Formen und Prozesse der Lebenserhaltung, der Fürsorge für die Organismen und Populationen, während in der Gesellschaft und ihrer Selbstreproduktion das Einzelwesen vielfach unterdrückt wird und Menschen einander die Lebensbedingungen beschneiden.

Da in der Natur keine Triebkraft einer solchen Behinderung und Zerstörung menschlichen Daseins angelegt ist, kann sie nur aus innergesellschaftlichen Bedingungen erwachsen; sie ist Ausdruck der Entfernung der Menschen von der lebenserhaltenden Kraft der Natur und hängt mit der Spezifikation von Interessen zusammen, die aus ökonomisch beeinflußten Segmentierungen und Parzellierungen des sozialen Lebens hervorgehen. Doch ist in der Gesellschaft durch die Jahrhunderte hindurch ein Streben nach friedlichem Dasein, nach Erhaltung und Mehrung der materiellen und ideellen Schätze der Menschheit wirksam, das, von Massen getragen, in naher oder ferner Zukunft die Oberhand über das destruktive Element der Geschichte erlangen sollte.

Natürliche Evolution

Zufolge objektiver Gesetze besteht in der Natur fortschreitende Bewegung, die Vermannigfaltigung der Formen und Daseinsweisen, Neuentstehung natürlicher Existenzen, wachsende Komplexität, zunehmende Unabhängigkeit von äußeren Gegebenheiten beinhaltet. Die Natur beinhaltet nicht (nur) Reproduktion des immer Gleichen, sondern, aufbauend auf selektiv bewährten Formen, das Hervorgehen reicher entwickelter Existenzen. Evolutionszwänge führen selbst in isolierten Ökosystemen mit begrenzten Ressourcen zu sich vertiefender Mannigfaltigkeit.[1]

Doch kann es in diesem Prozeß auch zu Sackgassen der Evolution kommen – Fortschritt ist dem Grunde nach mit Stagnation und Rückschritt verbunden. Die gegenwärtig existierenden Lebewesen machen nur einen Bruchteil jener aus, die einstmals gelebt haben. Strittig ist, ob es überhaupt eine allgemeine Richtung der Evolution gibt[2] und ob nicht vielmehr die Entwicklung der lebenden Natur nur Formwandel des Bestehenden und Beständigen ist, eine innere Richtung zum ›Höheren‹ aber nicht existiert. Der Zufall ist ein bedeutender Faktor evolutiven Wandels; doch innere Bedingungen spielen ebenfalls eine maßgebliche Rolle. Selbstorganisation ist die Grundlage aller Evolution mit Einschluß des Lebens und der Gesellschaft. Dabei gründet Evolution in vorhandenen Beständen, in den Ausgangsbedingungen des sich entwickelnden Prozesses.

Zu bestimmten Zeiten und an bestimmten Orten sind die Voraussetzungen für die Evolution komplexer adaptiver Systeme günstig und die Entwicklung nimmt neue Züge an, gewinnt neue Formen. Bewegung gilt von etwas, das sich bewegt, es liegt ein Substrat zugrunde, das bei Vorhandensein erforderlicher Bedingungen in bis dahin nicht existierendes Dasein übergeht. Bedingungen (Fakten) und objektive Gesetze regeln den Prozeß der Evolution und grenzen damit das Möglichkeitsfeld ein, so daß die Evolution sich nicht chaotisch, sondern in gesetzmäßigen Formen vollzieht. Doch besteht überwie-

3. Fortschritt zum Humanum

gend keine strenge Determination, sondern Breite der möglichen Zukünfte eines sich entwickelnden Systems, Wahrscheinlichkeit (Unwahrscheinlichkeit) des Eintretens neuer Zustandsformen. »Beim Verzweigungsbaum alternativer Geschichten des Universums ...kann sich das Ergebnis an einer Verzweigung nachhaltig auf die Wahrscheinlichkeit bei späteren Verzweigungen auswirken ...«[3] Bifurkationen verhindern, daß die Entwicklung eindeutig aus der vorgegebenen Situation hervorgeht, ein eindimensionaler Determinismus der Betrachtungsweise ist fehl am Platze. Es läßt sich nicht vorhersagen, welchen Weg die Bifurkation nehmen wird, da der Prozeß weder durch die Vergangenheit der Systeme noch durch ihre Umgebung, weder durch innere noch durch äußere Bedingungen eindeutig bestimmt wird. In der menschlichen Gesellschaft kann die Unwägbarkeit der Bifurkation zum Problem werden; es ist nicht auszuschließen, daß aus ihr tödliche Gefahren für die Existenz der Menschheit erwachsen.

Bifurkationen können Fortschritt oder Verhängnis begründen; in der Gesellschaft kommt vernunftgeleitetem koordinierten Handeln eine Schlüsselrolle für positive Entwicklungen zu, der Prozeß der Bifurkation kann von den Menschen unter ihre Kontrolle genommen werden. Häufig treten in der Natur wie auch in der Gesellschaft Fluktuationen auf, sie untergraben eingefahrene Zustände und Trends und können Neues entstehen lassen. In der Gesellschaft werden die Wahrscheinlichkeiten im Entstehen von Bifurkationen, die aus Fluktuationen erwachsen, im Interesse der Menschen reguliert, so daß fördernde Bewegungen resultieren, wenn eine hinreichend große Zahl von Menschen sich dafür einsetzt. ›Fulguration‹ ist nach K. Lorenz das blitzartige Auftreten neuer Systemeigenschaften, es kennzeichnet allerdings mehr die physikalisch-chemische als die soziale Welt.

Eine Ansammlung wechselwirkender Komponenten kann spontan Eigenschaften des größeren Ganzen entstehen lassen, die in den einzelnen Teilen nicht enthalten sind[4]: das Ganze ist mehr als die Summe seiner Teile. Emergente Eigenschaften beruhen in der Regel auf Zufällen, das gilt vor allem für Mutationen.[5] Zufälle schaffen Grundlagen für die Evolution, das ist der Fall bei der Entwicklung von Organismen, spielt aber auch in der Gesellschaft eine Rolle. Emergenzen in der Geschichte der Menschheit sind Sprache, Schrift, Selbstbewußtsein, Staatenbildung, historische Epochen, die aus den vielfältigen Wechselwirkungen gegebener Zustände und Prozesse hervorgehen und in selektiven Verknüpfungen der Elemente des Systems gründen. Im Laufe der

Evolution natürlicher und sozialer Systeme kommt es zur Ausbildung unterschiedlicher Emergenzniveaus, wobei im allgemeinen die Komplexität zunimmt.

In Europa verbreiteten sich im 10. und 11. Jh. in rascher Folge neue Produktionsweisen, nachdem sich durch intensiven Handels- und Wirtschaftsverkehr ein umfassendes Kommunikationsnetz herausgebildet hatte. Neue Technik und neue Ideen wurden schneller und wirksamer als bisher verbreitet; die einzelnen Regionen wuchsen zu dem größeren Ganzen der europäischen Gesellschaft zusammen.

In der natürlichen Evolution werden Informationen in Form genetischer Programme tradiert und bilden den Grundstock für das Entstehen neuer biologischer Formen sowie für die Erhaltung der Art. Die Weitergabe von Informationen ist das innere Band der Evolution, Informationen, Strukturpläne sind das materielle Substrat, das der Bewegung und der Entwicklung der lebenden Natur zugrundeliegt, sie sind das Identische im Wechsel, das sich in diesem auch selbst verändert.

Das gilt in höherem Grade für die Gesellschaft, in der materialisierte Ideen die Basis des kulturellen Fortschritts bilden. Dieser Vorgang fand und findet in der Natur wie in der Gesellschaft überwiegend in vielen kleinen Schritten statt; Kataklysmen, Katastrophen, die aus krisenhaften Entwicklungsphasen hervorgehen sowie grundlegende Änderungen genetischer Pools sind eher seltene Knotenpunkte der Evolution.

In der Geschichte der Wissenschaft lösen neue Paradigmen vielfältige Aktivitäten aus, die Fortschritte, aber auch Fehlentwicklungen begründen können. Allgemein sind Form und Inhalt der Evolution durch Regeln und Gesetze eingegrenzt, eine spontan-anarchische Folge von Entwicklungsschritten findet kaum statt. Doch kann klimatisch bedingter, heute vor allem auch menschlicher Einwirkung geschuldeter Untergang von Pflanzen- und Tierarten die potentielle Stetigkeit von Entwicklungabläufen stören. Es gibt Sackgassen und voranstürmende Veränderungen, rasch können neue Arten auftreten und dann Millionen von Jahren weiter bestehen. Das Zusammentreffen innerer und äußerer Bedingungen ist Stimulus von Veränderung wie von Stagnation. Aus einem Ensemble von Faktoren, beeinflußt durch Zufälle, sind das Leben und auch der Mensch hervorgegangen, eine aufsteigende Entwicklungsrichtung hat sich aus dem Ganzen der Bedingungen allerdings erst post festum ergeben, jedoch nicht von Anfang an als organisierende Tendenz gewirkt.

3. Fortschritt zum Humanum

Ordnung, Unordnung

Die Welt ist eine geordnete Mannigfaltigkeit von Systemen und Singularitäten, ohne gesetzmäßige Zusammenhänge und Regelhaftigkeit könnte sie nicht existieren. Das gilt auch von der Entwicklung der Welt im Ganzen und im Einzelnen, die keine regellose Folge von Zuständen ist, sondern Ordnung im Fortschreiten darstellt. Entropie als Übergang von Ordnung in Unordnung ist dem universellen Prozeß des Werdens attribuiert und eine spezifische Weise der Ordnung des Weltganzen, die sein Bestehen ermöglicht. Unordnung als dauerhaftes Sein wäre letztlich Nicht-Existenz, Tod des Universums und seiner formierenden Existenzen. So ist Evolution eine dynamische Daseinsform von Ordnung, von Regelhaftigkeit, die notwendig aus der Bewegung als Existenzweise der Materie folgt.

Von vergleichsweise einfachen dynamischen Systemen schritt die Evolution zu Systemen mit größerer Komplexität und von niederen zu höheren Organisationsniveaus fort. Das ist ein Ordnungsfaktor von bestimmender Bedeutung, der die enge Verbindung von Materie und Gesetz erkennen läßt und auf dem Niveau der Gesellschaft mit vielfältigen, durch menschliches Handeln und dessen Voraussetzungen bedingten Modifikationen weiterhin gilt. Das bedeutet jedoch nicht, die in physikalisch-chemischen Systemen wirkende Entropie gelte unverändert auch in der Gesellschaft, da der bewußt handelnde Mensch zielesetzend in die sozialen Prozesse eingreift. Hierbei kann Komplexität zu- oder auch abnehmen; für die planvolle Regelung des menschlichen Daseins ist die Schaffung einfacher Formen, die Reduktion von Komplexität von Vorteil. Die Essenz des zweiten Hauptsatzes, die Irreversibilität, wird mutatis mutandis auch in der Gesellschaft sichtbar, indem entwickelte Formen der Produktivkräfte, der technologischen Anwendung natürlicher Innovationen, sowie auch kulturelle Errungenschaften der historischen Tendenz nach geschichtlich erhalten bleiben, nicht re-evolutieren, was die Geltung einfacher Regelsysteme nicht tangiert. Der Weg von der Ordnung zur Unordnung ist in der Gesellschaft nicht sensu stricto vorhanden, sondern von Ordnung niederer Evolutionsniveaus schreitet der Prozeß tendenziell zu Ordnung höherer Niveaus fort. Die Richtung der Zeit, die die Zunahme der Entropie in physikalischen Systemen begründet, tritt in der Gesellschaft als Sukzession historischer Zeiten in Erscheinung, die durch sich wandelnde Epochenkonstellationen bedingt ist und in geschichtlichen Wahrscheinlichkeiten zur Wirkung kommt. Dabei spielen, wie auch in natürlichen Systemen, die Anfangsbedingungen eine wesentliche Rolle; in der Gesellschaft bilden sie ein Bündel von Kräftekonstelltionen innerhalb und außerhalb der einzelnen Gesellschaft, zu dem auch natürliche Faktoren (Klima, Rohstoffvorkommen usw.) gehören. Ebenso ist der Zufall in historischen Sequenzen formierend wirksam, worunter auch persönliche Eigenschaften führender Individuen fallen.

Eine wesentliche Erscheinungsform evolutiver Ordnung ist die Selbstorganisation; sie tritt mit Besonderheiten in Natur und Gesellschaft auf. Ihr Wesen ist die Selbsterzeugung von Ordnung, die das jeweilige System fit macht für die Selbstbehauptung in förderlicher oder feindlicher Umwelt. Die Gesellschaft vollzieht ihre Selbstorganisation auf der Grundlage von Arbeits- und Klassenteilung, wobei die Kontrahenten sich auf das Ganze der gegebenen Gesellschaft beziehen und mit unterschiedlichen Funktionen zur Lebenssicherung des Soziums beitragen. Selbstorgansation ist in der Gesellschaft ein bewußt gesteuerter, durch soziales Handeln vermittelter Prozeß, in dem der Tendenz nach wachsende Komplexität und Selbstbehauptung gegenüber natürlichen und sozialen Einflüssen Platz greifen. Indem ökonomisch und politisch herrschende Kräfte ihre Selbstbehauptung organisieren, stabilisieren – oder destabilisieren – sie das gesellschaftliche Ganze. Selbstorganisation kann zu Selbst-Desorganisation werden, wenn die natürlichen Bedingungen und die Bedürfnisse größerer Massen die Subsistenz der Gesellschaft gefährden. Ordnung wird dann zu Un-Ordnung, aus der in der Geschichte überwiegend neue Ordnungskräfte hervorwachsen, die Ordnung höheren Komplexitätsniveaus installieren. Selbstorganisation scheint, wie in der lebenden Natur, so auch in der Gesellschaft bestimmendes Prinzip der Evolution zu sein,[6] hinter der die Auslese möglicherweise an Bedeutung zurücktritt.

Gleichgewichtsferne ist in der Gesellschaft, anders als in der Natur, nicht Bedingung und Triebkraft der Entwicklung. Im Gegenteil: ein bewegliches Gleichgewicht unterschiedlicher Bestrebungen sozialer Kräfte ist Element der Entwicklung und Geburtshelfer des Übergangs zu neuer Ordnung. Ohne Ordnung in der Bewegung, ohne dynamisches Gleichgewicht ist soziale Ordnung nicht möglich, da sie auf der perennierenden Naturaneignung durch Arbeit zwecks Konsumsicherung beruht. Das relative Gleichgewicht geht durch ökonomische, politische, soziale und andere Aktivitäten in ein offenes Fließgleichgewicht über, was den Antrieb der im menschlichen Handeln verwirklichten Neuformierung von Ordnung und relativem Gleichgewicht bewirkt.

3. Fortschritt zum Humanum

Evolutionskrisen sind Anzeiger des Brüchigwerdens alter Ordnungen und damit des Zwangs für die Menschen, durch zielgerichtetes Handeln neue Ordnungssysteme zu schaffen. Krisen sind generelle Antriebe der Evolution, in denen alte Gleichgewichtssysteme zerbrechen. Sie treten in der Natur wie auch in der Gesellschaft auf. Eine ökologische Krise entstand bereits im Perm und führte durch drastische Veränderung des Klimas und innerbiologische Ursachen zum Aussterben von Tierarten. Eine der größten Krisen in der Geschichte des Tierreichs war das Ende des Mesozoikums, als alle großen Meeres- und Flugsaurier ausstarben. Der Untergang der Dinosaurier hing mit einer Reihe von Umweltfaktoren, namentlich einer tiefgehenden Klimaveränderung, zusammen.[7] Sind es in der Natur vorwiegend krisenhafte Erscheinungen in den Beziehungen der Lebewesen zur Umwelt, so können allgemein innersystemische Disparitäten dafür und somit für das Entstehen von Krisen namhaft gemacht werden. Es treten Gleichgewichtszustände auf niedrigerem als dem bisherigen Niveau auf und neue Systemzusammenhänge und -eigenschaften entstehen. In der Gesellschaft kommt es zu Evolutionskrisen, wenn wesentliche Elemente eines Sytemganzen ihre Entwicklungspotenzen erschöpft haben[8] und damit das System Gesellschaft in ein Ungleichgewicht bestimmender Parameter gerät. Die Ursachen sind vielfältig und umfassen das gesamte Spektrum der gesellschaftsrelevanten Faktoren und Tätigkeiten. Eine Krise diesen Charakters kennzeichnet das heutige Dasein der Menschheit, in der es dieser immer weniger gelingt, den Stoffwechsel zwischen Mensch und Natur rationell zu regeln und zu kontrollieren. Neuorganisierung von Technologien und sozialen Verhältnissen ist Bedingung für die Überwindung eingetretener Entwicklungsblockaden.

Fortschritte zum Besseren

Entwicklung ist Anderswerden; das gilt von jeder Bewegung, da in deren Verlauf Zeit und Ort sich verändern. Das Andere in der Entwicklung aber ist mehr als bloßer Wandel in den Erscheinungen; es verkörpert ein fortgeschrittenes Komplexitätsniveau, auf welchem eine in sich vielfältigere und reichere Systemeinheit ihre Selbstbewegung erfolgreich nach innen und außen vollzieht. Die Existenz eignet dem Dasein auf allen Stufen und in allen Formen, das Einfache ist nicht minder real als das Komplexe. Doch besteht im

Einfachen eine Tendenz, sich in sich zu vermannigfaltigen und dadurch neues Dasein zu generieren, das einen größeren Kreis von Einfluß- und Gestaltungsmöglichkeiten hervorbringt. Der Trend zur Vervielfältigung, zu zunehmender Komplexität ist ein objektives Gesetz, das die Entwicklung des Universums vom Urknall an bestimmte und in der Entstehung und Vermannigfaltigung des Lebens seinen deutlichen Ausdruck fand. »Die Haupteigenschaft des Lebens ist nicht reproduktive Unveränderlichkeit, sondern reproduktive Unbeständigkeit, und reproduktive Unbeständigkeit ist auch die treibende Kraft der Evolution.«[9]

Der Drang, das Überleben unter oft schwierigeren äußeren Bedingungen sicherer zu machen und die Naturkräfte erfolgreicher in den Dienst der Daseinserhaltung zu stellen sowie innergesellschaftliche Diversifikationen und aus ihnen entspringende Antriebe des Handelns haben in der Geschichte der Menschheit zu Bewegungen von Gesellschaften in aufsteigender Linie beigetragen. Freilich existierten und existieren auch stationäre Gesellschaften, die den stets gleichen Gang der Daseinssicherung durch Naturbearbeitung und Regulierung innergesellschaftlicher Prozesse und Beziehungen vollziehen. Der Menschheit ist nicht durch einen ›höheren Plan‹ aufgegeben, sukzessiv neue Stufen ihres sozialen Lebens zu erklimmen, ihre materiellen und geistigen Kräfte zu vervollkommnen und zu entwickeln. Das geschah und geschieht vielmehr aus Bedingungen und Faktoren heraus, die in der Gesellschaft selbst, in Bedürfnissen, Interessen und kreativen Potentialen der sie bildenden Menschen liegen. Dabei existiert ein Trend zum reicher entwickelten materiellen und kulturellen Leben, an dem die Individuen, unterschiedlich nach sozialen Lagen, partizipieren. Der aufsteigenden steht indes eine absteigende Tendenz gegenüber, die, an bestimmte soziale Aktoren gebunden, eine Gesellschaft um Jahrzehnte zurückwerfen, den Fortschritt blockieren und zunichte machen kann. Maßstab ist nicht das technologische Niveau einer Gesellschaft, sondern die materielle und kulturelle Situation der Mehrheit der sie bildenden Individuen; das Dasein der Massen, ihre Entfaltungsmöglichkeiten als selbstbestimmte Individuen, ihr Leben in Wohlstand und Freiheit sind die Kriterien des Fortschritts. Ein summum bonum gibt es nicht, die Menschen suchen aus ihren Möglichkeiten das Beste zu machen, wobei diesem Streben allerdings oft schwer zu überwindende objektive und subjektive Hindernisse entgegenstehen.

Das Fortschreiten zu reicher entwickeltem sozialen Leben findet nicht vom Punkt Null aus statt; stets schöpfen die Menschen aus dem Fundus materiel-

3. Fortschritt zum Humanum

ler und kultureller Errungenschaften, den ihnen vorangegangene Generationen hinterlassen haben. Das betrifft die Leistungen der Menschheit als Ganzes wie auch diejenigen früherer Generationen der jeweiligen Einzelgesellschaft. Durch Vermittlung kultureller Ergebnisse auf dem Wege der Erziehung, der Heranbildung der jungen Generation wird eine Stufe zivilisatorischen Fortschritts erreicht, die den Nachkommenden die Sicherung ihres Daseins erleichtert. Der kulturellen Evolution der Menschheit liegt ein vielschichtiger Mechanismus zugrunde und bewirkt es in der Tendenz, daß das Leben der Individuen auf fortgeschrittener Stufe ein höheres Maß materiellen, politischen, kulturellen Wohlergehens erreicht. Im Wege der Überwindung von Evolutionskrisen reifen die Kräfte der Menschheit, tritt das Menschliche unter Widersprüchen und Konflikten klarer an den Tag.

Solche Widersprüche betreffen in der Gegenwart namentlich die Diskrepanzen zwischen technisch-wissenschaftlichen Fortschritten und dem Zurückbleiben der sozialen Lage der Menschen und ihrer zwischenmenschlichen Beziehungen. Konsum macht einerseits das Leben leichter, andererseits führt er als Konsumismus zu moralischer Verarmung und steht mit der Zunahme der Arbeitslosigkeit sowie der Naturzerstörung in Zusammenhang. Unter dem Diktat des Profitstrebens werden kulturelle Leistungen gekappt, die das Niveau von Erziehung und Bildung, Selbstbestimmung und demokratischer Partizipation, Teilhabe an wahrhafter Kultur – gegen die Niederungen der ›Kulturindustrie‹ – ausmachen. Fortschritt ist nicht nur technologischer Progreß, ökonomisches Wachstum, Verbesserung der Infrastruktur, sondern vor allem auch Ausprägung des Menschlichen in den Verhältnissen der Individuen und sozialen Gruppen zueinander, wozu die Zurückdrängung und Ausschaltung von Kriegen und länderübergreifender Schutz der Natur gehören. Das Niveau des Fortschritts einer Gesellschaft bemißt sich an dem Reichtum der Beziehungen zwischen den Individuen, der Ausprägung ihrer kulturellen Physiognomie, dem Charakter der moralischen Standards im gesellschaftlichen Leben. Das aber hängt davon ab, daß die Gesellschaftsglieder eine bewußte und planvolle Kontrolle über ihren Lebensprozeß ausüben, daß sie ihn mit Vernunft und Einsicht in Freiheit vollziehen und auf dieser Grundlage den Individuen größtmögliche Entfaltungschancen verschaffen. Das dürfte nur unter der Voraussetzung überwundener Entfremdung, der Beseitigung der Spaltung der Gesellschaft in feindliche Klassen und Gruppen auf der Basis dominanten Gemeineigentums erreichbar sein. Demokratie unter kapitalistischen Wirtschafts- und Gesellschaftsverhältnissen ist ein notwendiger Schritt in diese Richtung, sie vermittelt als partizipative Machtform den Individuen das Bewußtsein ihrer ökonomischen und politischen Kraft und kann Zusammenschlüsse fördern, die an die Kontrolle des sozialen Lebens heranführen.

Fortschritt ist Optimierung der materiell-praktischen Reproduktion der Gesellschaft als Basis sachlichen und kulturellen Wohlergehens der Bevölkerung, was ohne Machtverhältnisse, in denen das werktätige Individuum wesentlicher Bezugspunkt gesellschaftlichen Wirkens ist, kaum möglich sein dürfte. ›Optimierung‹ meint nicht ›Maximierung‹; letztere kann in zurückgebliebenen Gesellschaften angezeigt sein, doch ist auf fortgeschrittenem ökonomischen und sozialen Niveau ein solches Wirtschaftswachstum geboten, das der Naturerhaltung und der menschlichen Reproduktion förderlich ist. Wirtschaftliches Wachstum sollte so angelegt sein, daß es die Nutzung natürlicher Ressourcen auf ihre Regenerationsfähigkeit bzw. auf die Zuwachsrate erneuerbarer Substitute beschränkt – es kann nicht schrankenlos vonstatten gehen, weil es sich sonst dereinst selbst aufheben würde. Das ist der Inhalt von nachhaltiger Entwicklung, ein Prozeß, der einen vernunftgestützten Richtungssinn besitzt. Einfluß darauf haben Naturbedingungen, Produktionstechniken, Konsumgewohnheiten und -stand, Umweltinanspruchnahme, soziale Rahmenbedingungen mit Einschluß des Normen- und Wertgefüges. Nachhaltige Entwicklung muß die Bedürfnisse der Gegenwart befriedigen, ohne die Bedürfnisbefriedigung künftiger Generationen zu gefährden. Darin liegt ein humanistischer Sinngehalt der Entwicklung, der an bestimmte sozialökonomische und -politische Voraussetzungen gebunden ist. Technologisch ist eine künftige Wirtschaftsweise darauf angewiesen, den Zustrom an Sonnenenergie zu nutzen, was enorme Ansprüche an den technischen und den sozialen Fortschritt stellt.

Es ist notwendig, den Verbrauch fossiler Energieträger durch ein Energiesystem zu ersetzen, das weltweit auf der Umwandlung solarer Energie beruht – eine gigantische Aufgabe heutiger und kommender Generationen, die eine Umwälzung der sozialen Verhältnisse voraussetzt. Dazu gehört vor allem eine durchgreifende Demokratisierung der Umweltpolitik.

Unterentwicklung belastet das Leben von Milliarden Menschen in über einhundert Ländern; hier kann von einer Entwicklung mit dem Ziel allseitiger Selbstverwirklichung der Individuen in solidarischen Gemeinschaften zunächst nur begrenzt die Rede sein. Humanismus muß sich darin zeigen und

3. Fortschritt zum Humanum

betätigen, daß industriell und sozial entwickelte Länder den zurückgebliebenen Ländern Hilfe gewähren, was auch Konsumeinschränkung der reichen Nationen bedeuten kann. Die eigenen Ressourcen und Potenzen der unterentwickelten Länder müssen mit Hilfe fortgeschrittener Staaten genutzt werden, so daß jene Länder auf eigener Grundlage zu rationeller Gestaltung des Lebens ihrer Angehörigen gelangen können. Ein neuer Typ weltweiten Wirtschaftswachstums, der auf Vernunft und Solidarität beruht und die menschliche Gemeinschaft als Ganzes voranbringt, ist für die künftige Entwicklung der Menschheit unverzichtbar.

Das Humane sollte Zielpunkt und Inhalt weiterer Fortschritte der menschlichen Gattung sein. Während in der Natur ein stimmiges Verhältnis zwischen Dasein und Bewegung der pflanzlichen und tierischen Organismen besteht, das durch Gesetze wie Selektion (Selbstorganisation), Mutation und Anpassung geregelt wird, fehlt in der Geschichte der Menschheit eine objektive Gesetzmäßigkeit, die den Fortschritt der Gattung im Einklang mit komplexen Bedürfnissen der Individuen sicherstellt. Die Geschichte der Gattung Mensch besitzt eine destruktive Seite durch Kriege, Versklavung und Vernichtung von Klassen, Völkern, Staaten, Nationen, mit namenloser Grausamkeit, und das Wohl der Individuen kommt oft nur marginal zur Geltung. Humanität erfordert, daß der Mensch des Menschen Freund sei und Verhältnisse ausgeschlossen sind, in denen jeder seinen Vorteil auf Kosten der anderen sucht. Das ist eine objektive Tendenz aller auf dem privaten Eigentum an Produktions- und Tauschmitteln beruhenden Gesellschaften. Die Schatten- und Nachtseiten des menschlichen Daseins kommen in diesen Gesellschaften bedrückend zur Wirkung und gefährden das Dasein der Gattung überhaupt (Naturzerstörung, hochtechnisierte Kriege). Während in antagonistischen Gesellschaften oft blinde Instinkte und Triebe das Handeln der Menschen leiten – letztlich aus den materiellen Verhältnissen hervorgehend –, ist es für die Zukunft der Menschengattung geboten, daß Vernunft, wechselseitige Förderung, friedliche Zusammenarbeit und Wettbewerb vorherrschend werden und die Entwicklung nach Rationalitätskriterien vonstatten geht, deren höchster Bezugspunkt das menschliche Individuum mit den Chancen und Erfordernissen einer vielseitigen Persönlichkeitsentwicklung ist.

Der grundlegende Gedanke des Humanismus ist die Menschlichkeit. Sie fußt auf der Achtung der Würde und Persönlichkeit jedes einzelnen Menschen, auf der Anerkennung der Bildungs- und Entwicklungsfähigkeit des Individuums, zielt auf die Ausbildung und freie Betätigung der schöpferischen Kräfte und Fähigkeiten des Menschen und die Vervollkommnung und Freiheit des Menschengeschlechts. Freiheit des Denkens, Demokratie in allen Bereichen der Gesellschaft sind unabdingbar. Der Humanismus ist nicht, wie einige zeitgenössische Philosophen geltend machen wollen, eine verschrobene Idee, sondern Inhalt und Ziel des Menschseins des Menschen. Allseitig verwirklichter Humanismus würde eine vieltausendjährige Geschichte auf eine höhere, dem menschlichen Wesen angemessene Entwicklungsstufe heben. Das ist eine Gesellschaft ohne Kriege und gewalttätige Versklavung und Unterdrückung von Menschen, eine Gesellschaft des wechselseitig förderlichen Zusammenlebens menschlicher Gemeinschaften bei materiellem Wohlergehen der Individuen. So weltfremd solche Vorstellungen erscheinen mögen, ist ihre Realisierung doch Bedingung einer dem menschlichen Wesen als Potenz, als Möglichkeit innewohnenden Chance. Um des dauerhaften Überlebens der menschlichen Gattung willen ist praktizierter Humanismus eine dringliche Aufgabe für die heutige und für künftige Generationen.

Anmerkungen:

1   J. Cohen und I. Stewart: Chaos – Antichaos. Ein Ausblick auf die Wissenschaft des 21. Jahrhunderts, Berlin 1997, S. 131
2   R. Wesson: Die unberechenbare Ordnung. Chaos, Zufall und Auslese in der Natur, München o. J., S. 24
3   M. Gell-Mann: Das Quark und der Jaguar. Die Suche nach einer neuen Erklärung der Welt, München 1996, S. 225
4   J. Cohen und I. Stewart, a. a. O, S. 209
5   H. Genz: Wie die Zeit in die Welt kam. Die Entstehung einer Illusion aus Ordnung und Chaos, Reinbek 1999, S. 291
6   P. Davies: Prinzip Chaos. Die neue Ordnung des Kosmos, München 1993, S. 165
7   Geheimnisse der Urzeit. Tiere und Menschen, Augsburg 1991, S. 256f.
8   H. Wagner: Politische Ökonomie, globale Krise und Transformation des Kapitalismus, in: Utopie kreativ 39/40, S. 53
9   D. Lay: Die Ordnung des Universums, Frankfurt/M. u. Leipzig 1995, S. 312f.

Kurt Pätzold/Manfred Weißbecker

Geschichte der NSDAP

1920 bis 1945

Herbert Borghoff

Die Bürde des Menschen ist antastbar

200 Jahre Geschichte der deutschen Arbeiter- und Gewerkschaftsbewegung

Gebunden, 580 Seiten, EUR 14,95
ISBN 3-89438-260-0

Broschur, 526 Seiten, EUR 25,50
ISBN 3-89438-229-5

Diese Gesamtdarstellung der politischen, ideologischen und organisatorischen Entwicklung der NSDAP verfolgt eine doppelte Fragestellung. Zum einen geht es um die Rolle der Millionen Deutschen, ohne die der Aufstieg der NSDAP-Führer, der Weg in den Holocaust und in den 2. Weltkrieg nicht möglich gewesen wären. Zum anderen geht es um die politischen Interessen, die zur faschistischen Diktatur führten. Dies mündet in der Frage nach dem Verhältnis der deutschen Eliten zu Hitler und zur NSDAP.

Der Aufstand der schlesischen Weber; der Kampf gegen den wilhelminischen Obrigkeitsstaat; der 1. Weltkrieg und die Novemberrevolution; die Durchsetzung des Frauenwahlrechts und des 8-Stunden-Tags; der Kampf für eine gesellschaftliche Neuordnung nach 1945, für Lohnfortzahlung im Krankheitsfall und Arbeiszeitverkürzung, für internationale Solidarität, Demokratie und Frieden: Das Buch lässt 200 Jahre Geschichte der deutschen Arbeiter- und Gewerkschaftsbewegung lebendig werden.

PapyRossa Verlag

Luxemburger Str. 202 – 50937 Köln
mail@papyrossa.de – www.papyrossa.de

Gerd Wiegel

Die Zukunft der Vergangenheit

Konservativer Geschichtsdiskurs und kulturelle Hegemonie

Broschur, 436 Seiten, EUR 26,00
ISBN 3-89438-228-7

Seit zwei Jahrzehnten wird um die Deutungshegemonie über die deutsche Vergangenheit gestritten. Im Kern geht es dabei um eine neue Sicht auf die NS-Zeit, die sie umgebenden Debatten, ihre Ausprägung in Wissenschaft und Publizistik und ihre Nutzbarmachung für eine neue Hegemonialpolitik. Gerd Wiegel bilanziert in diesem Buch die geschichtspolitischen Auseinandersetzungen seit den 8oer Jahren und geht den Veränderungen nach, die der Übergang zur »Neuen Mitte« mit sich brachte.

Michael Pittwald

Ernst Niekisch

Völkischer Sozialismus, nationale Revolution, deutsches Endimperium

Broschur, 355 Seiten, EUR 20,50
ISBN 3-89438-231-7

Ernst Niekisch hat für die Neue Rechte orientierende Bedeutung und ist historisch und aktuell für den Neofaschismus von erheblichem Interesse. Er versuchte einen Brückenschlag zwischen nationalen Strömungen innerhalb der Arbeiterbewegung und völkischem Denken rechtskonservativer und antidemokratischer Provenienz. Das Buch arbeitet Niekischs Antisemitismus und Rassismus heraus und charakterisiert seine Europakonzeption, die in eine von Deutschland ausgehende Weltherrschaft mündet.

PapyRossa Verlag

Luxemburger Str. 202 – 50937 Köln
mail@papyrossa.de – www.papyrossa.de